走读京杭大运河

京杭大运河上的古城古镇

佟 东　马雨晴　刘 晶／著

中国出版集团有限公司
China Publishing Group Co., Ltd.
研究出版社

图书在版编目(CIP)数据

京杭大运河上的古城古镇/佟东,马雨晴,刘晶著. -- 北京:研究出版社,2022.7
ISBN 978-7-5199-1260-4

Ⅰ.①京… Ⅱ.①佟…②马…③刘… Ⅲ.①古城-介绍-中国②乡镇-介绍-中国 Ⅳ.①K928.5

中国版本图书馆CIP数据核字(2022)第113934号

出 品 人:赵卜慧
出版统筹:丁 波
责任编辑:范存刚
助理编辑:何雨格

京杭大运河上的古城古镇
JING-HANG DAYUNHE SHANG DE GUCHENG GUZHEN
佟 东 马雨晴 刘 晶 著
研究出版社 出版发行
(100006 北京市东城区灯市口大街100号华腾商务楼)
北京云浩印刷有限责任公司印刷 新华书店经销
2022年7月第1版 2024年2月第3次印刷
开本:710毫米×1000毫米 1/16 印张:14.75
字数:242千字
ISBN 978-7-5199-1260-4 定价:58.00元
电话(010)64217619 64217652(发行部)

版权所有·侵权必究

凡购买本社图书,如有印制质量问题,我社负责调换。

本书受北京文化产业与出版传媒研究基地资助
本书为大运河国家文化公园建设课题研究成果

PREFACE | 序言

2017年，中共中央办公厅、国务院办公厅印发的《国家"十三五"时期文化发展改革规划纲要》明确提出我国将依托长城、大运河、黄帝陵、孔府、卢沟桥等重大历史文化遗产，规划建设一批国家文化公园，形成中华文化的重要标识。2019年，中央全面深化改革委员会第九次会议审议通过了《长城、大运河、长征国家文化公园建设方案》，提出坚持保护第一、传承优先，对各类文物本体及环境实施严格保护和管控。2021年，国家文化公园建设工作领导小组印发《大运河国家文化公园建设保护规划》，对建设大运河国家文化公园做出了重要部署，大运河国家文化公园建设是我国的重大文化工程，是传承中华文明的历史文化标识，是凝聚中国力量的共同精神家园，是提升人民生活品质和文化体验的新空间。

京杭大运河北起北京市通州区，南至浙江省杭州市，全长1797千米，自北向南流经北京、天津、沧州、德州、聊城、济宁、徐州、宿迁、淮安、扬州、镇江、常州、无锡、苏州、嘉兴、湖州、杭州。自古以来，京杭大运河沿岸城市船舶往来、商旅辐辏，是当时的漕运枢纽、商业集市。历经千年风雨，京杭大运河两岸留下了众多的古城古镇遗迹，见证着历史的变迁和商业的发展。

"走读京杭大运河"系列图书是作者近些年在实地踏勘和查阅大量文献资料基础上，对京杭大运河现有文化资源的梳理和呈现。"走读京杭大运河"系列图书共有三册，分别为《走读京杭大运河——京杭大运河上的古城古镇》《走读京杭大运河——京杭大运河上的非物质文化遗产》《走读京杭大运河——京杭大运河上的红色印记》，分别对京杭大运河两岸的古代建筑及历史遗迹文化资源、非物质文化资源、红色文化资源进行了系统梳理。研究成果对建设大运河国家文化公园有一定的参考价值。

本书为《走读京杭大运河——京杭大运河上的古城古镇》，以区域为划分标准，本书共分为四章。第一章为运河京津冀段，京杭大运河在京津冀地区的流域范围不大，包括北京、天津和河北的部分区域，主要有通州、张家湾、香河、河西务、杨村、杨柳青、兴济、泊头、吴桥等9个古城古镇。第二章为运河山东段，京杭大运河在山东省境内流经德州、济宁、聊城3市，主要有四女寺、南旺、安居、南阳、夏镇、临清、东昌府、七级、阿城等9个古城古镇。第三章为运河江苏段，京杭大运河在江苏境内流经苏州、无锡、常州、镇江、扬州、淮安、宿迁、徐州8市，主要有枫桥、浒墅关、横塘、木渎、平望、震泽、盛泽、同里、黎里、惠山、望亭、奔牛、孟城、西津、访仙、宝应、高邮、邵伯、仪征、瓜洲、湾头、板闸、河下、清江浦、王营、码头、皂河、洋河、众兴、沽头、潘安、吕梁、窑湾、土山等34个古城古镇。第四章为运河浙江段，京杭大运河在浙江境内流经湖州、嘉兴、杭州3市，主要有新市、南浔、长安、盐官、石门、濮院、乌镇、王店、王江泾、塘栖等10个古城古镇。京杭大运河流域可谓古城古镇文化资源丰富，对建设大运河国家文化公园起着基础性的作用。

本书在撰写过程中查阅了大量的历史资料和文献，在此对这些历史资料和文献的作者表示诚挚的谢意。因作者研究视野和学术积累有限，本书难免出现错漏之处，恳请读者予以指正。感谢参与图书策划和编撰的老师和同学，感谢北京文化产业与出版传媒研究基地的支持。

2022年3月于印苑

CONTENTS 目录

第一章　运河京津冀段

第一节　大运河上的通州古城镇 ·········· 002
一、水城通州 ·········· 003
二、源头张家湾 ·········· 005

第二节　大运河上的天津古城镇 ·········· 010
一、狭长香河 ·········· 010
二、京东河西务 ·········· 013
三、要驿杨村 ·········· 015
四、柳荫杨柳青 ·········· 016

第三节　大运河上的沧州古城镇 ·········· 022
一、故里兴济 ·········· 023
二、千年泊头 ·········· 024
三、土城吴桥 ·········· 025

第二章　运河山东段

第一节　大运河上的德州古城镇 ·········· 028
孝德四女寺 ·········· 029

第二节　大运河上的济宁古城镇 ·········· 031
一、水脊南旺 ·········· 032

二、盐园安居 ······ 035
　　三、河岛南阳 ······ 036
　　四、湖畔夏镇 ······ 038
　第三节　大运河上的聊城古城镇 ······ 041
　　一、冀鲁临清 ······ 041
　　二、江北东昌府 ······ 044
　　三、毛镇七级 ······ 049
　　四、咽喉阿城 ······ 052

第三章　运河江苏段

　第一节　大运河上的苏州古城镇 ······ 057
　　一、要塞枫桥 ······ 058
　　二、要冲浒墅关 ······ 063
　　三、胜景横塘 ······ 065
　　四、锦绣木渎 ······ 070
　　五、烟火平望 ······ 075
　　六、丝乡震泽 ······ 080
　　七、绸都盛泽 ······ 082
　　八、富土同里 ······ 086
　　九、梨花黎里 ······ 097
　第二节　大运河上的无锡古城镇 ······ 098
　　一、古祠惠山 ······ 099
　　二、鱼米望亭 ······ 104
　第三节　大运河上的常州古城镇 ······ 106
　　一、集镇奔牛 ······ 106
　　二、医乡孟城 ······ 109
　第四节　大运河上的镇江古城镇 ······ 114
　　一、古渡西津 ······ 115
　　二、仙居访仙 ······ 121

第五节	大运河上的扬州古城镇	125
	一、帝号宝应	126
	二、盂城高邮	128
	三、湖畔邵伯	133
	四、江畔仪征	136
	五、要脉瓜洲	138
	六、茱萸湾头	139
第六节	大运河上的淮安古城镇	142
	一、钞关板闸	144
	二、商都河下	146
	三、门户清江浦	152
	四、河畔王营	156
	五、重镇码头	158
第七节	大运河上的宿迁古城镇	161
	一、行宫皂河	163
	二、酒乡洋河	167
	三、众姓众兴	168
第八节	大运河上的徐州古城镇	170
	一、闸口沽头	171
	二、贾汪潘安	173
	三、宋城吕梁	173
	四、隅头窑湾	175
	五、邳州土山	184

第四章　运河浙江段

第一节	大运河上的湖州古城镇	188
	一、仙潭新市	189
	二、蚕乡南浔	191
第二节	大运河上的嘉兴古城镇	195
	一、孔道长安	196

二、古邑盐官 ································· 199
　　三、桑圩石门 ································· 201
　　四、巨镇濮院 ································· 205
　　五、千年乌镇 ································· 209
　　六、簪缨王店 ································· 215
　　七、闻川王江泾 ······························· 216
　第三节　大运河上的杭州古城镇 ··············· 219
　　要津塘栖 ····································· 220

后记 ·· 224

京杭大运河,是世界上最长、工程最大、历史最悠久的运河之一,是南粮北运、商旅交通、军资调配、水利灌溉的生命线。悠悠千载运河水,延绵南北数千里,成为古代交通大动脉。它滋养了沿岸人民,催生了一座座运河名城,在运河沿线形成一条独特的经济带,同时积淀了深厚的文化底蕴,留下了科技、经济、社会和景观等诸多方面的物质文化遗产以及地方戏曲、民风民俗等各类非物质文化遗产,形成了独具特色的"历史文化长廊"。

京杭大运河的长度是世界运河之首,它纵贯海河、黄河、淮河、长江和钱塘江,连接了五大水系。作为一条人工开凿的长河,它见证了春秋、隋、唐、宋、元、明、清的历史,它曾为发展南北交通,促进南北经济、文化和政治统一做出巨大的贡献。京杭大运河由不同的河道构成,自北向南包括北运河、南运河、会通河、徐淮运河、江淮运河和江南运河。

CHAPTER 01

第一章

运河京津冀段

京杭大运河京津冀段北起北京市通州区，南至河北省沧州市，全长460.6千米，包括北运河和南运河。京杭大运河京津冀段分为四段：北京通州段、河北廊坊段、天津武清段、河北沧州段，长度分别为40.1千米、22.9千米、182.6千米和215千米。

第一节　大运河上的通州古城镇

通州是大运河北端的重要城市，其名取自"漕运通济"之义，与运河文化有着深厚的渊源。运河最北段的通惠河自西北向东南贯穿通州区，在通州东南的张家湾汇入运河白河段，下接运河卫河段，素有"一京二卫三通州"之称。通州既分担了北京一部分漕运压力，又是国家仓储重地。元明清时期，通州集中了大量国家级的仓储机构，不仅满足国都、朝廷及拱卫部队的粮食需求，而且供应北方地区军事作战部队所需粮饷。作为联结北京城与天津卫的交通枢纽，早在明代，已有人将其归纳为"上拱京阙，下控天津"，实为"水陆之要会，畿辅之咽喉"。而通州的重要地位，正是大运河赋予的。

图1-1　京杭大运河（通州段）

一、水城通州

从运河上看通州城,只见车水马龙,高楼林立,是一座发达的现代城市。如果穿越到明清漕运兴盛之时,通州城是一座繁荣富庶无比的城市,名副其实的"国际"大城市。

无论是沿京杭大运河的水路,还是经由榆关道的陆路进京的人们,包括商人使臣、官员士子等都要经过通州。他们在通州城外首先看到的是通州城的标志——燃灯塔。在明清时期,城市建筑的高度一般不会超过城墙的高度。据史料记载,通州城连垛墙高三丈五尺,也就是约十二米高,而燃灯塔有十三层,五十多米高。清朝学者王维珍有"一枝塔影认通州"的诗句,该诗句流传甚广。走到通州城下,仰望燃灯塔,才能真正感受到通州城的宏伟。

(一)燃灯塔

燃灯塔的历史十分悠久,民间有"先有燃灯塔,后有通州城"的说法。燃灯塔已成为通州的标志。

燃灯塔是一座八角密檐式实心塔,具有典型的辽代建筑风格。所谓密檐式,简单说就是塔的每层都有由密密的椽子构成的屋檐。塔本身是一件精妙的艺术作品,每个部分构思极为精巧,工艺十分精细。塔座下腰上部有砖雕大力士像,为典型辽代大力士像,其上砖雕斗拱,整个设计既合理又富有艺术感,就像是大力士背负着斗拱。斗拱之上为砖雕仿木斗拱和勾栏,共两层,下层为几何纹装饰,上层为望柱浮雕宝瓶,栏板浮雕折枝瓶菊、二龙戏珠、朱雀衔芝等有吉祥寓意的图案。

塔身极小,几乎为直上直下的柱状,对建筑的技术要求极高。这不禁使人对中国古代建筑智慧更加佩服,也更让人感到自豪。塔座为双束腰莲花座,共有十三层,抬头仰望,宝塔直入云霄,在蔚蓝天空的背景下,白云缓缓浮动,被塔刹分割,微风拂过,铃音清脆,甚是壮观,这就是"古塔凌云"景观。

通州的燃灯塔和临清舍利宝塔、扬州文峰塔、杭州六和塔,并称为"运河四大名塔",为运河岸边的标志性建筑。

值得一提的是,北京大学的博雅塔是仿照通州燃灯塔而建的。博雅塔建于1924年,为解决燕京大学师生用水问题而修建。燕京大学是美国教会主办的学校，他们有个传统，就是新修建的建筑物以捐资人的名字命名，博雅塔的捐资人是博雅·各，所以这座水塔叫"博雅塔"。

经过一千多年风雨，燃灯塔经历了几次毁坏，每次都如凤凰涅槃，得到新生。至今，燃灯塔依然矗立在通惠河与北运河交汇处，守望着通州古城。

（二）三教庙

"三教"指的是儒、释、道三教。著名学者柳存仁认为："唐代以来的所谓三教，这个教指的是教化的意思，不一定要把儒家看作是宗教。"这种说法很有代表性。"三教庙"其实为三座庙宇，分别为儒家的文庙、佛教的佑胜教寺、道教的紫清宫。三教庙是通州古代文化遗存的精华，集中体现了通州历史文化的特性。

整个三教庙呈"品"字形分布。正前方为文庙，为面积最大者。此庙建于元代大德二年（1298），是京畿地区历史最为悠久的孔庙之一。通州文庙经过历次修缮扩建，逐渐形成一定的规模，在京畿地区有很大的影响力。1949年，通州文庙遭到破坏，其建筑几乎全部被推倒，在其原址上建立了北京花丝镶嵌厂。幸运的是大成殿作为该厂的仓库而幸免于难，其余建筑的地基都被保留了下来。后来的复建工作是在尊重历史、力存旧貌的原则下进行的。2002—2008年，文庙中轴线上的建筑全部恢复。2015—2016年，文庙西路建筑也恢复完毕。

文庙的北侧，燃灯佛塔下有佛教的佑胜教寺。史书记载，佑胜教寺"俗传为塔庵"。由此推测，佑胜教寺因燃灯佛塔而出现。

在文庙的北侧偏东，也就是佑胜教寺正东是座道教庙宇，名曰紫清宫。通州民间称之为"红孩儿庙"，因为其殿壁所绘红孩儿十分生动。关于紫清宫的史料记载，主要来源于两篇碑记。一碑立于佑胜教寺内正殿前，为民国十年（1921）所立，刻有《敕建紫清宫始末记》。另一块碑立于紫清宫内，是民国二十五年（1936）所立，刻有《重修通县佑胜教寺记》。根据该碑记载，紫清宫供奉紫清真君。"紫清真君者，有宋之白玉蟾道祖也。"白玉蟾是南宋的内丹理论家，南宗的实际创立者，世称"紫清先生"。

通州三教庙是历史留给今人的宝贵财富，将在新时代继续发挥其文化价值。

（三）通州清真寺

通州清真寺是京畿地区四大清真寺之一，历史悠久，始建于元朝延祐年间（1314—1320），因此地当时称为牛市口，故又被称为"牛市口礼拜寺"。明正德十四年（1519）重修，改称朝真寺。万历二十一年（1593），在"诏修天下清真寺"之际，该寺得以扩建，易称清真寺。同治初年，增修邦克楼，基本形成了现在的规模和形制。

通州清真寺创建于元代，明、清、民国年间都曾修葺并扩建。该寺坐西朝东，形制恢宏，屋顶形式多样。主要建筑有礼拜殿、北讲堂、六角攒尖井亭等。2006年，北京市政府拨款全面修缮清真寺，并恢复了影壁、垂花门、宣礼楼等建筑。

提起通州清真寺，不得不提邦克楼内悬挂的"万寿无疆"匾，它提示着人们这座清真寺的不同寻常之处。传说这与康熙皇帝有关。

康熙五十年（1711）春，康熙皇帝视察通州运河河堤。这件事在《清史稿》上有记载："五十年辛卯春正月癸丑，上巡畿甸，视通州河堤。"

二、源头张家湾

张家湾是通州区的古镇之一，历史上因为是京杭大运河北端码头而声名远扬。张家湾作为皇家漕运码头，得益于白河（潞河、北运河）、通惠河、萧太后河、凉水河四水汇流的地理优势，随水运而诞生，随水运而发展。

（一）通运桥

张家湾南城门外，古老的萧太后河静静地向东流淌。萧太后河见证了张家湾的历史沧桑。与南城门相对，一座饱经沧桑的石桥横跨河上，因为石桥建在萧太后河上，附近的居民就称它为"萧太后桥"。这座石桥始建于明代，正名是"通运桥"。

在张家湾建城以前，这里原来只有一座木桥，有了城以后，叫"南门板桥"。桥南不远处，就是张家湾的两座码头。西面的是客船码头，东面的是规模很大的货运码头。两座码头通过萧太后河与运河相连接，而桥的北部，就是通往通州和北京的大道。这座桥的作用也就不言而喻了。这座桥上每天车水马龙。往来的行商旅客、数不清的各种货物，都要从这座桥上经过。年年岁岁，马踩车轧，木桥不堪重负，屡修屡坏，屡坏屡修，严重地影响着人们的通行。

明朝万历三十年（1602），内官监太监张华奏请将木桥改建为石桥，并同时呈请修建一座三官庙以镇护石桥，获得批准，朝廷命令建桥专家陈进儒监修。建桥工程于三十一年（1603）正月动工，三十三年（1605）十月竣工，石桥建成后，明神宗朱翊钧赐名"通运桥"，同时在石桥北端东侧城垣内，建了一座三官庙。

石桥南北向，长13丈，宽3丈。桥身由质地坚硬的花岗岩石块砌筑而成。桥面由长方形石灰石顺铺而就，中间微有起弧。两侧石质护栏由青砂岩雕制，每侧各有18根望柱，柱头上雕须弥座，座上雕狮子。脚踩绣球的大狮子为雄性，不踩绣球的为雌性。雌狮身边各有几只小狮子戏耍，活灵活现。19块栏板每块内外都雕出海棠池，池内浮雕宝瓶荷叶，叶脉纹理清晰，雕凿技艺古朴洗练，匠心独运。

石桥北端两侧，各矗立一通汉白玉碑，碑高1.5丈，螭首方座，两碑等高同制。位于西侧的是《敕建通运桥碑记》，碑文写道，张家湾"城南门外，通运河南接西山诸水，北通蓟密等河，其水横亘，以木板构桥，车与驼载，不堪重负"，简洁地介绍了修建石桥的重要性。东侧的是《敕建通运桥福德庙碑记》，由建极殿大学士、吏部尚书叶向高撰文，文中写道，"京师之路，西则卢沟，东则潞湾，为水陆绾毂"，高度评价了张家湾的重要地位和作用。碑文还赞扬了捐资修桥与热心公益人士的高尚品德。

石桥建成以后，只是在清代咸丰元年（1851），由通州人丁鹤皋捐资进行了一次修葺。至今，桥体依然坚固，依然在为人们的生产生活服务着，只是桥面条石已被岁月的车轮碾轧出了道道深沟。

（二）广利桥

张家湾镇西北的土桥村，形成于元代。那时，大运河流经村东折向东南，转折处，就是当时的中码头。明代，从河南、江苏、山东运来修建北京城的城砖、金砖都在这里卸船暂存。通惠河经村中流过，郭守敬主持修建的广利上闸就在土桥村中。从下码头陆运到北京的日用百货和粮食、木材，必须经过土桥村中的通惠河。为此，在河上建有一座木桥，因靠近广利水闸，当时被称作"广利桥"。岁月如梭，木桥屡毁屡修，而每一次翻修都对陆路运输造成极大影响。为保证运输畅通，明代前期将木桥改建为石桥。嘉靖四十三年（1564），为了抢筑张家湾城，石桥上的运输更加繁忙，桥面条石被车轮碾轧得沟痕累累。清乾隆四十二年（1777），天津绅士王启凤捐资重修了桥面和护栏。

石桥南北向，横跨通惠河故道上，长11米，宽5米，两侧安装有石质护栏。护栏和栏板都有浮雕几何纹饰，古朴简洁。撞券石、斧刃石、金刚墙和雁翅，都是由花岗岩方石砌筑，十分坚固。在东北雁翅石壁上，嵌有一块石刻，简要记载了乾隆年间重修石桥的经过。石刻楷书工整，笔力遒劲。在东南雁翅顶部，嵌砌着一只石雕镇水兽。镇水兽集圆雕、浮雕、线雕于一体，由艾叶青石制成，长1.5米，宽0.8米，高0.6米。镇水兽是龙的九子之一，号称饕餮，生性好饮，造桥者将它放置桥下，用来镇水护桥，造桥时镇水兽已从腰部断开。

（三）虹桥

虹桥，位于张家湾城东便门外，元代通惠河故道上，因在水面看桥体弯若彩虹而得名。元代至明代前期，此桥南北均为运河北端大码头，为方便水上运输和两岸商旅陆路通行而建，为通惠河河门闸上游重要的交通孔道。桥南北向，为单孔拱桥，长13米，宽4.8米，矢高3米，弦长6米，全部为艾叶青石砌筑。清嘉庆十三年（1808），张家湾以东运河改道，码头废弃，虹桥成为一般桥梁。多年以后，桥栏与栏板等已不存。

张家湾东便门外，有自北齐以来历代设立的烽火台，因此，虹桥也称烟墩桥。清乾隆年间绘制的《潞河督运图》中的张家湾部分，还绘有烽火台，说明清代中期虹桥边仍设有烽火台。

烽火台也称烽埃、烟墩、狼烟台，是古代一种军事通信设施，主要作用是传递军事警报。烽火台上备有柴草、硫黄、硝石等物，一旦发现敌情，白天则举烟，夜间则举火并放火炮，迅速传递军情。烽火点燃以后，火中加放狼粪，使烟雾更浓，因此，烽火台施放的信号也称"狼烟"。烽火台星罗棋布，形成了一个严密的防御通信网络。

古代对于烽火台的设置、种类、组织、信号、程序等都有一套严密的制度。明成化二年（1466）规定："今边堠举放烽炮，若见敌一二人至百余人，举放一烽一炮，五百人二烽二炮，千人以上三烽三炮，五千人以上四烽四炮，万人以上五烽五炮。"如今，烽火台遗迹已经无存，只剩下虹桥还在追忆那曾经的铁马金戈、烽火连天岁月。

（四）佑民观

佑民观是张家湾地区最大的庙宇，位于里二泗村西北部，占地约10亩，坐南朝北，前临大运河，以观内供奉铜铸金花圣母神像而闻名。

佑民观四进院落，东部还有两进跨院。主体建筑是一座临河矗立的大四柱三楼木制牌楼，南面额题"赐佑民观"，北面额题"保障漕河"。牌楼集砖雕、木雕、石雕于一体，精美典雅。牌楼后面是硬山筒瓦调大脊山门三间，硬山筒瓦箍头脊关帝殿三间，与山门瓦作相同的罗汉殿五间，勾连搭二卷金花圣母殿五间和玉皇阁五间二层，每重大殿各设耳房与配殿，中间有廊相通，廊内苏式、旋子、和玺三种彩画与佛道故事壁画交相辉映。院中苍松翠柏，古干虬枝。后殿前的一株国槐新枝簇簇，老干须三人合抱，至今已有近500年，相传是道长周长善亲手栽植，为北京市一级古树。十余通螭首龟趺碑记掩映在绿荫之下，真、行、隶、篆铭文古拙苍劲。龙钮铜钟高约2米，低沉浑厚的声音能传播数里之遥。

观中所供奉的金花与圣母是两位神祇。金花，又称金花夫人。相传广东曾有一位巡抚夫人，分娩时几日不见婴儿降生，生命垂危。全家焦急万分。恍惚间巡抚夫人梦见一位神仙告诉她"请金花女到来就生出来了"。于是，巡抚派家人四处寻找，很快找到了金花女。金花女来到府院不久，巡抚夫人顺利生出来一个胖小子。全家上下欢天喜地，对金花女感激不尽。可是，金花女还是一位处女。因为这件事，就没有人再娶她了，金花女害羞投湖而死。当地的人们说金花女是妇女的保护神，于是塑像祭祀，对金花女的称呼，也变为金花小娘，后来，又改称金花夫人。

所谓圣母，是指水神天妃林默娘。传说宋朝福建莆田县有一个叫湄州的小岛，岛上的巡检官叫林愿。他的妻子梦见一位神仙给她一粒药丸，服下以后就有了身孕。妻子生产时满室香气，生下一名女婴。可到了满月，这女婴还不会啼哭，于是，起名叫默娘。默娘13岁时，一位道士到林家传道，经道士指点，默娘从院中古井内得到一本天书，她昼夜苦读，逐渐领悟了书中深奥的道理，开始济世救人。她常常在惊涛骇浪的海上救人。有一次，她的父亲出海遇难，默娘寻找了三天三夜，终于把她父亲的遗体背了回来。人们都说她是孝女。默娘长到28岁还没有出嫁，不久，她坐在小岛的山头上去世了。人们在她死去的地方修建了一座庙，以供奉她的遗体，驾船出海的人都把她尊为海神。这件事传到朝廷，宋高宗赵构封她为"灵惠昭应夫人"。到了元代，元世祖忽必烈又封她为"护国明著天妃"。明成祖朱棣再封她为"弘仁普济天后"。清圣祖康熙皇帝再加封她为"天上圣母"。

佑民观内供奉的铜铸金花圣母神像，是金花夫人与天上圣母合一的神像，因此，佑民观又称娘娘庙。漕运年代，这里是华北道教信徒祭拜的重要场所和附近乡民求子祈福的圣地，香火一直很盛。明万历十年（1582）漕运总督汤世隆为祈祷漕运平安重修佑民观，万历皇帝的生母李太后曾出资捐修。崇祯八年（1635）仓场侍郎程注与管河御使禹好善并力再修佑民观。清顺治八年（1651）清世祖福临为求子，亲临佑民观拜祭，赏赐佑民观白银500两。又有通州人田文孝募捐300两，用于修缮佑民观。此后乾隆五十一年（1786）、光绪八年（1882）、民国二十年（1931）都有修缮举措。

金花夫人与天上圣母是诞生于南方的神祇，能够在北方的张家湾出现并在很长时期内产生一定影响，从一个侧面说明了京杭大运河在促进南北各民族的了解、交往、融合以及文化交流方面所发挥的重要作用。

（五）张家湾清真寺

清真寺也称礼拜寺，是信奉伊斯兰教的信众举行宗教仪式、传授宗教知识的场所。张家湾村和枣林庄村、堡头村都建有清真寺。圣城麦加在中国的西面，信徒在膜拜真主安拉时，必须背东面西以表示尊敬和崇拜，所以，清真寺均坐西朝东。

张家湾清真寺位于十字街西南，创建于元代，明清两代曾多次修葺。这座寺院是一个一进院落，带南跨院。主体建筑礼拜殿以勾连搭方式建成。在封建社会，等级制度森严，朝廷礼制对于民用建筑的台基高度、空间跨度、用材尺度等都有严格的限制，不容许有些许越制。由于清真寺教民众多，礼拜场所必须有较大容量。于是，聪明的工匠在不越制的情况下，想出了"勾连搭"这种建筑形式，解决了修建清真寺的一大难题。

张家湾清真寺面阔三间，勾连搭四卷，硬山筒瓦。第一卷是敞轩，四架梁，箍头脊，卷棚顶。第二卷为过厅。龙子之一鸱吻性好吞噬又好居险处，所以，放置正脊两端，大张龙口衔住大脊。第三卷明间是窑殿，四角攒尖顶，绿琉璃宝瓶明显高出前脊。第四卷仍是箍头脊，小兽列队脊上，活泼可爱。两山嵌有方形、圆形窗。南北配殿各三间作讲堂，中间有抄手廊相连。整座建筑结构严谨，错落有致，朴素典雅。

院中原有古柏四株，呈正方形排列，如今缺少东北角一棵。1900年八国联军进犯北京时，张家湾义和团民英勇抵抗。义和团民在寺内古柏旁埋锅造饭，不意古柏因熏蒸而死。院内还有石缸一口，直口平沿，收腹平底，外壁浮雕仙鹤、莲花、海水江崖，技法娴熟，线条流畅。

第二节　大运河上的天津古城镇

北运河经武清杨村后继续往东南流入海河，南北运河相会处即为三岔河口，天津便坐落于此。"天津"之名，意指"天子经由之渡口"，来源于明成祖朱棣，朱棣入内靖难之时，"自小直沽渡跸而南，名其地曰'天津'，置三卫以守"。设卫筑城之后的天津，在永乐北迁后担负起拱卫京师的职责，经过有明一代不断经营，到明清之际"巍然一大都会也"。此时的天津名虽为"卫"，但其发展已远远超出单纯军事要冲的地位，"京师岁食东南数百万之漕，悉道经于此，舟楫之所式临，商贾之所萃集，五方之民之所杂处，皇华使者之所衔命以出，贤士大夫之所报命而还者，亦必由于是"。明清时期，天津作为南北漕运的枢纽，其兴起与发展同运河密切相关。①

图1-2　京杭大运河（天津段）

一、狭长香河

香河县今不属于天津，在运河段划分上将之归于天津方便记述。

香河县始设于辽代。辽代先是因循后唐之法，于武清孙村置新仓镇，设

---

① 吴滔. 中国运河志·城镇[M]. 南京：江苏凤凰科学技术出版社，2019:105.

榷盐院。这里逐渐居民聚居，"质实朴茂"，形成井肆，政府将位于武清北境的孙村及三河、潞县的一部分，析为香河县，并移武清、三河、潞县之民充实其境，新仓镇隶属香河。香河遂与武清划分壤界，初号淑阳郡，后改香河。至金大定（1161—1189）时，新仓镇人烟繁庶，盐政又为国家重计，香河县东境析出为宝坻县。香河县自明永乐间始直属于顺天府，清康熙年间属顺天府东路厅。明清漕运时代，香河是京津两地间重要的水路交通节点，运河穿其境而过。

香河县，辽时自武清、三河、潞县析出，地域辽阔，初设时兼宝坻、宁河两县境。金时析出东境为宝坻县，清雍正年间又从宝坻县析出宁河县，香河县地域狭窄，沿运河流向呈长条形。

（一）大安寺

河北香河大安寺坐落在河北省香河县安平镇，是一座佛缘相续、古刹重光的寺院。大安寺始建于唐朝初年。据史料记载，唐太宗李世民当年亲率大军东征顽敌至此，兵马劳累，又遇风沙骤起，因听元帅进言"在此小驻一夜为好"，结果次日出兵大获全胜。唐太宗李世民即御封此地为"安平"，并敕令动用库银在此兴建一寺，赐名"大安寺"。近1400年来，大安寺香火旺盛，高僧辈出，历经唐、宋、元、明、清而不衰。直到民国初年，因建寺久远，大安寺的主体建筑严重老化而坍塌。由于千年名刹的辉煌灿烂历史以及它浓厚隽永的佛教文化底蕴对广大信众根深蒂固的影响，兴寺立院的愿望日渐强烈。1992年，中信国安集团公司在香河经济技术开发区投资兴建以明清北京城为原貌的第一城，大安寺旧址亦位于其内。广大佛教信众纷纷请求人民政府恢复大安寺为佛教活动场所。经政府同意、民族宗教部门批准，历经三年时间的精心打造，大安寺再度呈现于世。其建筑气派，工艺精湛，宝殿庄严，佛身成就。

（二）文庙

香河文庙是指旧文庙，中华人民共和国成立初还保存完整，1976年唐山大地震时，除了大成殿，其他建筑物都被震毁。总占地约355平方米，为三进院落。临街南墙为"凸"字形，红墙灰瓦，无南门。"凸"字形的突出部分，两侧开有东西两门，东门门楣上有"义路"横牌，西门门楣上有"礼门"横牌。文庙不开南门，原因是香河县科举考试中没有人中过状元，从风水角度考虑，不开南门，可以用墙体充当影壁，挡住"云路"对文庙的冲煞。①

由东门或西门进入文庙，迎面就是一座三洞牌楼门，由四根立柱连架而成，称为"棂星门"。高约一丈五尺，层叠拱木结构，造型美观，古朴典雅。正中门楣上悬挂着竖雕"文庙"二字的木牌，蓝底金字，黄色花边，牌楼北面同样位置是由金字颜体楷书书写的"宣楼擎霄"四字。四根立柱上各有一只高约一尺的铸铁卧狮。牌楼门东侧有砖砌文笔一杆，高六七米，下有基座，上有峰顶，中腰处砖雕"文笔"二字。牌楼门西侧有砚台一方，呈长方形，长五尺，宽三尺，高三尺，砖石结构，号为"砚池"。

过"棂星门"北行六七步，就是"泮池"。"泮池"为半月形水池，深三尺，上架拱形砖桥三座，护以栏杆。因为规模较小，被称为"一步三座桥"。"泮池"可容受整个文庙的雨季积水而不外溢，因为池下有暗孔直通文笔下的渗井。泮池东为宦祠三间，西为乡贤祠三间。

过"泮池"北行四五步，是一个宽敞的过厅，又称"腰厅"，南北长五米，东西宽四米。举行祭祀大典时，相关人员要在"腰厅"排队参祭。腰厅两侧房间均开北门，房间内供奉香河县烈女孝子牌位。

过"腰厅"北行五六步，是一个高台，称为"月台"或者"拜台"，是举行祭祀仪式的主要场所。月台东西长六丈、南北宽三丈，高三尺，台上护以齐臀高的花墙，东、南、北三侧都有台阶。南面台阶西侧有碑，碑上刻的是康熙五十年重修文庙的碑记。

月台东侧有厢房四间，称东庑，房间有门相通，在长长的条案上供奉着孔门七十二贤人。西侧厢房有四间，称西庑，是生员学习的地方。

月台北侧就是"大成殿"，檐下竖挂着黄边蓝底金字的"大成殿"牌子。大成殿面宽三间，是一座尖山式悬山布瓦顶建筑。前后檐柱、金柱各有四根，左右山墙为五花山墙。进入正殿大门，正座顶梁处悬挂"德配天地"横匾。横匾下方高座上矗立着"大成至圣先师孔子之神位"的神牌，蓝底金字，透雕紫色花边，高五尺，宽一尺。孔子神位东侧是"复圣颜子""崇圣子思子"，西侧是"亚圣孟子""宗圣曾子"，这几个人的牌位比孔子的要矮一些。

大成殿没有后门，东西山墙两侧围墙上各开了一个月亮门，圆门的顶部

---

① 风透春衫乱红飞的博客：http://blog.sina.com.cn/yinhuaili730226.

有砖雕字，东门雕"曲径"二字，西门雕"文渊"二字。

向北穿过月亮门，就到了文庙最后一进大殿"承衣殿"，"承衣殿"的意思应该是休息之所。在明代，这一进大殿称为"明伦堂"，是讲学的地方。"承衣殿"两侧各有三间平房，与大殿隔一条甬路，房内存放祭奠用的器物。过东侧甬路向北有个跨院，是待客用的住宅。

二、京东河西务

河西务为北运河漕运重镇，既是北京与天津两地之间的中点，也是香河与武清交界之地。至元二十四年（1287），自京畿运司分立漕运司，于河西务设立总司。因海运兴起，于河西务设置漕使司，领接海道运粮事。又在河西务营建14座漕粮仓，做转运临时储粮之用。明永乐初年，河西务起盖仓囤160间，年收受转运北京的漕粮15万石。明迁都后，于永乐十三年（1415）专行内河漕运。

河西务两岸旅店丛集，居积百货，被誉为"京东第一大镇"。自明代正统年间，钞关从漷县移至河西务关，进京商船均需在此关缴纳商税，方能进京。河西务关既对过往船只征收船料税，同时也对商民船征收商税，是北运河上最重要的榷税关口。河西务是商民船停泊办理税务的地方，商民船的聚集交会，促使全国各地商品物资在城内贸易交换。河西务关成为百货云集、车舟辐辏、商民攒聚的集镇。

早在京杭大运河开通之前，中国大地上就已经出现了诸多的区域性运河。在这些运河的沿岸，人口聚集，逐渐发展成了村镇，河西务就是其中最典型的一处。河西务靠临的这段运河，北起通州，南到天津，古称沽水、潞水，又名白河、自在河、白遂河，隋朝大运河开通后，始称北运河。

河西务镇，南北窄，东西长，由东门至西门是一条三里之遥且不太直的主干街道。镇子里没有城墙，四面路口建有8座城门，北面药王庙门，东面老爷庙门，南面鸡市口门、正门、木头市门，西面西烧门。

河西务起源于汉魏，崛起于元初，鼎盛于清朝中叶，在元明清三代，一直是朝廷执掌、君王瞩目的地方。数百年间，历朝历代均在此设官置府。这个临河小镇逐渐成为漕运咽喉，榷税钞关，水陆驿站所在。论其官高权重，足使上级州县望尘莫及，更非寻常村镇可比。

(一) 慈航禅寺

慈航禅寺位于天津武清区河西务镇西1.5千米的孝力村西,坐北朝南。始建于明代。殿中供奉佛像,住有僧侣。因年久失修,庙宇残破不堪。清初寺院方丈精通医术,常为百姓解除病痛,远近闻名。后朝廷将方丈召进宫廷,为顺治诊脉,皇帝病愈,欲嘉奖赏赐,问有何要求。方丈回奏:"我寺年久失修,残破不堪,恳请圣上赐银修葺。"顺治准诺,遂拨帑银,并御书"敕赐慈航禅寺"六字匾额一块,封为北京护国寺分寺。故因皇封得名"慈航寺"。慈航禅寺修复后焕然一新,均系砖石瓦木结构,磨砖对缝,黄、绿色琉璃瓦贯顶,气势雄伟壮观。数级石阶直上山门,门左右各一石鼎炉伫立,佛殿高大,四角高檐飞翘,油漆彩绘,雕梁画栋,金碧辉煌。三大殿皆如此。正殿和中殿数十尊佛像多为檀香木雕塑,其中一尊为赤金塑像,另一尊为风磨铜塑像,雕铸艺术精湛,栩栩如生。后殿为泥塑佛像,色彩绚丽,慈悲肃穆,充溢着祥和气氛。东西对称配房数十间,衬托主殿,给人以协调完美的艺术感受。中华人民共和国成立初期,佛像被毁,金、铜佛像遗失,寺庙被改为小学校舍。"文化大革命"期间再遭破坏,配房、后殿被拆除改建教室,唯剩前殿和中殿。1980年国家拨款维修两殿,为县级文物保护单位。在现任住持广源法师的带领下,经过半年多的重建,现已经发生了奇迹般的转变。[①]

(二) 云海寺与老爷庙

云海寺位于天津武清区大碱厂镇长屯村,原址为老爷庙。老爷庙始建于清顺治年间,由山西省固城县关云祥同乡后裔所建。寺院分前后两殿,耳房相称,前殿供养关老爷和左右护法,后殿供养观世音菩萨。庙门前古槐参天,庙东有古道直通口外。1953年佛像被毁,老爷庙被改为学校。1964年庙宇被拆,寺内仅存古缸一口,此缸历经辗转沧桑又被请回寺内,名曰聚福缘古缸。2005年10月,于海介先生出资建成云海寺。[②]

[①] 寺庙信息网:https://xlhc.net/379.html.
[②] 寺庙信息网:https://xlhc.net/4896.html.

三、要驿杨村

杨村在武清县南50里。元初，自太仓刘家港出海，至直沽杨村码头，计水程3000余里，十日之内，便可自杨村码头至大都。其时，杨村为漕船海运的终点码头。元世祖忽必烈初建大都，整理京师周边水运格局时，郭守敬建言："通州以南，于蔺榆河口径直开引，由蒙村跳梁务至杨村还河，以避浮鸡淀盘浅风浪远转之患。"在都城营建基本完成后，白河运道的治理得到落实。疏浚工程是针对其上源及周边水道进行设计的，不仅整治河道本身，而且沿岸所设粮仓的周边支流河道也一并疏浚，使得水运路程尽量延长，起粮卸运的地点尽可能地靠近通州、河西务的粮仓，由此减少陆运的路程。杨村是白河运道工程的重要节点。明初，靖难之役时，平安曾在杨村驿大败朱棣的燕军，但无法攻克通州。宣德初，宣德帝朱瞻基亲征朱高煦，驻跸于杨村。明时，杨村设有巡检司。清时裁革巡检司，设管河通判驻杨村。

杨村距离天津约60里，距离北京约240里，是北运河上的一处重要驿站。不仅在运河上南来北往的客商旅人、文武官员于此停留住宿，清代多位皇帝南下巡幸时亦驻跸此地。其中，康熙帝曾多次驻跸杨村，视察河道工程。明清以来，有多位入京及离京的官员或文人墨客留宿杨村，并留下大量描述沿河风光的诗篇。

（一）清真大寺

杨村清真大寺又叫杨村清真北寺，位于天津武清区杨村，始建于明万历四十八年（1620），坐西朝东，是一座砖木结构的四合院，主体大殿面阔五间，殿内巨柱林立，宽敞高大。殿顶勾连搭构成，有翘角24处，琉璃瓦贯顶，望月塔楼4层高32米，攒头绿顶，飞檐高翘，华丽堂皇。该寺历史悠久，文物较多，但在"文革"时期大部分失散。现仅存乾隆皇帝所赠"至诚无息"匾，道光年间赠匾"至公至善"，同治年间赠匾"至慈至公"，民国时匾二块"义在清真""大哉乾元"。后殿墙上有砖雕"开天古教"，为吴佩孚所题。清真大寺占地面积2929平方米，建筑面积1171平方米。杨村清真大寺的主体建筑，融合我国古代南方建筑手法和阿拉伯建筑风格，结构巧妙，装修精美，在建筑结构和构造处理上都有独特之处。穿过对厅是四方庭院，北面是三间北讲堂和三间北尔房（为学员住房），南面是三间南讲堂和三间南尔房（为火房），正西是主体建筑大殿，殿分五层，可容纳千人礼拜。西北隅有一座精巧的小亭，名曰"敏拜雷"，为悬念经文设置，地板遍铺凉席，毛毡上罩白布，异常整洁。整体建筑为砖木结构，寺身为全灰色，上以黄色琉璃瓦贯顶，十分壮丽。大殿南侧是沐浴室。空寂的气氛更增添了清真寺的庄严肃穆。1935年夏，大寺受雷击，曾失大火，烧毁后殿一层。1937年，清真大寺由穆民"纳也帖"原样修复。"文革"期间有所破坏。1981—1984年，经杨村穆民"纳也帖"集资和天津市民委拨款，对该寺进行修葺，基本恢复原状，仍有局部尚未修复。杨村清真大寺现为武清区文物保护单位和天津市历史建筑，同时是武清区唯一保存完整的古代建筑。[①]

（二）皇帝题碑

六孔闸一带水网密布，河汊纵横。六孔闸东，有一古槐，旁有碑记。相传清康熙帝于八年春巡幸武清，见两岸旖旎，遂弃舟登岸，手植国槐作记。乾隆三十五年南巡时，在六孔闸停留，拴马于此。当时两位皇帝的两块题碑也在此处，后搬到杨村清御碑园。

清康熙皇帝御书碑　清康熙三十八年，北运河筐儿港处决口，康熙帝亲自监视，命建减水坝，御书"导流济运"，工部郎中牛钮等于坝旁立碑。康熙五十九年，湖广总督喻成龙等重修。雍正六年扩修减水坝，并建碑亭。

清乾隆皇帝御书碑　碑文为乾隆帝三首御笔题诗。其一《阅筐儿港减水坝作》，于乾隆三十二年。其二《阅筐儿港工作》，于乾隆三十五年。其三《阅筐儿港作》，于乾隆三十八年。

四、柳荫杨柳青

杨柳青古镇位于天津市西青区杨柳青镇，古镇人杰地灵、民风淳朴、历史悠久、文化丰富。金贞祐二年（1214）置"柳口镇"，是该镇行政建置之始，元末明初改为现名。明清时期，杨柳青镇先后隶属于静海、天津等县。"在静海县北四十五里，东去天津四十余里，地近丁字沽，四面多植杨柳，故名。"京杭大运河给杨柳青镇带来了繁荣，孕育了当地的传统文化和民间艺术，如杨柳青年画等。1972年杨柳青河段的南运河被裁弯取直，原河道

[①] 寺庙信息网：https://xlhc.net/4893.html。

1984年填平后建设成为"杨柳青公园"。2002年原河道恢复，在河流两侧建成"御河景观带"。

京杭大运河横穿杨柳青镇，历史上曾有"先有杨柳青，后有天津卫"一说。运河流水潺潺，两岸杨柳依依，一派江南景象，因而杨柳青镇又有"北国小江南""沽上小扬州"之称。传说，乾隆皇帝南下江南曾御驾亲临杨柳青，因而此段运河又名为御河。元代揭傒斯曾赋诗《杨柳青谣》："杨柳清清河水黄，河流两岸苇篱长。"明代吴承恩也写下了《泊杨柳青》："村旗夸酒莲花白，津鼓开帆杨柳青。壮岁惊心频客路，故乡回首几长亭。"

杨柳青镇因运河而繁荣。流经杨柳青的南运河是漕运转运的必经之地，南来北往的商品都汇聚此地，再转运北方各处销售。繁忙的漕运，人口的流动，南北文化的交汇，使得运河边的杨柳青经济昌盛，也推动了当地文化的极大发展，成为中国北方民间艺术集散地，孕育出了中国四大木版年画之首的杨柳青年画、享誉津京的杨柳青风筝和剪纸等民间艺术奇葩。

（一）安氏祠堂

安氏祠堂始建于1720年，距今已有300多年的历史，赶大营的先导安文忠即在此出生、成长。该建筑于民国二十三年（1934）改建家祠，后几易其主。2001年，安氏祠堂被西青区政府批准为区级文物保护单位。2002年，西青区政府对该建筑进行了大规模修复，并于2003年9月28日在此成立杨柳青年画馆，正式对外开放。

安氏祠堂坐北朝南，由两进四合院组成，建筑面积630平方米，青石高台，磨砖对缝，具有典型的清代建筑风格。

门前的南运河，川流而过，河上舟船穿梭，两岸杨柳飘曳，田园似锦。深厚的文化底蕴，优美的自然环境，得天独厚的地理位置，本地区形成了特有的地域民俗文化。

（二）石家大院

杨柳青石家大院，始建于1875年，至今已有140多年的历史，其建筑结构独特，砖木石雕精美。石家是当年天津八大家之一，一度财势显赫，声名遐迩。石家在杨柳青200余年的历史，反映了石氏家族从落户、发家、鼎盛、衰微直至败落的过程。

清雍正年间（1723—1735），石氏先人从山东来到天津一带操船营运。

乾隆五十年（1785），从石衷一开始落户杨柳青，其子石万程颇善经营，家资日丰。到石万程之子石献廷时期，石家已一改累代单传而人丁兴旺，家大业大。道光三年（1823），石献廷的儿子们遵照父亲遗嘱，分家另过，各立堂名。因老大石宝福早夭，老二石宝善立长门福善堂，老三石宝庆立二门正廉堂，老四石宝苓立三门天锡堂，老五石宝珩立四门尊美堂。福善堂、正廉堂以及天锡堂的后世子弟中，虽也有勤勉上进、刻意经营者，但大多是纨绔子弟，整日吃喝玩乐，靠寄生度日。到清末民初，三门的家道先后中落。

而尊美堂一支，石宝珩长子石元俊在咸丰十一年（1861）科考中举，官拜工部郎中，但以父老弟幼为名未曾到任，反而致力于家业经营，使得买卖兴隆，资产巨增。光绪十年（1884），石元仕继石元俊之后主持尊美堂。他不仅注重家产积累，更善于扩大政治势力。石元仕努力结交权贵，子女多与天津官绅、豪门结姻，他自己的夫人，即两广总督张之洞的族侄女。光绪二十六年（1900），八国联军入侵，石元仕带头出资在家乡办"支应局"，使地方免除许多祸乱，因而得到清政府赏识，先后被李鸿章和慈禧召见，并赏给他一个四品卿衔，一时名重津门，当选为天津议会、董事会委员，从而确立了他集地主、官僚、资本家于一身的社会地位。民国七年（1918），石元仕七十岁生日，石府接朋引客，大摆寿筵，极尽奢华。不料次年，石元仕很快故去。其出丧规模，在杨柳青地区可谓空前绝后，所耗财资，难以计数。加之连年战乱，民不聊生，石家生意凋敝，地租难收，衰落之势初现。石元仕去世后，其家人即离开尊美堂老宅，全部迁往天津定居。民国二十九年（1940）石元仕夫人去世。因其娘家势力不凡，丧事必得大办，致使家业更加一蹶不振，只好负债度日。至1948年，天津解放前夕，尊美堂的大部分住宅已变卖他人。

石家大院大规模修建始于清光绪初年，耗费白银30万两。石家大院，院中有院，院中套院，院院相通，非常壮观。

（三）普亮宝塔

普亮宝塔位于天津市西青区杨柳青镇南运河边。塔始建于清嘉庆八年（1803）五月，为砖砌实心宝塔，基座上是一覆钵形塔身，之上是七层密檐结构塔身，各层开有假门，顶置圆形塔刹。

塔高12.5米，由基座、塔肚、塔身三部分组成。基座为八角形，每边长1.075米，束腰式，高1.03米；塔肚为覆钵形，高2.1米；塔身高9.37米，为七层密檐式，每层边檐有带寿字圆形瓦当。塔肚南面正中有一长方形匾额，书"普亮宝塔"四字。匾额右书"大清嘉庆岁次癸亥年"，左书"甲寅月壬寅日丙午时圆寂"。现塔青砖已变黑色，塔身挺拔、简洁，塔下有砖砌一墓。

据文献载，此塔下葬一道人，俗名于成功，排行第五，道号普亮，被杨柳青人尊称为于五爷。墓前挂有于五爷画像，身穿道袍，坐在八卦坐台之上。塔也称于五爷塔。

于成功生于清康熙年间，自幼务农，三十岁出家学道，在医道、武术、望气、图谶之学方面造诣深厚。于五爷还俗后边务农边行医，乐善好施，驱灾除害。于五爷八十岁仙逝，人们为纪念他，在他墓的南侧建塔。传说建普亮宝塔是为给于五爷遮阴凉。

也有人说这是一座风水塔。以前，杨柳青东南方多洼地，按风水说法，东南洼而地轻，地气外溢而难出人才，须建塔镇之。由于塔的形状像笔，这类塔又称为文峰塔。而这里当年又是于家的菜地，建塔别人不能干涉。于五爷身为道士，又是民间宗教的领袖人物，对风水应该是懂得的。可以推测，当年为于五爷建塔也是为了保杨柳青的风水。

该塔历晚清五帝和民国，迄今已有200多年，却依然保存着当年那古朴、庄严的原貌。整塔结构精巧，造型挺拔，外观简洁，朴实无华，具有一定的设计特点，不失为民间造塔之力作。

每逢初一、十五，当地民众便到塔前焚香祭拜，祈求福祉，可见于五爷在当地人心目中的影响之深远。如今，普亮宝塔已成为当地重要的民俗文化旅游景点，吸引着海内外的游客前来瞻仰、凭吊和观光。

（四）报恩寺

报恩寺俗称"大寺""大佛寺"，是杨柳青修建最早、规模最大的寺庙。它坐落在本镇中界线——大寺胡同北口，胡同因有寺而得名。始建于元代（具体年代不详）。明代弘武年间重修，有碑为证。

据传，原来庙址西侧有一条排水沟，贯穿全镇南北。明代为静海、武清两县的分界处。元代初，大寺周围被水淀环绕，有僧人独自撑船在该处清修，自称法名兆符，在此处筑草庐一间为佛堂。后来一些僧人陆续聚来，庙逐渐扩大。

此庙为什么叫报恩寺，有着不同的传说。一说是为褒扬释迦牟尼报母之恩而建。释迦牟尼的母亲生下他7天就去世了。他修成正果之后，深感作为母亲生儿育女的不易，立志报答，为世人做出典范。在杨柳青流传最广泛的故事是，在报恩寺中所供奉的105尊佛中，有一尊俗名叫穆连升。他自幼丧父，由母亲抚养，母子相依为命，母亲对他怜爱有加。当穆连升在外挨欺负时，母亲就找上门去吵闹、撒泼，甚至大打出手。当他没有吃的时，其母就偷邻居或店铺的食品或钱财。因看其孤儿寡母可怜，无人计较。时间长了，这位母亲便成了没人敢惹的泼妇。而穆连升自幼聪慧，心地善良，乐于助人。他经常帮助困难户、孤寡老人、残疾人挑水、砍柴、生火做饭，人们也都喜欢他。一次，观音菩萨路过此地，看到穆连升助人为乐不求报答，也听到了人们对他的赞扬，认为此子可教，于是对他稍加点拨。谁知他悟性顿开，后来修得正果。当穆连升位列仙班时，他的母亲仍恶习未改，被阎王打入地狱，终日受穿胸、刺腹、下油锅之苦，虽难以忍受，但知自己在阳间作恶多端，无从抱怨。穆连升眼睁睁看着母亲受酷刑，也束手无策。心想，我身母养，母亲因抚养我而养成顽劣之性，因我而受罪，这是我的过错。我要千方百计把母亲救出来。想到此，穆连升驾祥云来到地狱门前，恳求放人。而守门鬼受阎王差遣，哪敢随便放人。情急之下，穆连升使用法术，将地狱之门砸开，众鬼见状，望风而逃。穆连升进得门去，见到母亲的惨状，心如刀割，背起母亲就跑。他们一口气跑出一百多里地，母亲看到儿子累得满头大汗，想必口渴，在路过一块瓜地时，便故伎重演，顺势用脚趾摘下一个瓜，递给儿子。穆连升见瓜又爱又恨，哀求母亲："妈妈，您千万别再干这等让人瞧不起的事啦，我会让您安度晚年的。"说着，小心翼翼地接过瓜。穆连升一路跑着把母亲背回家，安顿好之后，又带着瓜原路跑回瓜地，仔细寻找那棵被摘了瓜的瓜秧。找到后，咬破自己的中指，用鲜血把瓜粘在了瓜秧上。看着接好的瓜和原来的一样，他脸上露出了满意的笑容。杨柳青人为了昭彰穆连升的孝心，才建了这座报恩寺。

（五）关帝庙

关帝庙俗称"老爷庙"。杨柳青有两座关帝庙，一东一西。东关帝庙坐落在四街齐家大场南口，存德水局北口。始建年代不详，明天启三年（1623）由本镇高恩玉重修。大殿上悬匾额"汉灵清佛"，佛龛上悬匾额"汉寿清佛"。殿外有一根大红旗杆，旗幡上书"敕封协天护国民王佛"。殿内塑关羽神像，前复一木像，为迎合神会游巡之用。西关帝庙改为学校后，由此庙代之。后天齐庙十殿阎君木像及碧霞元君等亦迁入此庙。庙西院腾出两间佛堂供碧霞元君等娘娘像,十殿阎君则环列关帝木像座后。

西关帝庙坐落在七街万字会胡同与猪市大街交口处,直对乔家疙瘩胡同,始建于清顺治八年(1651)。原为本镇典当业之山西会馆。庙分前后两个院落,有房百余间。山门高大,有一楹联曰:"香炉一焚思汉鼎,花开三月想桃园",横批为"亘古一人"。门心左右分别书"精忠贯日月""义勇震乾坤"。上修戏台,形式与药王庙戏台略同。殿前有月台,高约两米。殿内塑关羽坐像,两旁立周仓、关平。西壁一赤兔马,头南向,乃关羽坐骑。一马僮牵缰扶马背而立。东配殿供财神,西配殿供日月二神。咸丰三年(1853)山门、戏台楼及街前牌坊、两旁房舍30余间遭焚,前院仅存殿宇。光绪二十六年(1900),八国联军曾在院中做马厩。庙僧圆真(俗家姓石,大梁庄人)居后院屋中,数月不出。敌撤后复出,人称为神。后收徒弟四人,即广来、广顺、广亮、广明。

(六)文昌阁

文昌阁位于天津西青区南运河畔的杨柳青镇,始建于明万历四年(1576),天启二年(1622)曾遭焚毁,崇祯七年(1634)重建。咸丰三年(1853)再次被毁,咸丰八年(1858)再次重建,光绪四年(1878),刘光先和石元俊等人在文昌阁创办崇文书院。1905年,崇文书院改为天津县私立第二中学堂。文昌阁为砖木结构,三层六角,高15米。六脊瓦顶,六龙头各衔一脊,正中为一球形宝珠,设计精巧。六面檐角悬铃铎,风吹铃摇,为运河上一景。

明万历四年初建的"第一代"文昌阁并不在现在的位置,据咸丰十年(1860)立的《重修文昌阁碑记》载,原址"应建在河(指南运河)北柳口(杨柳青古名),东与三官庙相隔数武(半步为一武)"。天启二年(1622)白莲教造反失败,从山东流窜至杨柳青,临逃离前纵火将可供明军瞭望的文昌阁焚毁。崇祯七年(1634),文昌阁被重建,是为"第二代"。《重修文昌阁碑记》载,到康熙四十八年(1709)"以河势北流恐坍入河内"的缘故,梁沛龙"与同乡士庶主议",将文昌阁"改建斯壤"(即今址),是为"第三代"。至道光二十八年(1848)"因阁被风雨凋残,同人不忍坐视,请出阖镇士商合力捐资重修","又新建东西配房六楹,大门楼一座"。不幸的是"第三代"文昌阁于咸丰三年(1853)被太平军"用火焚烧","斯阁俨成巨炉,无可扑灭"。咸丰十年(1860)乡人再次捐资重建，也就是现存的"第四代"文昌阁。作于民国三十年（1941）的《劝募监修文昌》记载："自民国肇建以来，内乱不已，迭起纷争，阁内驻扎军队，破坏摧毁不堪言状。"乡人安锦亭"于是自愿捐资，并行劝募鸠工庀材大加修理"。这是文昌阁在中华人民共和国成立前有明确记录的最后一次维修。

文昌阁一层完全由砖建成，比较密闭；二层则由砖墙和木质槅扇门和透窗构成，相对通透；三层六面均开设槅扇门窗，完全通透。从建筑学的角度，认为这样下重上轻，下实上虚，有利于建筑的坚固。但与阁内布局相联系，又有另一层关系。阁中一层供奉的是孔子，孔子在历史上确有其人，距我们最近，很现实；二层供奉文昌帝君，他是神，据传说他在人间济世行善，似乎与我们既遥远又接近，曾有劝善书《文昌帝君阴骘文》流传；三层供奉魁星，他完全神化了，让人感到有些缥缈了。文昌阁这种下实上虚的结构似乎也暗合了这种关系。另外，也寓示人们先要学好文化，再要修身做好人，再就是听天命，根据历史潮流做自己应该做的事。①

第三节　大运河上的沧州古城镇

南运河自南而北汇入海河，催生和繁荣了沿线的一连串运河城镇。天津、静海以南，围绕沧州形成了又一重要的城镇群。沧州之地濒海，因以沧海为名，明嘉靖《河间府志》称："沧州，古渤海地，海水盘洄曰渤，以其在海曲，故名。"明代以前，今沧州市区所在为长芦镇，长芦临于运河，是重要的漕运码头和商品集散地，盐漕转运促进了城镇兴起。沧州地处南北交通要冲，"东负鲸海，西通燕赵，南接齐鲁，北拱神京，昔为边关门户，今为漕运咽喉"。明清时代，灶户、回民聚于沧州，商人、船户往来于运河。以沧州为中心，周边的兴济、泊头等城镇也相继成长，构成了南运河此段相互配合、分工互补的城镇结构与贸易网络。

---

① 寺庙信息网：https://xlhc.net/4907.html.

一、故里兴济

兴济是一个具有悠久历史的千年古镇，因运河而生。春秋时期这里是晋国范宣子的食邑，范桥镇始建于晚唐。宋徽宗大观（1107—1110）初置兴济县，取"兴复王室，兼济天下"之意。县治经北宋、金、元、明、清五代前后存550年，清顺治年间降县为镇。从兴济走进皇宫的明朝第八代皇帝孝宗朱祐樘的皇后张娘娘，更为兴济增添了皇家文化色彩。至今明代孝宗皇帝为张皇后的父亲御制的《御制太保昌国公先茔之碑》还保存在位于兴济民主街的博物馆内。与张娘娘有关的骑龙抱凤、吃鱼骨享福贵、龙窝洗头变金碗等民间传说还在流传。

帆樯云集范桥渡，千年文脉运河畔。世界文化遗产、闻名于世的京杭大运河贯穿南北镇区，蜿蜒7.2千米，因而形成神堤烟柳、龙祠灵应、丰台夕照、洪寺晓钟、范桥古渡、驿亭甘井、西泊渔樵、卫河秋涨八景，并留下了乐素老人张缙等多位文人的不朽诗篇。至今人们还津津有味地传诵着。

图1-3 京杭大运河（沧州段）

（一）兴济码头

兴济码头遗址位于兴济镇西侧，为大运河码头，明代在此建有乾宁驿。现驿站码头无存，河道内遗物丰富，除元明清时期陶瓷残片外，还有不少发簪、围棋、铜钱等生活用品。

（二）减河闸碑

兴济减河闸碑位于兴济减河口，清乾隆三十六年（1771）立，汉白玉质，螭首，方座，通高2.8米，宽0.92米，厚0.28米。碑额篆"御制"二字，碑文楷书，碑阳碑阴均刻，为乾隆帝御笔亲书，主要内容是乾隆途经兴济闸时对易闸为坝和免除三州八县因灾借谷等呈文的准奏批复，文后有乾隆亲题五言律诗一首。

二、千年泊头

南运河自泊头市王武镇杨圈村入境，经市区、泊镇、文庙等乡镇至冯口村出境，全长36.3千米，控制面积46.6平方千米。河道宽30～40米，为泊头市主要行洪河道。

以水为胜，以河生地，以航达裕，城有其馨，是为泊头。泊头市始建于东汉，初兴于隋唐，建镇于金代，因漕运兴起而得名。

（一）泊头码头

泊头码头遗址位于泊头市运河桥两侧，原为运河航运码头，明代于此设新桥驿，码头及驿站今已无存。码头处存清代铺设的龟座道一条，龟座道用长1.4～1.8米，厚0.6米左右的石碑龟趺座，依运河东岸由上而下顺坡叠压而成，现存龟座六个。

（二）齐南砖窑址

齐南砖窑址位于泊头市文庙镇齐南村南，地处村南运河西堤下，为明代交河县官办的专门烧制大城砖的窑场。大城砖长0.4米，宽0.2米，厚0.1米，砖侧印"交河县造"戳记。该窑所烧城砖由官府统一调拨，经运河发往指定地点。

（三）窑厂村砖窑

窑厂村砖窑址位于泊头市泊镇窑厂村北，地处大运河东堤下，亦为明代官办烧制大城砖的窑场。出土大砖长0.46～0.5米，宽0.24米左右，厚0.13米左右，砖侧多印戳记，有"成化十九年乐陵县造""成化十七年南皮县造"等。窑厂村明代属南皮县，乐陵县即今山东省乐陵市，其官办窑场设于南皮县，反映了城砖运输对运河的依赖。

（四）清真寺

泊头清真寺位于泊头市清真街南端，东距运河西岸约300米，始建于明永乐二年（1404），嘉靖、万历年间重修，崇祯年间扩建，成为规模宏大的伊斯兰教建筑群，清嘉庆、咸丰、光绪及民国时期亦有扩修。该寺是当地教民礼拜的场所，也是当时运河航运中大量穆斯林船户和商人进行宗教活动、休息、补充生活物资的场所，具有客栈、会馆的功能。泊头清真寺坐西朝东，占地面积11200平方米，建筑面积3000多平方米。整体布局为中轴对称式，主体建筑分布于中轴线上，由东向西依次为寺门、班克楼、花殿阁、礼拜大殿，其他建筑对称布置。寺内存乾隆手书御制匾一方、清重修碑一通，寺东北角建有清真女寺，有礼拜堂、沐浴室等。该寺是河北省现存年代较早、规模最大的清真寺。

三、土城吴桥

吴桥县有十字街，"在城正中，分为东街、西街、南街、北街，余小道俗呼为九丁十八巷，而吴邑居民稠密，村庄辐辕之区，各有香火会期"。其中以白衣庙会规模最大，"在县城西关，正月秒起至三月十一日止，客商云集，百货俱备，先发行交兑，后陈设市面，远近商民无不称便，为直省春季第一大会也"。在庙会期间，不但附近州县的百姓、商人前来祭拜神灵与贸易，甚至外省商人也长途跋涉前来赶庙，将丝绸、瓷器、珠宝、锦缎等奢侈品进行交易。

（一）桑园码头（良店驿）遗址

位于吴桥县桑园镇运河大桥南，为运河码头。现驿站、码头全无。明清桑园镇曾设有良店水驿，这在国家正史和德州志书中都有明确记载。今人刘广生等著《河西驿写真》中讲：良店驿，"在今河北吴桥县（原山东德州）桑园镇"。明程春宇在《士商类要》中说：渡口相接甲马营，"梁家庄住安德行。良店连窝新桥到，砖河驿过又乾宁"。清张鹏翮在《治河全书·运河全图》上标注为"桑园驿"，其实就是良店水驿的另一种叫法。[①] 码头处、河床内遗物丰富，有钧窑、磁州窑、龙泉窑、景德镇窑等所产瓷器，其中以明、清景德镇青花瓷器最为多见。其他遗物还有陶盆残片、陶罐残片、紫砂壶盖残片、铜簪、铜烟锅、铜钱、料簪等生活用品，反映了

---

① 张明福.探访桑园镇和良店水驿.网址：http://www.dezhoudaily.com/dzsz281/p/1475714.html.

当年运河航运的盛况。

（二）安陵码头（安陵驿）遗址

位于吴桥县安陵镇安陵桥北，为运河码头。现驿站、码头无存。

明永乐十五年（1417），苏禄国东王在朝贡回国途中，不幸病死在安陵驿馆，并在此设置灵堂。明朝廷派人主持丧事，按照王礼的规格，道士们依阴阳五行为东王寻找安葬之地。用钵取土称重，自此一路向南走到德州市城北2里左右的北营，才找到质量合适的黄土，选为墓地。安陵得水运之便，又遇东王安置陵寝之机缘，上至京师，下至州城府县祭奠的官员，往来不断，数月不绝。

CHAPTER 02

— ■ 第二章 ■ —

运河山东段

京杭大运河山东段长643千米，位于大运河中部，为大运河重要区段，京杭大运河由枣庄市入鲁，流经枣庄、济宁、泰安、聊城和德州五市，成为山东境内最主要的南北水上交通大动脉。京杭大运河山东段分黄河以北和黄河以南两段。黄河以北从德州第三店至位山，由于水资源缺乏，已于20世纪70年代末期断航。黄河以南从位山至陶河口，由梁济运河、南四湖和韩庄运河组成，为京杭大运河山东段的通航河段。

第一节　大运河上的德州古城镇

南运河从河北衡水市故城县向南流去，进入山东文化名城——德州地界。德州地处鲁西北，东临渤海（今滨州），西望太行，南依济南，北靠京津。明朝定都北京后，德州成为九省（冀、鲁、豫、苏、皖、浙、湘、鄂、赣）通往北京的漕运通道，故有"九达天衢""神京门户"之称。

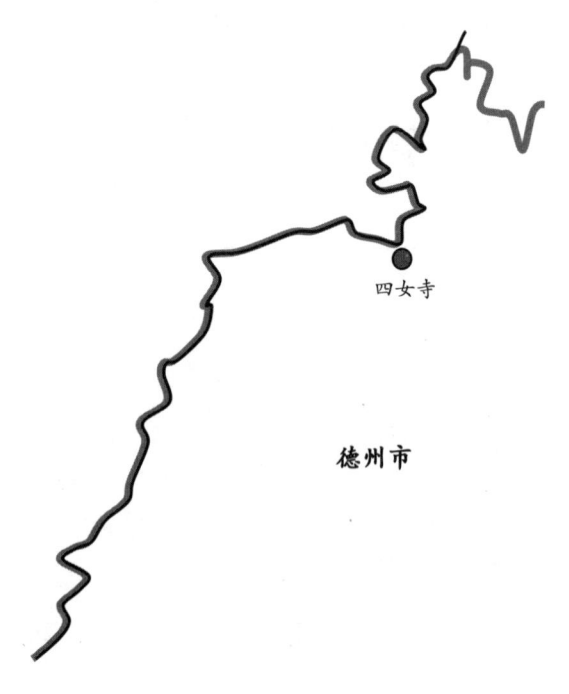

图2-1　京杭大运河（德州段）

孝德四女寺

四女寺位于今德州市武城县运河南岸，又名四女树，该村得名于一个历史传说。相传汉代有一对老夫妻，膝下有四个女儿，四女皆至孝之人，个个终身不嫁侍奉双亲。后人为表彰四女的孝德，建立四女寺，其村也改名为四女寺。四女寺原属山东恩县，据光绪《续修故城县志》载："四女寺，在县东南十八里，河南人烟凑集，属山东恩县，河西半村属故城。"1956年撤销恩县，四女寺划归平原县，1965年又划归武城县。

（一）佛光寺

佛光寺原名石佛寺，相传一名大德高僧云游至此，有感当地民风淳朴和孝行美德而建寺。据传，高僧所需的砖瓦石料、木料及大钟自运河漂来，寺院借此建成。

佛光寺原有一座高约一丈的影壁形建筑，该建筑由八十一块白色玉石精工砌成，每块石料上都刻有精致的寺院图案，最精妙处是每个图案中都依稀可见一尊佛像，雕刻刀法细腻、形态各异、栩栩如生。底座皆雕刻有龙、凤、花、叶、水波及莲瓣、宝装等纹样，雕工精美，凸显唐宋之风。图案下均镌刻着佛祖法号尊名。后来，当地百姓争相自愿帮工献物，先后修建了八十一间殿阁。佛光寺气势宏伟，每日清晨傍晚，寺院外围香烟盘绕槐影婆娑，寺院内经声阵阵，佛号嘹亮。

乾隆三十年（1765），乾隆皇帝下江南，乘船欣赏京杭大运河两岸的秀丽风光，途经此地时，见运河南岸佛光闪闪、祥云缭绕，情不自禁脱口而出："好一个佛光祥和之地！"随即命人靠岸停船。在石佛寺敬香礼佛后，乾隆倍感神清气爽、有升华之感，抑制不住欣悦之情，对随员说"现大清年景畅祥和顺，幸有佛光恩照之功"，当即将石佛寺改为"佛光寺"。从此佛光寺声名远播，全国各地慕名朝拜的香客络绎不绝。每年阴历正月初十的道场圣会，百里之外的居士香客云集于此，昼夜香火缭绕，诵经讽偈，鼓乐争鸣，盛况空前。

（二）清真寺

武城县运河古镇四女寺西2.5千米处，卫运河南岸有个村庄名唤达官营。

相传，该村居民早年由山西洪洞县迁来，此处即是鲁西北著名的恩县洼，在隋唐时期称为高鸡泊，是方圆百里的水泽洼地。当时此处无村庄，四处都是积水芦苇地，遂取名苇子营，后来简称营子。元代末期，恩县一达鲁花赤（官职名）的兵营曾驻扎此地，故改名"达官营"，沿用至今。该村村西北，运河南大堤下有一座年代久远的阿拉伯建筑风格的清真寺。

人们行走在此处的运河大堤上，就能清楚地看到堤下这座典雅古朴的清真寺。这座清真寺占地面积较大，约有十亩，整个院落及礼拜大殿均坐西朝东，有大门、二门，圆顶的门楼上竖有一个金属月亮，院内空地上矗立着数株塔松，南北两侧各有4间古兰经讲堂，南北厢房还分别各有4间男女浴室，另有宿舍、厨房、仓库。礼拜大殿高9米多，东西20米，南北16米，巍峨壮观，房脊琉璃瓦覆盖，和其他的房间一样，蓝砖砌就，而且是磨砖对缝（当初修建时的蓝砖是手工磨制），建筑物外墙壁光滑细腻，整洁亮丽。房脊当中有琉璃花瓶装饰，意寓平升三级。房脊两侧上有许多蹲兽装饰。房檐上的琉璃龙头装饰已被毁坏，那是"文化大革命"中"破四旧"时留下的痕迹。

大殿门前有两个红木柱，大殿为砖木结构，由8根圆柱支撑，无一个铁钉，全部是木架卯榫结构。大殿顶部为一整体，柱子可以替换。这种高超、巧妙的设计令人惊叹。该清真寺循序渐进，建筑井然有序，突出了清真寺的严肃整齐和丰富性。

大殿西面的外墙上有一石刻碑文，上写正楷："清真寺，民国二十六年修，王鹰鸿书。"据清真寺的董阿訇和另一位本村的伊斯兰教负责人洪希明介绍，现在的这座达官营清真寺修建于民国二十六年，即1937年。本来设计的礼拜大殿建筑面积还大，正值抗战初期，日本鬼子的入侵打乱了村民正常的生活，迫使礼拜大殿停止了修建，只修了一半大殿就停下了。早在清朝末年，达官营村就有两座清真寺，一座在运河大堤南，一座在大堤北（运河滩里）。那时，不知从哪儿窜来了一伙土匪强行占据了堤北清真寺，并且从河北枣林张家绑来一个"女票"押在北寺，等待对方以钱赎人。结果，土匪们没等来赎金，却在一个晚上等来了一群义和团兵将，义和团的兵将轻而易举把土匪打得屁滚尿流，狼狈逃窜，救回了"女票"。原来，被绑"女票"的家人认识义和团的人，请求义和团伸张正义，帮助救回了人。城门失火，殃及池鱼，义和团并不了解实情，或许认为土匪是本村人，气愤之下把大堤南北的两座清真寺全部焚毁了。1937年，本村秀才王鹰鸿出面，不辞辛苦筹集资金，动员全村人捐款，重建清真寺。两寺合一，在运河大堤南侧选址，修建了现在的这座清真寺。当时，还专门派人到北京前门参观了笤帚胡同清真寺，并请了北京的建筑师前来设计，并模仿北京前门清真寺的风格建造，还从北京采购来一些房脊的琉璃装饰物。王鹰鸿还亲笔书写了清真寺碑文，镶在了大殿西山墙上。

第二节　大运河上的济宁古城镇

山东济宁，如今是一座低调、不太起眼的鲁西南城市，甚至有些人只知济南，不知济宁。不过，说起孔孟之乡曲阜、古九州之兖州这些地方，大家就都知道了。

这片土地，伏羲行走过，大禹治过水，孔子讲学过，鲁班工作过，孟子居住过，李白歌颂过，梁山好汉拼杀过……被后世尊称"五大圣人"的至圣孔子、亚圣孟子、复圣颜子、宗圣曾子、述圣子思子全部诞生于此。[1]

传说伏羲氏后裔有仍氏在这里建立了任国，春秋战国时代先后隶属于鲁、宋、齐。秦统一中国后，改为任城县。唐朝时，诗仙李白跟任城发生了"亲密接触"。唐开元二十四年（736），36岁的李白携妻女来到济宁，在此地定居23年之后才离开。这20多年里，李白几乎走遍了山东的名山大川，写下很多名传千古的诗文。唐天宝四年（745）深秋，李白和老友杜甫在曲阜相聚，写了送别诗《鲁郡东石门送杜二甫》：

> 醉别复几日，登临遍池台。
> 何时石门路，重有金樽开。
> 秋波落泗水，海色明徂徕。
> 飞蓬各自远，且尽手中杯。

杜甫与任城结缘也很早。唐开元二十五年（737）前后，杜甫来兖州探望父亲，曾应当时的任城主簿许某之邀泛舟南池。时值八月傍晚，天气凉爽，蝉声一片，孩子们在水中嬉戏，激起了杜甫的诗兴，写下《与任城许主簿游南池》：

---

[1] 仰坡.京杭大运河光影实录.山东卷[M].北京：北京美术摄影出版社，2019:118-119.

秋水通沟洫，城隅进小船。
晚凉看洗马，森木乱鸣蝉。
菱熟经时雨，蒲荒八月天。
晨朝降白露，遥忆旧青毡。

图2-2　京杭大运河（济宁段）

一、水脊南旺

南旺古称"阚城"（现南旺北10里处）。相传鲁桓公望气卜吉，欲葬于此，未如愿，桓公以下皆葬于此。相传唐高宗永徽元年（650），鲁国新皇林祭守后裔姬氏五十五代孙徙居南旺姬家路口。宋、元称作南旺营，元代运河经过此处，明代时称南旺社，是其下的一个村落，濒临河道发展为镇。

明代的南旺作为运河水脊所在处，即地势最高处（海拔38米），因其分水口成为运河上的重要节点。永乐九年（1411），工部尚书宋礼奉命重开会通河，相对于元代运道，宋礼做了一些改动：一是从袁口处改道，向左迁了二十几里，到寿张沙湾再次接上旧运道；二是采用汶上县当地老人白英之计，在东平州60里戴村的旧汶河口修筑戴村坝，遏截原本朝东北方向入海的汶水，将其改成西南流向，经当地的沟渠，收蓄旁边的泉源，在南旺分水口流入漕河，南北分流补给运道，用以解决该地供水困难的问题，运道遂通。乾隆帝南巡时经过此地并住宿，作诗说："吾汶挟来二百泉，到斯分注藉天然。南流水作北流水，上溜船为下溜船。"

运河开通后，南旺因水源调节不济陆续建闸，并设置闸官。明永乐年间，宋礼在南旺分水口这个高地，恢复元代的开河闸。单个的闸在长运道内的作用有限，若能多增闸座，积水的距离被缩短，船只等待过闸的时间也会缩短。成化十八年（1482），工部主事杨恭便在开河闸以南南旺分水口两边修建新闸：南旺上闸（又名柳林闸，分水口南）、南旺下闸（又名十里闸，分水口北）。如此一来，通航的速度加快，漕运更加通畅。

（一）分水龙王庙

分水龙王庙位于汶上县南旺镇北。因处汶河、运河交汇之处，故得"分水"之称。庙始建于明永乐年间，经历代拓广增修，始成以龙王庙为主，附以禹王殿、宋王祠、观音阁等的祠庙群。庙区南北向，宽250米，长220米。

龙王庙是建筑群的主体。前有庙门围墙，起于石砌高层基台之上。大殿面北，阔21米，深、高均13米。单檐歇山，红墙绿瓦，檐角起翘挂有风铃，重梁起架，斗拱疏朗，明间饰有藻井。殿内奉祀泥塑神像20尊，内顶高悬"疏流利运""麻被汶泗""总制分流""广济群生"等匾额30余面。殿左侧设钟鼓二楼，右侧设砖石结构"字纸楼"。戏楼建于大殿前，悬有"大舞咸池"匾额，底层为门楼通道。

禹王殿位于龙王庙左侧。建于清康熙十八年（1679），殿内奉祀禹王塑像。殿前有临河矗立的水明楼，楼上悬"四山朝拱""二水分流""银汉分光"等匾额。楼下有乾隆御碑亭，铭刻南巡途经此处的题咏。

宋公祠居禹王殿左侧，供奉明永乐年间工部尚书宋礼塑像。宋礼在督导遏汶济运的治河工程中功勋卓著，备受沿河村民爱戴。祠前分列配殿两座，供奉辅助宋礼治河的济宁同知潘叔正和农民水利家白英老人的塑像。

（二）蜀山寺

蜀山寺位于山东省汶上县南旺镇境内大运河东岸蜀山湖中的蜀山上，山水相映，水天一色，霞鹜齐飞，风光奇丽，为游人向往之地。[①]

相传，古时神州有三座名山：泰山、华山和蜀山。而蜀山日升尺余，遮天避日。天庭动而不宁，玉皇怒，乃遣一天神执锄前往锄之。自此，山不仅未升高，反而小得可怜，成为山顶平平，名不见经传的湖中孤岛。故蜀山也称"锄山"。蜀山广约二十亩，"壮如蘑菇"，山顶有十余亩开阔。它"屹立波心，若漂若浮，望之如螺髻焉，夏秋之间，菱荷霞蒸，菱菰……鸥鹭翔集"。山的南面，蒲苇一望无际，绿浪层层，鹂鸟歌鸣。山后是数百亩莲藕，亭亭玉立，荷花朵朵万点红。山的东面呈现一片绿波碧水，微风拂煦，银光闪闪，鱼翔浅底，舟楫如梭，渔歌互答。好一派生机风光，宛如一幅图画。

据传，明初一富豪举子进京应试，自恃才华出众，离家时夸口说："凭我所学，至少也是探花"！不料，三甲榜示，名落孙山，无颜归故里。见蜀山山清水秀，曲径通幽，如临仙境，便在此建寺出家，是为蜀山寺。

自那时起，蜀山寺不断增广修葺，殿堂房舍多达数十间。寺门高耸威严，面南而立，朱漆大门，虎头门环，两块洁白的汉白玉门枕雕刻精美。"蜀山寺"大匾高悬门上。其字为颜体镏金，端庄遒劲。寺院内茂林修竹，柳暗花明，曲径迂回，鸟语蝉鸣。寺院有三大殿堂、释迦牟尼殿、圣母殿、宗鲁堂（原名三教堂，后水部胡公改之，专祀孔子）。还有弥勒堂、灵观及和尚住舍等，其前为吴岳望湖台，山后有流憩亭。

（三）蚩尤冢

蚩尤是中华民族历史上的杰出人物，是与黄帝、炎帝同时代的部落首领，据《龙鱼河图》载："黄帝之前，有蚩尤兄弟七十二人，铜头铁额，食沙石，制五兵之器，变化云雾"。《三圣记》中载："自古以后蚩尤天王辟土地，采铜铁炼兵兴产。"今据《汉地理志》，其墓在东平郡寿张县阚乡城（现今山东汶上县南旺镇）。冢高五丈。秦汉之际，住民常十月祭之，必有赤出如绛，民谓蚩尤氏旗。蚩尤战败后，逃淮岱冀兖之地，迁徙往来，号令天下，说明蚩尤被炎黄打败后势力范围、生存空间已缩小到泰山、兖州、汶上、东平、巨野一带。有关专家根据资料记载，对蚩尤冢进行了全面论证和考古勘探，证实汶上乃是历史上蚩尤部落的主要栖息地，是东夷文化的主要

[①] 礼佛大道的博客：http://blog.sina.com.cn/s/blog_72b9921f01015p34.html.

发祥地之一。中国《帝王辞典》记载：当时，黄河中上游有黄帝部落、炎帝部落，下游有东夷族、九黎族，他们之间常为了争夺财物和生存空间而发生战争，九黎族首领蚩尤英勇善战，打败了炎帝族，炎帝族求救于黄帝，炎黄二族联合起来，与蚩尤大战于涿鹿之野。蚩尤被杀，被分埋于汶上、巨野等地（蚩尤四冢之说），其首级葬于阚里（现汶上县南旺镇）。

据此，蚩尤冢确在汶上县南旺镇境内，汶嘉公路以北，济梁公路以西。附近文物古迹众多，东有分水龙王庙，北有鲁诸公墓群、阚城遗址，并有孔子讲学堂、孔子钓鱼台等众多名胜古迹。

二、盐园安居

安居镇位于今济宁市任城区西部。运河自济宁向西偏南流10多千米至安居镇，而后又向西北流去。安居夹河建镇，河北是居民区，河南是商业区。这里是山东运河南段的引盐转运码头，"为车船更易之所"，设有"盐园以资停顿"。运盐一般先由利津县永阜场装船，顺大清河运至南桥（东阿县西鱼山集），再陆运至阿城，而后沿运河至安居。"安居盐园，惟行销济宁及南运各地"。该镇的粮食运销业也很兴盛，清代有13家大粮店。由于食盐、粮食贸易的带动，当地工商业也日趋发达，钱庄、货栈、竹器、酱园及服务行业十分齐全。安居距嘉祥不足20千米，也是嘉祥、巨野两县与运河联系的枢纽。

（一）安居盐场

安居盐场位于济宁城西南的安居镇。安居盐场从明代后期开始创办到民国初期最后关闭，长达280余年。全盛时期，名闻齐鲁，为山东盐引（宋代后政府发给盐商的运销许可证）运销之冠。

明代后期，官盐运销商看中了安居这块水陆交通发达的运销宝地，首先在安居镇东西街东部三官庙前创办了占地8亩左右的一处盐场。开始时，安居盐场只有草棚数间、盐务数人，盐包全部露天存放，阴雨天用芦席遮盖。设备虽然简陋，运销却相当红火，水运一到，陆运随即分发，盐包很少积存。崇祯年间，一个大型官办盐场在三官庙后东弯骤然崛起，占地近20亩。明末清初，又相继办起官办和商办盐场各一处，均在西北街赵家口附近。一处位于烽火台北侧，一处位于烽火台西侧，各占地10余亩。至此，安居镇共有盐场四处，总占地近50亩。到清代中叶，每年有盐千万引（每引400斤）在此集散，运销鲁西、苏北、豫东、皖北等50余个州县。

当时的安居盐引收发局（俗称盐局子），设有局长、师爷、盐巡、工头、扛夫等多人。清道光年间，安居盐场运销范围不断扩大，安居成了水陆盐运的重要码头。运河来往盐船及其他船只首尾相接，帆樯如林。船夫、车夫号子声此起彼伏，饭店、摊贩叫卖声响成片，运盐车辆拥塞街道，货捆、盐包堆积如山。

安居盐场作为盐引运销枢纽，近三个世纪长盛不衰。直至民国初年，因铁路运输兴起，运河航运减少，盐场逐步停业关闭。

（二）通济闸

通济闸俗称火头湾闸，始建于明万历十六年（1588），位于任城区安居镇火头湾村旁，横跨在古运河上，左与马场湖相接，素称"兖、曹交通之咽喉"。据民国十五年（1926）编修的《济宁县志》记载："通济闸，金门宽二丈，高二丈四尺。"光绪年间改为木桥，民国六年（1917）改建石桥。现在通济闸的闸基设施保护完好，两侧雁翅保存完整。

三、河岛南阳

南阳镇位于鲁桥镇南10千米、夏镇西北52千米的古运河航道上，北依济宁城区，南靠江苏丰、沛，东邻曲阜、邹城，西通菏泽。南阳湖、昭阳湖、独山湖三湖于此交界。古运河穿镇而过，是会通河沿线著名商业市镇之一。南阳旧属鱼台县，清乾隆《钦定大清一统志》载："南阳镇，在鱼台县东北四十里，明隆庆初新运河成，自谷亭移建于此，为往来津要。"

南阳之名，大概源自战国时期齐国南部边陲的"南阳邑"，为齐、鲁、楚等国必争之地，古泗水自北向南流经全境。因水患、战乱的影响，长期人烟稀少，元代以前仅有几户段姓人家定居于此，称"段家行"。元至元十九年（1282），兵部尚书李奥鲁赤主持疏通鲁桥以南的泗河运道，后于济宁至沛县间的运河之上建闸节水，其中至顺二年（1331）建于段家行附近者，称"南阳闸"。京杭大运河开通后，船行南北，商民日众，此地逐渐发展成镇，遂以闸名镇。明隆庆元年（1567）为避开黄河的侵扰，在昭阳湖东开新河，因起于南阳镇，故又称南阳新河。

南阳新河开通之前，运河流经古亭。古亭也建有古亭闸，并设河桥水驿。古亭递运所，北距济宁、南距沛县各90里，为运漕往来要地。新河开通后，闸署、驿、递运所均移至南阳。后来，守备及鱼台县管河主簿亦驻于南阳镇。古亭沦为一般小镇，南阳从此发展起来。明清鼎革，南阳镇一度衰微，至清中期再度繁荣。金乡、鱼台两县的货物顺着柳林河运至南阳，由江南运抵南阳的丝绸、纸张、竹木、杂货转运至两县。

（一）大禹庙

大禹庙是为祭祀远古时期以治水闻名的大禹而建立的庙宇，庙址在今南阳镇敬老院，原五圣堂处。清康熙年间编修的《鱼台县志》载："大禹庙，在南阳镇。以河漕要地得特祀之。曩以春秋祭，近遵候钦定祭期，岁多移易，祭品羊豕各一。"据此记载，庙宇是在漕河贯通后而建立的。明末清初，鱼台文人马崇临观南阳大禹庙，作诗一首：

九河疏渝禹功垂，庙貌千秋祀不违。
荒庭镇日空啼鸟，手拂苍苔读古碑。

（二）新河神庙

新河神庙，原址在运河南岸，即现在的南阳中学。明隆庆二年（1568），工部尚书朱衡、都御史潘季驯凿修南阳新河以后，由知州景一元、判官郑梦陵于南阳修建。新河神庙面北而建，称"面坎"。坎，水也，有保障新挖运水之意。明万历年间重修新河神庙。新河神庙当时是沿运河最大的河神庙，占地500平方米，有石碑8座，其中龙头碑2座，皆是阳刻，碑文留有记载，但原石碑已不存在。重修新河神庙，存留石碑，其中石龟10吨重，现保留在南阳中学院内。

（三）火神庙

历史上由于南阳苇草多、易有火灾，故建火神庙。火神庙原在今南阳中学操场处，建于乾隆年间，内有火神像，两边是站班，一边4个，他们托火球、拿令纸，似乎在那里听令。如今，南阳仍有每年正月初七送火神的习俗。正月初七这天，人们用船往西南送，以祈求免遭火灾。

（四）关帝庙

关帝是充满神奇色彩的神祇，既是武神，又是财神。南阳作为运河的商贸集镇，南来北往的商人众多，生意人家必定奉有商贾守护神关羽，并每日膜拜。古镇上还修筑了关帝庙，当时是镇上最大的庙宇，占地1500平方米。大门朝西，大殿3间，殿内有关羽塑像，左右是张飞、关平。厢房8间，院里有戏楼，正方形4间屋，上下两层，上层用于化妆、休息，有大小窗户10个，其中有两个大"2"字形石头窗，俗称"两万零八个窗户"。庙内有钟楼、鼓楼，钟的重量是1000斤，悬于钟楼。庙内撞钟也非常讲究，要紧敲8下，慢敲8下，不紧不慢再敲8下，后来，该钟又成为南阳的警钟。凡有火灾、人祸，南阳皆有钟声。

（五）清真寺

清真寺建筑反映了南阳人对外来宗教文化的包容和接纳，该寺位于古镇中心，面积2.8亩，始建于明代。清真寺坐西朝东，颇为壮观，额书金字"清真寺"。清真寺建筑清秀古雅，门两旁各踞一尊石狮。大门内有南北讲堂、大殿、望月楼等大殿9间，望月楼1间。大殿是寺的主体，由卷棚、正殿两部分组成，卷棚在正殿之前，由卷棚跨上一级台阶便步入正殿。正殿是礼拜诵经的地方，殿内幽深肃穆，气势雄伟。大殿后面有一间专供阿訇领拜的地方。现清真寺尚存部分古建筑，大殿于2005年重修。

四、湖畔夏镇

夏镇位于微山县中部偏南，镇政府驻新河街北首路西。夏镇东与枣庄市薛城区金河乡为邻，西与傅村乡湖面相连，南靠昭阳乡，北接欢城镇和滕县的张汪乡。夏镇的地势北高南低，东高西低。镇内有古运河贯穿南北，老薛河横穿镇北部，自东北向西南穿过古运河入湖。新薛河在镇东部自东北向西南流入微山湖，为夏镇与薛城区金河乡的界河。

夏镇原名夏阳，也称夏村，在南阳新河开挖以前，只是一个默默无闻的小村庄。夏镇北部有广戚古城，为秦戚县治所。南北朝时，撤戚县，并入留县。唐初并入沛县，是一个偏僻的村落。明代"夏镇新河"的开凿成为其命运的第一个转折点。明嘉靖初，"是时河决沛县，北入鸡鸣台口，漫昭阳湖，塞运道"①，于是明廷议开新河，"南接留城，北接沙河口，就取其土厚筑西岸为湖之东堤，以防河流之漫入"。当时总河都御史盛应期主持开凿，计划自南阳经三河口过夏村抵留城，长140里，但是因役夫甚多，民怨沸腾，明廷勒令停工。此后40年无人提议开新河。

嘉靖四十四年（1565），河决运道，运道大坏，明廷任命工部尚书朱衡主持治理河道，"南阳口至仲家口通舟行，惟夏村北十七里未与水接，乃加力开浚"，且修建利建、珠梅、夏镇、西柳庄四闸。隆庆元年（1567），"五山水骤涨，冲塌旧河石坝，坏粮艘数多"，明廷又在黄甫、翟家口、宋家口各筑土坝以捍沙河之水，且复大挑回回墓河以泄昭阳湖之积水。至此，南阳新河开挑完成，此后"运道俱由新河，改夏村为更镇，移沽头分司驻焉，所辖河官闸座、夫役俱为一"。

夏镇成为漕运码头后，诸多漕司与运司或迁至夏镇，或添置。工部、户部分司自沽头城移驻夏镇的洪济街北，移沛县管河主簿署于夏镇的洪济街北，并添置滕县管河主簿署在戚城。夏镇建有夏镇闸，闸有闸署，在见泰楼门外，闸周围逐渐发展成为一个商业点。隆庆六年（1572），在夏镇勒建新河洪济庙。万历初，在小水门外设皇华亭，作为往来使客驻节之所。万历元年（1573），将原位于峰县丁庙闸南的兖州府洲河通判署移驻夏镇。

（一）碧霞宫

碧霞宫，俗称泰山庙。坐落在三孔桥北面。碧霞宫庙宇之大，香火之盛，庙会之繁华，在鲁南、苏北一带绝无仅有。农历四月十五至十八日的夏镇泰山庙会，为当地一大景观。正如《沛县志》记载：每至四月，抬着神像出巡，热闹非凡，往往聚集数万人。其盛况可见一斑。

（二）夏镇寨

夏镇寨西临运河，因而只有南北长、东西短的三面寨墙，南自小街子南，北至谢桥。寨的东北角有炮台遗址，俗称"炮台拐角"。寨的中心原有向东的大门，曰"同德门"，位于今箭道村的猪市巷东边，高高耸立在寨中心，此门毁于1958年。寨内的南北大街，街分段命名，以"厦门"为分界。

---

① 狄敬.夏镇漕渠志略（卷上）叙新河[M].北京：北京图书馆出版社，2000：27.

(三)昭庆寺唱和碑

昭庆寺在微山县夏镇西北,西依昭阳湖,建筑在一个周长150米的土墙堆上,原名高村寺,金大定三年赐名昭庆寺。寺内大殿壁上,镶嵌着周天球、刘贽的唱和石刻。

明嘉靖四十五年(1566)夏天,"新运河"开凿,主管记事的周天球与宪使刘贽在昭庆寺饮宴。酒逢知己,不禁作诗应答,助酒兴,畅情怀。周天球吟道:

破殿余双树,平原剩一丘。
萧条龙象圮,清寂驷车留。
半偈无僧说,孤尊有客酬。
少令尘目醒,可负化城游。

刘贽和之:

古寺依祇树,清幽近比丘。
班荆怜并坐,渝茗得相留。
灰劫知无极,怀襄绩来酬。
浮生碌碌耳,空作野萍游。

周天球又吟一首:

嘉树阴能合,荒台席更移。
风来广漠冷,月出破云迟。
对酒难良夜,忘忧得少时。
玄言坐相洽,已托使君知。

刘贽又和曰:

落日消炎景,阴从多树移。
咽风蝉噪急,翻月鸟归迟。

庾亮登高夕，周题爱佛时。
相逢喜同调，微语得深知。

二人唱答应和，遂成五律四首。周天球趁着酒兴书写下来，行笔流畅，挥洒自如。后人勒石两块，嵌于昭庆寺壁上。

周天球，字公瑕，号幼海，太仓人，徙居吴县，明代著名书画家，与文徵明是好友，史称"善写兰草，尤善大小篆古行楷，一时丰碑大碣皆出其手"。他在微山县的书迹，还有《薛河石坝记》《漕运新渠记》等石刻。志书记载，《昭庆寺唱和碑》被后世书家评为神品。

第三节　大运河上的聊城古城镇

"上有天堂，下有苏杭，过了济宁，就是东昌（聊城古名）。"明清时期，聊城便是运河九大商埠之一，兴旺400多年。尤为独特的是，走进聊城，可以欣赏到"城在水中，水在城中，城中有湖，湖中有城"的城河湖三位一体的美景，水域约占聊城城区面积的三分之一，人称"北方威尼斯"。

一、冀鲁临清

临清地处冀鲁交界，是中国运河名城、千年古县，是著名的中国京剧艺术之乡、书画之乡、武术之乡、轴承之乡和酱菜之乡。临清是联合国2006年认定的中国地名文化遗产——千年古县。西汉初年临清即设县，十六国后赵建平元年（330），因濒临清河改称临清。明清时期得益于京杭大运河漕运发达，经济社会繁荣达500余年，是当时全国重要的流通枢纽城市和闻名全国的商业都会，曾被清乾隆皇帝誉为"富庶甲齐郡"。作为京杭大运河的重要节点城市，临清拥有保存完好的中洲古城，拥有运河钞关、鳌头矶、清真寺、舍利宝塔等12处国家级重点文物和11项省级以上非物质文化遗产。其中会通河临清段及运河钞关被列入世界文化遗产名录。明代文学家谢榛、抗日民族英雄张自忠、当代著名学者季羡林等，都是临清杰出人物的代表。临清还是武训兴学所在地、山东快书诞生地、《金瓶梅》故事重要背景地。临清也是一座美食之城，特色小吃种类繁多，什香面、济美酱菜、托板豆腐等美食远近闻名。

（一）清真寺

临清西清真寺位于临清市卫河东岸，先锋桥畔。创建年代无考，寺内刻石有明嘉靖四十三年（1564）重修的题款，可知寺的缘起当在明中叶以前。清真寺由礼拜殿、望月楼、讲经堂、浴室等组成，共有房舍80余间。

（二）鳌头矶

鳌头矶始建于明代永乐十五年（1417），占地1200平方米。现位于会通河南、北交汇处，为防止洪水冲刷而建。此处原为元代运河与明代运河交汇处的一座石坝，其形状如鳌头，两支运河上的四处河闸像鳌的两对足，广济桥在后面像其尾，因此此地名为鳌头矶。

鳌头矶古建群主要由鳌矶坊、正门、吕祖堂、李公祠、望河楼、观音阁组成。现存主体建筑观音阁，砖砌基座高5米，9米见方，下辟门洞，面

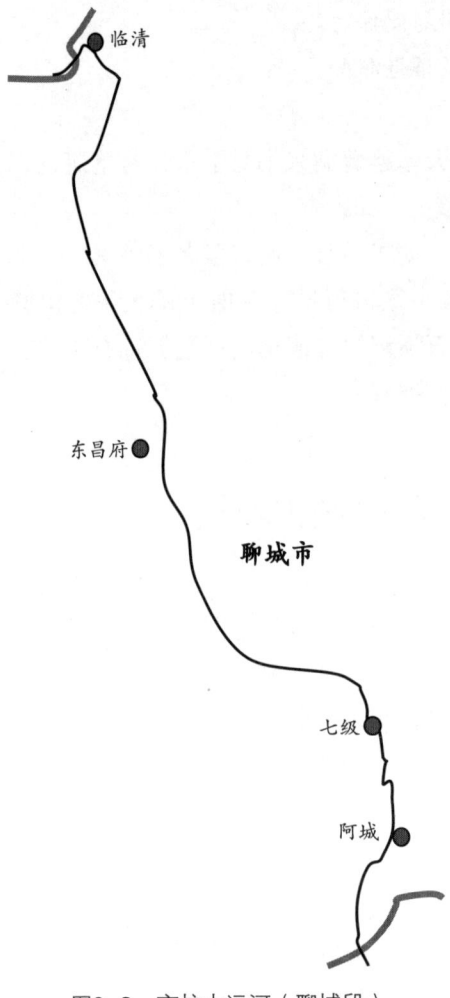

图2-3 京杭大运河（聊城段）

阔三间，进深两间，歇山卷棚顶，三、五、七架梁和抹角梁木构架，上覆筒瓦，陶质脊兽装饰，四角飞挑，木隔落地。西殿吕祖堂、南楼望河楼现存各三间。

穿过幽深的门洞，首先看到的是"古砖陈列室"。古砖陈列室收集了明代成化年间至清代康熙年间临清烧制的青砖，临清砖是营建北京皇城的重要建筑实物，明清两代修建北京皇宫各大殿和紫禁城墙用砖，以及明代修建的北京十三陵和清代修建的东陵、西陵等皇帝陵寝用的砖，绝大部分是临清烧制的。临清砖以"击之有声，断之无孔，不碱不蚀"而著称于世。

自陈列室出来向南，拾级而上登上望河楼，大运河像一条玉带在楼前

飘过。楼内东西山墙分别悬挂着两块大匾额，这两块匾原在卫运河"避雨亭"上。清代乾隆皇帝沿运河南巡时曾在此亭避雨。一块是清乾隆五十五年（1790）临清直隶州知州张度书写的"汶卫津梁"。"汶卫津梁"四字为正楷书，端庄而洒脱，颇具功力。一块是清康熙年间临清知州、书法家王毂书写的"沙丘古渡"。"沙丘古渡"四字为行书体，苍劲雄浑，神韵丰满，不失为一书法艺术的佳作。

从望河楼转而登上观音阁，极目远望，运河、绿树、街道、行人尽收眼底。正前方是登瀛文化广场，画坊、曲廊、石桥、流水、花坛、喷泉历历在目。观音阁建在台基之上，基砖砌高5米，9米见方，下方辟有门洞贯通。观音阁面阔三间，进深二间，歇山卷棚顶，上覆筒瓦，四角飞挑，木格落地，与望河楼相映成趣，浑然一体，为临清景观"鳌矶凝秀"之所在。

鳌头矶作为与京杭大运河关系密切的古建筑，保存较为完整，是研究明、清两代南北经济文化交流、社会风俗、道教文化、民间信仰等的实物资料，它是运河文化的积淀之一。

（三）临清钞关

临清运河钞关位于今临清市青年路西首南侧，会通河南支西侧，始建于明宣德四年（1429）。宣德十年（1435），临清钞关升为户部榷税分司，由户部直控督理关税，下设五处分关。清光绪二十七年（1901）运河漕运停止，钞关署治遂废。临清运河钞关为一组建筑群，自运河而西依次为河口正关、阅货厅、"国计民生"坊、关墩、仪门、正堂等。现存两进院落，前院为公署办公区，后院为仓储区，南部住宅区现大部分成为民居。主要古建筑包括仪门、南北穿厅、科房、船料房等80余间，面积6000余平方米。此外，尚有原钞关官员住宅若干，保存较好。建筑大都为硬山建筑，青色灰瓦屋面。运河钞关为古代八大钞关之一，作为目前中国古代运河税收机构的唯一典型遗存，是运河文化的重要载体，是研究中国明清两代经济生活、运河沿岸城市的形成与发展及中国税务发展的宝贵实证资料。

临清钞关的建立，给朝廷带来了滚滚财源。明朝中前期，年收税银四万多两，到万历年间，临清钞关年征收船料和商税达到83000多两，居全国八大钞关之首。明万历六年，山东一年的课税折银只有8860两，仅占临清钞关税收的十分之一稍强，临清钞关的显赫地位可见一斑。

（四）舍利宝塔

舍利宝塔为明代砖塔，位于临清市北郊、运河东岸，重修于明万历三十九年（1611）。因该地旧有永寿寺，故又称永寿寺塔。清乾隆《东昌府志》载："永寿寺在北水门外，南有大士，高三丈二尺，明万历二十九年建。三十九年柳佐建舍利宝塔。"塔为九层，砖石木结构，楼阁式，通高61米。平面呈八角形，底座围长40米。塔身逐层递减，收分得体。底层最高，约占塔身七分之一，内设木梯已焚毁。外墙由素面条石砌筑，辟一门三龛，门为南向券拱形，门额镌"舍利宝塔"，款署"大明万历癸丑岁仲秋吉旦立"。每层檐下均饰垂莲柱和砖雕斗拱，拱眼壁刻楷书"阿弥陀佛"。二层以上皆为砖砌八面八门，四明四暗。塔内各层有刻石，铭记建塔缘起、募化经过及布施人姓名。五层置万历年间进士柳佐撰文《修建观世音菩萨宝塔疏》及《募化方》各1石。塔檐原置"铃铎百四十有四"，塔顶呈八脊盔形。明清之际，因运河漕运之便，名人学士多登塔浏览，留有诸多题咏。

（五）大宁寺

大宁寺坐落在临清大寺街，同静宁寺、天宁寺、满宁寺并称为"临清四大寺"。该寺始建年代无考，明万历、清乾隆年间两次重修，全寺占地面积约一万多平方米，平面呈纵长方形。原寺院坐北朝南，三进院落，中轴线上自南向北依次为山门、祭殿、戏楼、大雄宝殿、伽蓝殿，东西两侧辅以对称禅堂、斋堂，是一个"壮丽甲于诸刹"的建筑群。现存大雄宝殿，面阔五间，进深三间，抬梁式木构架，单檐硬山布瓦顶。明、次间前后建有四柱楹檐廊，檐廊硬山卷棚顶与主殿相配连，成勾连塔式。殿中原塑有释迦牟尼佛像，还供奉观音、文殊、普贤三尊佛像。该殿为临清现存唯一完整的寺观古建筑。现存有明万历四十七年（1619）《大宁寺稳长老重修大雄宝殿碑记》等三道碑碣及经幢。碑文中记有当时"环四周为市廛，金银钱布，贝玉珠玑堆积如山"的民间商业繁荣景象。

二、江北东昌府

东昌府居鲁西、临黄河，明清两代，得益于京杭大运河漕运的兴盛，经济繁荣、文化昌盛达400年之久，成为沿河九大商埠之一，被誉为"江北一都会"。境内名胜古迹众多,光岳楼、山陕会馆、宋代铁塔、海源阁、傅斯年陈列馆、范筑先纪念馆和孔繁森同志纪念馆等人文景观不胜枚举。境内湖河众多,水系发达。风景如画的东昌湖环抱古城,总面积达5平方千米,是长江以北最大的城市淡水湖泊。京杭大运河从城区蜿蜒而过,东昌湖、大运河与徒骇河相互贯通,在40平方千米的城市建成区内,湖、河水面积达13平方千米,是名副其实的"江北水城"。

(一)光岳楼

光岳楼始名余木楼,又称鼓楼,位于聊城旧城中央。明洪武七年(1374),东昌卫为便于远眺料敌及更漏报时准确,以筑城余料起建此楼,即以"余木"名之。弘治九年(1496),吏部官员李赞登临此楼,叹其高壮,取"近鲁有光于岱岳",易名"光岳楼"。

楼起于砖砌覆斗式方形台座上,台高9.38米,占地1238平方米。台面以下为十字拱洞,四面各辟半圆券门,以贯通中心交叉之街道。门上石额,南北曰"文明""武定",东西曰"太平""兴礼"。南向券门两侧,各开小型券门,西侧额为"阆苑瀛洲",乃装饰假门;东侧额镌"凤城仙阙",进门为登楼通道,越55级踏阶可至台面出口。台口覆歇山卷棚式敞轩,旧悬有"共登青云梯"横匾。台上有历代记事、题咏碑刻20余方,台周环以女墙。楼为四层,自台面起通高24米。平面呈正方形,一、二层面阔进深均为7间,尽间为回廊。计有檐柱20根,内槽金柱12根,其高度相等,均直达三层。

据碑刻记载,楼自创建至1949年前,历经11次重修。视其砖砌台座、重檐十字脊及内置空井等,系为宋元建制;它如覆盆式柱础,柱起侧脚,楼置暗层等,似承唐宋做法;另其柱形近直,柱顶卷杀等,又如明代风格。总体是为宋元向明清过渡的建筑造型。1974年为纪念建楼600周年,郭沫若手书"光岳楼"匾额。1975年画家丰子恺撰书楹联:"光前垂后劳动人民智慧无极,岳峻楼高强大祖国文物永昌。"

(二)山陕会馆

山陕会馆位于聊城东关古运河西岸,西临漕运时代的河道大码头。始建于清乾隆八年(1743),为山西、陕西两省商贾集会联谊的场所。坐西面东,南北阔43米,纵深77米,占地3311平方米。沿中轴线依次为山门、戏楼、钟鼓楼、南北看楼、碑亭、神殿、春秋阁等各式房屋160余间,均为大木举架砖石结构。

山门的门楣石额镌"山陕会馆"。两侧门额分别为"履中""蹈和"。入内有卷棚过楼，正面山墙嵌有"岑楼凝霞"刻石。甬道左右有石雕插屏式照壁，上罩砖雕悬山，脊饰琉璃吻。两侧钟鼓楼均为二层重檐，歇山十字顶，楼额分别镌"振聋""警聩"。左右夹楼额为"对岳""望海"。戏楼亦为二层重檐，顶呈十字翼角，面朝正殿，开敞为三间台口，以落地木区分前后，中悬"云霞绚采"木匾。南北看楼均为二层单檐，硬山卷棚顶。

正殿前有卷棚式享亭（亦称献殿），殿内奉祀关羽。殿后有楼，名"春秋阁"，意出关羽夜读《春秋》。北殿奉祀财神，南殿奉祀火神，两侧夹设望楼及游廊。所有殿堂楼阁均作沥粉彩绘，并饰有不同书体的题额楹联。另有历代碑刻及线画刻石等。檐下石柱、柱础精雕鸟兽、花卉、山水、人物图案。斗拱、额枋、雀替等木构件为透雕、圆雕或高浮雕，其飞龙、舞凤、缠枝牡丹、戏文故事等，栩栩如生。据碑刻记载，会馆之宗旨，原为"礼神明而联桑梓"，建设资金均来自山西、陕西籍商户的"布施""抽厘"。乾隆八年（1743）开工，嘉庆十四年（1809）竣工，耗银6万余两。道光二十一年（1841）遭大火，火灾后，又以5年时间，耗银1.4万余两，重修复原。

（三）隆兴寺铁塔

隆兴寺铁塔位于聊城东门外原隆兴寺内，始建年代不可考，清嘉庆《东昌府志》、宣统《聊城县志》均记载："隆兴寺在城东门外，洪武二年建，中有铁塔。"由此可知，其初建年代当不晚于明初。但其雕饰特征、造型风格，颇似宋金之际遗物。

塔身早年倾圮，仅存下部五层。1973年修复时，从塔基四周挖出埋没的构件，将塔由原在洼地向西北高处迁移6米，并增灌混凝土基底垫层，修整复原成十二层，通高15.8米。底部石砌正方形须弥座，每边各长3.17米，座底呈琴桌式，束腰部位浮雕头陀、菩萨、龙凤、鸟兽和托塔力士、伎乐人物等。塔身呈八角形，生铁范铸，逐层叠装，上下径围收分不大。塔壳厚6～10厘米，内填砖石，无登临设施。底层正向四面饰盲门，南北闭锁，东西作微启状。门楣有簪，门扇各饰铺首、门钉。其他四面饰盲窗。二至七层无门窗雕饰，八至十层饰有棂格花窗。各层均做腰檐平座，檐角起翘，檐下有倚柱、斗拱，平座围有栏杆。塔身八九两层衔接突兀，今九层当为原十层，原九层缺佚。顶部由相轮、莲座、宝瓶组成塔刹。

移建清理时，发现塔基须弥座中间有方形石室。室壁嵌有高浮雕孔雀、狮子、力士等刻石，内横陈长方石函，函外刻题记："古有铁塔，在东关街北，永乐年倒。天顺年间，东昌府僧纲司都纲性深、隆兴寺住持祖崇、僧德宁，发心募缘，至成化二年六月初六日重立铁塔。石匠常王已造。"石函内有银棺匣、青花净瓶、铜造像、祭器、法器以及唐至明铜钱400余枚。

（四）海源阁

海源阁在山东省聊城市古城区运河之畔。它曾是中国北方最大的私人藏书楼，与江苏常熟瞿绍基的铁琴铜剑楼、浙江吴兴县陆心源的皕宋楼、浙江杭州丁氏兄弟的八千卷楼，合称"清代四大私人藏书楼"。后来，陆氏、丁氏之藏书均转他人，其藏书楼已不复存在，只有铁琴铜剑楼与海源阁南北遥相呼应，故有"南瞿北杨"之美誉。据记载，海源阁鼎盛时藏书多达20多万卷，其中不乏珍本、善本、孤本，真乃"鸿名盛业，百载难逢，琅缥（玉帝藏书之所）之府，群玉之山，目不暇给，美不胜收"。这些藏书多来自江南与北京。海源阁有一个比较有诗意的名字——运河上漂来的藏书楼。这座藏书楼的百余年沧桑历史，可以用这样一句话描述：四代主人，三次浩劫，两次转移。

海源阁的第一代主人为杨以增。杨以增（1783—1856），山东聊城人，生于书香门第，自幼受家庭熏陶，酷爱藏书。道光二年（1822）中进士，步入仕途。之后，他开始借居官之便，购藏书籍，初以普通版本、精刻本为主，珍本较少。道光十八年（1838），因父亲病逝，杨以增回乡守丧三年。这三年是不平凡的三年，因为它见证了一座伟大私人藏书楼的诞生。

为了完成父亲遗愿，杨以增于道光二十年（1840）兴建藏书楼，取《礼记·学记》中"先河而后海，或源也，或委也，此之谓务本"之语，题名海源阁，意为"聚少成多，不断积累"。就这样，海源阁的书籍如细水一般，越积越多。可是，离杨以增的期望还差很远很远，直到一个机会的出现。

道光十八年（1848）始，杨以增升任江南河道总督，官至从一品，官署设在清江浦。清江浦自古以来为大运河沿线重要交通枢纽，也是明清两代文人墨客的重要汇聚之地。杨以增在此任职八年，广交文士，大量搜集珍本秘籍，购入珍本、善本甚多，其中绝大多数来自汪士钟的艺芸书舍（有人说"江浙藏书之精华，集于汪氏一家"）。咸丰元年（1851），太平天国运动爆发，战火迅速燃烧到江浙一带，私家藏书不能自保，"江南各地藏书，一时俱出"。杨以增以近水楼台之优势,尽量搜求江南散出之珍籍,得之颇多。同时,杨以增利用职务之便,利用大运河的有利交通条件,用船将所购书籍运往老家聊城,使海源阁的藏书大为充实,为其成为清末北方私家藏书中心奠定了坚实的基础。

咸丰六年(1856),杨以增逝世,其子杨绍和(1832—1875)成为海源阁第二代主人。为保证藏书安全,杨以增留下遗训:将海源阁藏书分为两部分,五分之二藏于聊城杨氏祖宅内的海源阁,五分之三藏于山东肥城的杨氏别墅陶南山庄。然而,他的这一看似周全的计划,却使海源阁经历了第一次浩劫。

咸丰十一年(1861),捻军(太平天国时期北方的农民起义军)攻至肥城,在杨氏别墅陶南山庄住了一天一夜。这帮没有上过学的农民兄弟,在这间豪华别墅里进行了一项极为低级、极为幼稚、极为可耻的娱乐活动——烧书。这里的藏书,被焚者占十之四五,占杨氏全部藏书的三成左右,且孤本珍籍甚多,损失惨重。不过,幸好聊城的海源阁安然无恙,幸好海源阁的书没有全部搬到肥城,真是不幸中的万幸。此后,残余之书全部被运至聊城海源阁。

同治四年(1865),在肥城藏书被焚四年之后,杨绍和考中进士,在北京任职。在京城,他遇到了一个绝佳的购书机会。同治年间,怡亲王载垣及肃顺等人以狂悖遭诛,史称"辛酉政变"。之后,怡府乐善堂藏书俱散出。杨绍和非常幸运地抓住了这次机遇,尽力搜购乐善堂的散出珍籍,并将这些藏书利用漕船沿运河南下运至聊城。杨绍和继承了父亲的藏书事业,他的一生购藏书籍不多,但珍秘之本不在少数,数量不亚于其父。于是,有人做出了这样的评价:"海源阁珍本书,半得于北,半得于南"。经过父子两代人的努力,海源阁的藏书达到鼎盛时期,从根本上改变了我国私家藏书"南强北弱"的格局。

同治十四年(1875),杨绍和去世,其子杨保彝(1852—1910)接过了"接力棒"。如果说他的爷爷、父亲毕其一生为的是搜书、购书,开创一番事业,那么杨保彝的一生却只为一个"保"字——保住这份来之不易的祖业。在那个局势动荡的年代,他顺利地完成了自己的任务,并将"接力棒"传给了继子杨敬夫(1900—1970)。由于杨敬夫时年仅10岁,藏书的事由其母代为管理。

当时,正值军阀混战,兵荒马乱,土匪横行。长大成人后的杨敬夫最主要的工作是运书——将藏书从海源阁转运到比较安全的地方。第一次转运发生在1928年。是年春天，西北军第17师马鸿逵部占领聊城，海源阁书稍有损失。因担心家中藏书重蹈半世纪前的覆辙，同时欲变卖书籍以谋生计，杨敬夫是年冬天，匆匆回到聊城，将海源阁的珍籍装了十几大箱，运至天津（此部分图书几经周折，大都归入中国国家图书馆收藏）。这是一个英明果断的行动。因为，不久之后，海源阁接连遭遇两次洗劫。

三、毛镇七级

七级镇位于阳谷县城东北26里，跨运河两岸。唐朝时已有村落，称"毛镇"，金时置镇，元开会通河穿镇而过，渡口处建有七级台阶，故名"七级"。根据考古发现的《重修渡口石磴碑记》碑文记录，现存码头为清乾隆十年（1745）由民间集资重修。元明清三代在此设闸官管理闸座，并设兵营镇守。

清光绪《阳谷县志》记载："七级少田，遍地宜枣，夏绿秋红，几无隙地，无村不出枣，之多，甲于一邑，为土植大宗。"

七级镇得运河漕运之便，"官舫运艘商旅之舶，日夜联络不绝，屹然巨镇"，成为阳谷县东境重要的水运码头和货物集散地。镇子相当繁华：镇区有六门、四关、六纵八横十四长街，势如棋盘。街内铺面连绵，生意兴隆，南市街是棉花市场，东市街是米街，并有酒楼，西关街是农商交易场所，东关街是商业区，北关街"车商船户市廛环列"。当其盛时，镇中有书院一，衙门二，仓廒三，乡塾二十四，寺庙三十六。古镇保存较好，现存古街巷长220米，宽2.2米，两旁是明清建筑，青砖灰瓦、木板房，石刻、残碑散落在街巷之中，是运河沿线保存至今为数不多的古街区之一。[1]

（一）春和堂

春和堂在七级镇古码头东约50米路北，也叫狄家药铺。坐堂医生开药的地方，门前有龟驮碑两座，一座驮着"嘉惠均沾"，一座驮着"懿德可风"，至今两石龟仍在，石碑已不知去向。石龟的两边是药铺的仓库。

这两座龟驮碑是清末武状元李孟悦送给大夫狄大光的，据说，李孟悦的

---

[1] 吴滔.中国运河志·城镇[M].南京：江苏凤凰科学技术出版社，2019:297.

母亲病了，多次求医问药不见好转。李孟悦辗转来到狄大光这里求救，仅数剂中药，李母的病情好转。于是李孟悦在狄大光药铺门前立了这两个龟驮碑。李孟悦是清末东昌府朱老庄人，23岁中武举，为光绪十五年己丑科武举殿试一甲第一名进士及第武状元。八国联军进北京时，慈禧太后逃往西安，李孟悦随从护驾。

狄大光，字怀远，是狄家药铺最出名的大夫，1883年出生，其祖上三代从医。他自幼攻读内科、妇科，善解疑难病症。他医术高明，富贵贫贱一视同仁。据说，他治病的原则是让穷人不花钱，让富人少花钱，最多不过六味药，少则一两味药，疗效却非常好。他治疗方法多，治愈病人多，病人花钱却不多。

（二）翟家祠堂

在七级镇古码头东约50米路南，有一座翟家祠堂，又叫翟家庙，始建于明朝万历年间，坐南朝北，正堂三间，飞檐抱柱式建筑，东西配房各三间，抱柱飞檐，雕花窗帘。

正堂门额上镶嵌有"芝兰宝"三字。"芝兰"，灵芝、兰草或香草，"宝"，宝树，合在一起比喻德才兼备有出息的弟子。语出《世说新语·言语》，谢太傅问子侄们，"你们为什么要关心国家大事？为什么要变得非常优秀？"子侄们无法回答。谢玄当时做车骑将军，说："就好比芝兰玉树，总想使他们生长在自己家中。"

在清朝，七级老街上出过一位名人叫翟作帧，品德、学问都非常优秀，被选为嘉庆皇帝的授业老师。嘉庆登基后，翟作帧回家养老。后来，嘉庆想起自己老师的恩德，就派员来到七级建了功德坊，旌表了翟作帧的妻子"安人冯氏"。于是就有了翟家祠堂上的"芝兰宝"三个字。此后，这条街更加繁荣了。翟家后裔一直在七级镇上繁衍，人口繁盛。

嘉庆之后，国家灾难频繁，历经鸦片战争、第二次鸦片战争、太平天国运动、甲午战争、八国联军进京，等等，清帝国风雨飘摇，民间世家大族随之没落，数百年的翟家祠堂成为今天的残垣断壁。

（三）古渡口

在七级镇中桥北侧有一个古渡口，古渡口虽然古老，但是在这里依然可以感受到它不凡的气势。运河停航后，它一度被淤泥淤到了地下。2011年重新被挖掘出来，现在是省级文化保护单位。在运河兴旺时期古渡口非常繁忙，水工设施经常被维修，现在的遗迹是乾隆十年即1745年大修时留下的。

古渡口的位置很好，沿渡口上岸就是七级古街。古街在当时是最繁华的地方，它的最西头北面是狄家药铺，南面是翟家祠堂，再往东走便是一碑担两间茶馆，最东头是碧霞元君祠。当时这里人口繁盛，光庙宇就有七十二座。

在漫长的漕运时代，七级古渡口是运河沿岸的一个粮食转运码头，南方的粮食经过千里运输，到达此地，进入官仓，缴纳赋税之后再转运到帝都。

（四）碧霞祠

七级碧霞祠在七级古街东首。据说，这里是碧霞娘娘的行宫，始建于宋代，后世多有重修，坐北朝南，有山门、迎墙、前殿、东西厢房、后殿等建筑。山门前有龟驮碑两座，迎墙为宽约一米高约一米半的石碑并立而成，为清朝重修时所立。前殿，三间两层，上层为钟楼，上有巨钟，钟声响亮。东西厢房门前有龟驮碑及松柏，东厢房供奉送子娘娘、祈福娘娘，"抱得天上麒麟子，送与人间吉祥家"，西厢房供奉眼光娘娘、接生娘娘，"心明眼亮体康健，神清气爽爱满园"。后殿代奉泰山老母，旁有金童玉女等神像，"统摄岳府神兵，照察人间善恶"。

在漫长的封建时期，人们的生活会遇到各种各样的困难，如疾病、灾荒、兵匪，等等，这往往是民间百姓无法应对的。碧霞祠的存在，给人民带来了希望。它接受人们的香火，也扮演福利机构的角色。一些庙祝精研医术，经常为周边百姓治疗病痛。灾荒年景，碧霞祠布斋施粥，与附近百姓共渡难关。最重要的是，它为附近百姓树立了一切困苦都可以得到解脱的精神支柱。碧霞元君的信仰为百姓提供了安身立命的准则。古代的教育不发达，但是共同的准则是社会稳定、繁衍的基石。碧霞元君通过庙祝活动，将当时的普世观念一遍一遍重申。它要求百姓忠于国家，孝顺父母，抚育儿女，邻里和睦，讲求诚信。它禁止百姓侵夺他人田地，偷盗钱财，欺男霸女。碧霞元君，也就是泰山奶奶，在这一带有个徒弟，叫任喜悲，他教导人民，"忠于君，孝于亲，信于朋友，从不拜佛又如何？侵人田，夺人财，占人妻子，从来烧香也无益！"正是这种信仰，使得百姓常恐得罪天地鬼神，小心谨慎，勤勉持家。众多个人的这种行为汇集起来，形成疾恶如仇，从善如流的社会风尚。

四、咽喉阿城

阿城距离阳谷县城25千米，张秋镇北10余千米，位于运河东岸，是战国军事家孙膑的故乡。春秋时这里称为"柯"，因地近柯泽，故名。古时"柯""阿"二字通假，故亦称"阿"。汉设东阿县，南北朝时东阿县东迁，此地仍沿称阿城。

明清时期，阿城扼南北水运之咽喉，处东西陆路交通之要津，"士民辐辏，商贾云集"，市面极其繁荣。因是海盐的转运地，故此地设有盐运司衙门和盐运码头。明清两代，山东盐场的食盐年产量约1亿斤，分销全省及四邻的河南、江苏、安徽的部分地区，共计122个州县，其中需要由运河船运行销的食盐，由车运至阿城。

由于盐利丰厚，阿城镇竟有13家盐园子。在镇内经商的不仅有山陕商人，也有胶东一带的富商大贾。万盛德、德华堂、源新聚是当地较大的商号。镇内设有运司会馆（由山西商人捐款建立）、山西会馆、於陵会馆、周村会馆。据民国《增修阳谷县志》记载，於陵会馆在东关东首。於陵会馆俗称东会馆，为周村的丝绸商人所建。位于镇南端的运司会馆，俗称南会馆，创建于清乾隆十三年（1748），由山西盐商捐资与阿城盐运司联合创立。运司会馆紧邻海会寺，这里有阳谷县地界最有名的大型庙会，每年春秋开会8~12天，"每会百货云集，买卖兴盛，演戏八天，十余日贸易不绝"。四乡的农民、商贩纷纷来赶此会，甚至有不少济南、天津、周村、邯郸、邢台、营口等地的客商也赶来贸易，交易的大宗商品有布匹、京广杂货、木材、牲畜、农具及各种日用品。

清代阳谷县丞曾驻此开衙理事，称"县二堂"，这里也是阳谷县进入运河的通道。清末漕运停罢，运河河道淤废，市面渐趋冷落，后又遭日军战火，更加凋敝。本镇是名贵中药阿胶的原产地，历来入贡京师，镇内仍存有熬煮阿胶的古阿井遗址。

（一）海会寺

海会寺清代古建筑群，坐落于阳谷县阿城镇东南隅，始建于清康熙年间。后经乾隆、光绪年间两次扩建续修，形成了殿宇巍峨、楼阁连亘的清代典型古建筑群，为华北五大寺院之一。该寺占地面积6万平方米。原有殿宇楼阁168间，2001年仅存81间。由大殿、戏楼、碑亭、千佛阁、刘公祠等组成。主体建筑既自成一体，又与整体结构协调融洽。建筑采取北方传统的形式，砖木结构，飞檐斗拱。寺内尚存有碑刻、石雕、木雕、彩画及康熙手书诗文。现经住持僧人化缘修缮，又重现昔日光彩。海会寺是清代典型的庙宇与会馆相结合的建筑群，原为元代礼部尚书曹元用的故居。

海会寺自古便与智慧、商业和财富有着种种不解之缘，佛教文化、传统文化和运河商业文化在此获得完美结合，该寺于2000年举行了大型开光典礼。

（二）古阿井

古阿井位于阳谷县阿城镇王庄村西北。井水用以煮制名贵中药阿胶，最早记载见于东汉时的《本草》："真胶产于古齐国之阿地，又以阿井水煮之最佳"。井浚于何时，无考。《水经注·河水五》载，东阿"大城北门内西侧皋上，有大井，其巨若轮，深六七丈，岁尝煮胶，以贡天府，《本草》所谓阿胶也，故世俗有阿井之名"。另据原存碑刻记述，唐尉迟恭曾为钦使重建此井。现存光绪五年（1879）重建六角攒尖石亭，通高4.23米，每边1.49米，单檐六脊，坡面做瓦垄，顶置卷荷，上饰六棱宝葫芦顶。六棱石柱6根，上承石雕平板枋。柱间额枋题"济世寿人"。石柱刻有楹联，其中一联刻"圣代即今多雨露，仙乡留此好泉源"。另一联刻"力可回澜，重建源泉来井底；心存济世，长留膏泽在人间"。亭内存光绪五年石碑，正面篆刻"古阿井"大字。原记载尉迟恭修井之碑，1966年被拆毁。1978年在此新建阿胶厂，工人淘浚古井，修缮碑亭，而井水清洌甘美，一如既往。

CHAPTER 03

— ■ 第三章 ■ —

运河江苏段

京杭大运河江苏段总长约687公里，常年有两万多艘船舶穿行其间，在我国综合运输体系建设和长三角地区经济社会发展中作用显著。京杭大运河流经的江苏境内的8个城市，又各有特色[①]：

苏州："水陆并行，河街相邻"的双棋盘格局和"小桥、流水、粉墙、黛瓦"的古朴风貌，使美丽的苏州处处沁透出水乡的悠悠韵味和典雅的江南风情。

无锡：集江、河、湖、泉、洞之美于一体，自然风光优美、人文景观荟萃，大运河穿城而过，惠山、鼋头渚揽天下山水之精华。

常州："三吴重镇，八邑名都"的"龙城"常州，著名的舣舟亭曲廊回旋，洞门漏窗，如诗若画。大运河绕亭东流而去，园林艺术与自然风光浑然一体。

镇江："天下第一江山"和"城市山林"的镇江得南北天时地利之便，据大江南北的咽喉要冲，文化底蕴深厚，又有古运河的滋润，孕育出数不尽的寺、园、楼、亭、闸、桥，为其增添了无限秀色。

扬州："霜露寒空月上楼，月中歌吹满扬州"，作为大运河的中枢，古运河从扬州发端，纵贯全境，架起了中华民族南北文化交流的桥梁。

淮安：曾是漕运枢纽、盐榷重地。境内有著名的"青莲岗文化"遗址，深厚的文化底蕴和纯朴自然的山水风光构成了一幅波澜壮阔的画卷。

宿迁：秦汉文化的风云际会之地宿迁，曾被盛赞为"第一江山春好处"。境内有江苏发现的最早的古人类活动的"下草湾文化遗址"，是江苏新兴的中心城市。

徐州："五省通衢"的徐州，自古就是兵家必争之地，悠久历史为彭城大地留下了不胜枚举的文化遗产和名胜古迹，以"汉代三绝"——汉兵马俑、汉墓、汉画像石为代表的两汉文化最为璀璨夺目。

"舟楫之乡"江苏，全省航道总长2万余公里，占全国的五分之一。为了使大运河重新焕发青春，产生更大的效益，江苏省先后投入巨资，对苏北、苏南运河段进行了整治扩建，消除了京杭大运河江苏段的"瓶颈"，实现了京杭大运河苏南、苏北全线畅通，为江苏及华东地区提供了一条南北水上快速交通要道。

---

① Ann上海的博客. http://blog.sina.com.cn/experienceandenjoy.

第一节　大运河上的苏州古城镇

京杭大运河苏州段，西北端起于苏州与无锡交界，东南端止于苏州与嘉兴交界。京杭大运河苏州段从望亭通过市区至吴江区鸭子坝，全长83千米。市区经过枫桥至吴县良种场，长14.02千米；航道底宽30米左右，最小底宽15米。枯水期，市区水深2.5米，吴县、吴江地区2米。市区碍航弯曲地段有泰让桥、吴门桥及觅渡桥3处，尤以吴门桥条件最差。桥孔水速流急，洪水时流速急达1米/秒。下游航道弯狭地段有吴江三里桥附近、吴江县城松陵镇南弯道。狭浅地段有八坼市河、吴江化肥厂附近、小牛荡及四亭子渡口。

春秋时期，吴王阖闾重用伍子胥、孙武等贤明人才。鉴于吴国江海为患的情况，阖闾委派伍子胥主持建设都城的工作。伍子胥"相土尝水，象天法地"，在调查研究的基础上，建成一座规模宏大、气势雄伟的阖闾大城，位置即在今苏州城。城内街衢宽广，河道纵横，水陆四通八达。伍子胥积极推行"实仓廪"的政策，鼓励开垦荒地，扩大种植面积，重视兴修水利，使吴国的农业生产有了很大的发展。军事上，吴国振军经武，精选士兵，进行严格的军事训练，使吴国军队成为一支纪律严明的天下劲旅，并组建了中国第一支水军。

为了发挥吴国水军的长处，适应战争对兵力及军需物资的运输需要，人工运河"应运而生"。胥溪就是在那时由伍子胥建议开凿的，时在周敬王二十五年（前495）前后。当时伍子胥指挥吴国军民，开凿了一条从都城（今苏州）经望亭、无锡至奔牛镇，达于孟河，入长江的运河，这就是现在江南运河的雏形。《越绝书·吴地传》记载："吴古故水道，出平门，上郭池，入渎，出巢湖，上历地，过梅亭，入杨湖，出渔浦，入大江，奏广陵。"吴国依赖这条河道出征和防守，担当粮食运输和军需供给的任务，于周敬王三十四年（前486）出军，一举攻克了楚国的军事据点固城。之后，伍子胥、孙武又率领大军，挥师西征，攻下楚国都城郢。为了便于与越国争雄，伍子胥又开挖了另一条河道胥浦，它西连太湖，东通大海，成为与越国争霸的有力支撑。胥浦和胥溪、邗沟为吴国进攻越、楚、齐的三条重要运河。运河的开凿不仅仅有利于战争，对日常的物资运输也发挥了重要作用。正是有了运河，吴地的水运交通日趋发达，《史记·河渠书》甚至有"于吴，则通渠三江五湖"的赞誉。而苏州作为人工运河的起始点，也因河而兴，成为吴国的政治、军事、经济中心，促进了吴国经济文化的发展，对于吴国的强大以及争霸事业起了重要作用，也为其后2500年间苏州的发展奠定了良好的基础。苏州是名副其实的运河之城。

苏州水运交通便利，是其他城市无法比拟的。特别是大运河开通后，苏州等江南地区的大米、丝绸及其他重要物资，源源不断地输往京师，以苏州为中心的太湖流域基本掌握了中央政权的经济命脉。也正是由于漕运，极大地推动了苏州地区的发展，孕育了浒墅关、枫桥、松陵、平

图3-1　京杭大运河（苏州段）

望、盛泽等集镇。苏州经济、文化对全国的辐射和影响，也和大运河无法分开。历代漕运保证了京师和北方军民所需粮食，有利于国家统一，并因运粮兼带商货，有利于沟通南北经济和商品流通。[1]

一、要塞枫桥

隋炀帝于大业元年至六年（605—610）开凿了大运河。苏州城处于苏南运河中段，是东南沿海沟通内河与外海的重要水陆交通枢纽，因此在大运河航线上起着重要连接作用。这其中，枫桥在分流运河水方面起到重要作用。运河在苏州附近自西向东流，流至枫桥就分为向东和向南两支。东边一支流至阊门与护城河交汇，南边一支流经盘门、胥门，再折向南而流至浙江。因此枫桥便成为重要的水路要塞。枫桥镇不仅是全国最大的稻米集散地，也是

---

[1] 苏州市政协文史委员会. 运河名城——苏州[M]. 苏州：古吴轩出版社，2012:6-8.

最繁忙的漕运中转站和最繁华的商贸水镇之一。为了疏浚河道、便利交通，苏州刺史王仲舒还修建了吴江塘路，并将塘路东西两侧改造成圩区。以吴江塘路为代表的苏州运河水利工程建设，大大促进了苏州农业的发展，进而又带动了经济发展，推动苏州城向更繁荣的城市迈进。①

枫桥镇建于隋大业六年（610）冬，十二月江南大运河开凿。枫桥镇是连接农村和苏州市区的西北名镇，唐中期，张继写了著名的《枫桥夜泊》：

月落乌啼霜满天，江枫渔火对愁眠。
姑苏城外寒山寺，夜半钟声到客船。

自此，枫桥之名流传天下。明朝时，这里商舶云集，舟船林立，旗帆飘扬，水运繁忙，川流不息，几无虚隙。镇上商店鳞次栉比，货物琳琅满目，人流如潮，喧浪盈天。特别是米豆生意格外兴旺，成为全国闻名的米豆集散地。官府也派员在这里检查南来北往的船只，并设标准粮斗，俗称"枫斛"。枫桥的物价也成为苏南一带的标准，清末有"探听枫桥价，买物不上当"的俗谚。明代高启在《泊枫桥·几度经过忆张继》的诗中称：

画桥三百映江城，诗里枫桥独有名。
几度经过忆张继，乌啼月落又钟声。

清初，枫桥东连阊门，西接西津桥，以运河两岸为中心，商店作坊很多，繁盛热闹。由于兴旺带来两个问题，一是常常发生水道交通阻塞，雍正年间曾在枫桥立禁牌，明文规定"粮船只能停在清风亭处，不许再停市岸"。嘉庆十七年（1812），苏州府又颁布了《严禁粮船违例越泊停市》的法令，这样使商船、民船及出行官船等停泊有序，水道畅通，阻塞减少。二是屡屡出现船户、脚夫、装卸者的争斗事件。为了整顿秩序，及时平息争斗事件，从清康熙朝开始，就派兵丁驻防枫桥集镇周围。嘉庆十五年（1810），吴县、长洲县、元和县三县合置，在枫桥铁岭关口立了"永禁诈索商船碑"。

枫桥镇衰落的原因：一是清咸丰十年（1860）太平军忠王李秀成攻打苏

---

① 吴滔. 中国运河志·城镇[M]. 南京：江苏凤凰科学技术出版社，2019:736.

州造成的破坏，清军马德昭部在败逃时，纵火焚掠著名的山塘街和阊门西的枫桥大市，枫桥集镇受此劫难，从此一蹶不振。二是同治二年（1863）李鸿章的淮军及外国入侵者的"洋枪队"，在攻陷太平军镇守的苏州时，沿途劫掠焚烧，稍有恢复的枫桥集镇再度遭受厄运，运河两岸的闹市区、七里塘两岸、鲁班江（现称枫津河）东段厂滩一带，满目瓦砾，成为一片废墟。三是交通运输工具的变革。如光绪三十三年（1907）沪宁线经苏州开通，民国二十五年（1936）苏州至嘉兴的苏嘉线开通（苏嘉线于1944年被日军拆毁）。苏州通往各地的公路大多是民国年间筑成，由于铁路、公路运输有快捷的优势，运河的漕运功能及其他运输价值顿时直线下降，枫桥镇凭借运河功能而兴盛，亦因漕运功能的衰退而不再繁华。

自唐代以后，宋、元、明、清历代文人到枫桥地区游览，留下81首优美诗篇。这其中不乏一些耳熟能详的诗词，如唐代张继所作《枫桥夜泊》，南宋陆游所作《宿枫桥》，清乾隆帝爱新觉罗·弘历所作《题寒山行千尺雪》和《出阊门游寒山即景二首》等。

京杭大运河枫桥段历史遗迹众多，有枫桥、江村桥、寒山寺、中峰寺、观音寺、张王庙等，以及由空空庵、化城庵、法螺庵连同寒山别业遗址共同构成的皇宫遗址。

（一）枫桥与江村桥

在枫桥镇上，有一座单孔花岗石石拱桥。《寒山寺志》载："枫桥在阊门西七里……贩贸所集，有豆市、米市，千总驻防。"[1]枫桥东西跨古运河之上，跨度约为10米，桥长约40米。此桥建于何时已不可考，相传其旧名为"封桥"，因漕运夜间此桥禁止船只通行而得名，后讹为"枫桥"。由于唐代诗人张继的《枫桥夜泊》而闻名，张继之后咏枫桥的作品甚多。[2]现存枫桥为清乾隆三十五年（1770）重建，同治六年（1867）重修，1983年全面整修，1984年6月竣工。1963年枫桥被列为苏州市文物保护单位。

江村桥位于枫桥镇，桥东为寒山寺正大门，与枫桥仅有百米之遥，是一座单孔花岗石石拱桥，比枫桥稍低。《苏州市志》载："建于唐代，清康熙四十五年（1706）由当地人程文焕发起募捐重建"。同治六年（1867）重修，1983年8月至1984年6月，苏州市人民政府进行整修。

---

[1] 叶昌炽. 寒山寺志[M]. 南京：江苏古籍出版社，1999:2.
[2] 吴滔. 中国运河志·城镇[M]. 南京：江苏凤凰科学技术出版社，2019:747.

（二）寒山寺

寒山寺位于枫桥镇，始建于南北朝梁天监年间（502—519），原名妙利普明塔院，相传唐贞观间高僧寒山在此住院，故易名为寒山寺。自张继写了《枫桥夜泊》，寒山寺名扬中外。元至正二十年（1367）寺庙毁于战火。明正统年间（1436—1449），苏州知府况钟再建寒山寺。嘉靖年间，僧本寂铸造巨钟、建钟楼，《百城烟水》称："钟遇倭变，销为炮。"万历四十六年（1618），大殿失火，次年修复。清康熙五十年（1711），大殿再次失火。咸丰十年（1860），寒山寺再次被毁。寒山寺历遭五次火灾。光绪三十二年（1906），江苏巡抚陈夔龙稍加修复，铸钟建屋，以存古迹。宣统二年（1910），巡抚程德全续修，重建大殿。抗战期间，高冠吾集资建藏经楼。中华人民共和国成立前夕，寺庙榛莽遍地，无一僧人。1954年，政府拨款修葺，移修仙巷宋宅花篮楼于此，名"枫江楼"，僧侣复来，香火重起。"文化大革命"中大殿中的佛像被毁。1980年后，当地政府斥资重塑佛像，重建霜钟阁、藏经楼，新建钟房、心静楼、钟轩和僧房。寒山寺有张继诗碑，始建于名人王珪，久已不存。明代文徵明重书刻石，明末遭火毁，碑石破碎。现存诗碑是清俞樾于光绪三十二年（1906）补书重刻。现在的寒山寺枫桥古寺、张继绝唱、俞樾名书，可谓三美合成，相得益彰。

（三）中峰寺与观音寺

中峰寺建于东晋成帝咸康七年（341），位于支英（硎的易字）村西的支硎山中峰坞内，由佛学名士支遁（字道林，也称支公、林公）创建，也是当时吴县内建造的首批佛教寺院之一。南朝梁时，佛教盛行，始建"中峰寺院"，至唐景龙年间改名为"报恩寺"，山亦名"报恩山"。唐大中年间宰相裴休曾为寺院书额，本寺遂改名为"南峰院"。北宋真宗大中祥符五年（1012），赐名"天峰院"。明又复称中峰禅院。清康熙十五年（1676），政府重修寺院，改名为"观音禅院"。清咸丰年间，观音禅院遭大火，到民国初，在山下又造观音寺，房屋30余间。

寺院历经兴衰，屡经修复，仅明清两朝有文字记载就有：明永乐十七年（1419），正统年间（1436—1449），崇祯二年（1629），清康熙十五年（1676）、二十二年（1683）、四十六年（1707），寺至今存在1600年，中间名称多次变动，而中峰寺的名称流传最广。中峰寺创建早、规模大，在明清两朝是培养佛学人士的"基地",故又称过中峰讲学院。康熙、乾隆南巡到此院,都曾题额作诗。中峰寺在清咸丰年间,因与太平军所奉教派不同,被放火焚烧,几乎夷灭殆尽,后经修复,才恢复元气。中华人民共和国成立初只有几间破旧屋,"文化大革命"期间,几间破旧屋子也被拆尽。90年代初,民间佛教信徒(主要是一个昆山姓高的女赤脚医生)捐资复建中峰寺。1994年苏州市佛教协会报政府批准,派出灵岩山寺和尚法庆做中峰寺住持,以佛教规矩,全面负责中峰寺的建造和佛事活动。到2000年,已重新建造了天皇殿、大雄宝殿、放生池和其他僧房30间。

观音寺建于梁天监年间(502—519),在支硎山东麓,即中峰寺的正下方,实际上与中峰寺连为一体。初名"报恩寺",唐景龙中易额为"支硎山寺",至北宋乾德年间称"观音院",后称"观音寺"。观音寺在咸丰年间与中峰寺同遭火灾。民国五年(1916)观音寺被修复。20世纪50年代末,观音寺逐步被拆除,旧址也成了开山采石的宕口。1999年,旧址由中峰寺砌了围墙,现与中峰寺连成一体。

(四)张王庙

张王庙在何山顶上,原名何山庙,1997年改名为张王庙。庙最早称何山庵,是在何求、何点隐居房基础上建成的。明初改为何山庙,据传所塑之像为元末据苏称吴王的张自诚。张自诚居苏14年,兴水利,重农业,办学校,育人才,治理颇佳。元至正二十六年(1366),朱元璋大将徐达攻破苏州,张自诚被俘,押解南京缢死。苏州百姓对张自诚有好感,又慑于明初政治的严厉控制,故在庙内供其像,并在每年农历七月三十日烧狗屎香纪念他(狗屎是九四的谐音,张自诚小名九四)。有人说庙中所塑是张自信像(张自诚胞弟,行医闻名于世),后庙内塑像是否调换无从查考。明万历二年(1574)僧朗然扩建庙宇,改名为孝隐庵,后又复名为何山庙,20世纪60年代中期被拆除。现在的新庙是各路香头牵线,香客自发捐资建造。

(五)铁岭关

铁铃关,又称枫桥敌楼,始建于明嘉靖三十六年(1557)。铁铃关与枫桥相依,是古驿道和古运河进入苏州城的水陆交通要塞。铁铃关占地90平方米,高10米,下部是用石头砌成的台基,四面用砖头围起,中部是三层关楼,砖台上设置有许多凹孔,用来发射土炮,打击敌人。铁铃关,控枫桥,扼运河，是苏州城西的重要军事屏障。关上楼阁是1987年重建的，下部基台仍是明清古物。

据方志记载，自1554年起，倭寇屡次烧劫阊门、枫桥一带，一年后，又从浒墅关窜犯枫桥。苏州军民英勇奋战，终于全歼寇贼。为了保卫苏州城，加强枫桥至阊门一带的防卫，明政府建起了枫桥敌楼——铁铃关。当年与枫桥敌楼同时建造的还有封门和木渎两处军事设施，但至今都已不存。铁铃关成为苏州唯一保存较为完好的抗倭关楼遗迹。铁铃关，桥蕴姑苏水乡之秀，楼显古道关隘之雄，堪称江南胜景。清人吴照《寒山寺题壁》诗云："漠漠云低水国天，吴江风景剧可怜。铁铃关外烟如画，人立枫桥数客船。"

（六）夜泊处

枫桥附近有座水陆码头，即"张继夜泊处"，据说这里就是当年张继夜晚停泊小船的地方。朦胧月光，点点渔火，悠悠钟声唤起了诗人的浓浓乡愁，于是诗人慨然赋诗，成为千古绝唱。此处立有一块石碑，碑上刻有一首张继《枫桥夜泊》诗，由明初著名书法家沈度所书，撷自珍本《明四家书册》，是迄今发现最早由名家书写的《枫桥夜泊》真迹。夜泊处附近有一座诗人张继的青铜雕像，张继卧坐着，一副闭目沉思的样子。

二、要冲浒墅关

浒墅关位于苏州城北、南阳山东北麓，跨京杭大运河两岸。东南距苏州古城12千米，有千年古镇、江南名镇、工业重镇的称谓。相传秦始皇三十七年（前210），秦始皇南巡"求吴王剑，发阖闾墓"，见白虎蹲丘（今苏州虎丘）上，率部追赶20余里，虎不见处，即名为"虎疁"地，后几经易名。唐代讳虎，改为"浒疁"；五代吴越王钱镠忌"疁"，遂改名"浒墅"；宋《吴郡图经续记》又称"许市"。明宣德四年（1429）户部设钞关。景泰元年（1450）朝廷因"户部尚书金濂建言仍于浒墅添设钞关"，并建关署吏舍"明远楼"于此，成为全国七大钞关之一，遂名浒墅关。明代，浒墅已是"吴中一大镇"，时置巡检司于此；至清代经济愈加繁荣，"百货到此完税，有监收公署""为十四省货物辐辏之所，商船往来，日以千计"。浒墅关还是康熙"海禁"开放后江南运河对外开放的商品集散要地之一。

浒墅虽成镇较早，但相当长的时间里，地位并不显著，甚至不及邻近的望亭。古代江南水运可分为湖道、漕道和海道，浒墅正处于三道之交，为南北运道之要冲。由于优越的交通位置和所居经济区域的发达，浒墅榷关的地位越来越高，"通计天下户、工两部关桥一十七，浒关居其首，额最重，非他可比"。

关于浒墅关的诗文著述量多，内容丰富。清朝顺治八年（1651）的李起元、李继白，雍正年间的高斌、李秉忠等关榷官吏，在任职时，"亦多重文教，擅风雅"，雍正四年（1726）高斌的诗文至今"文采风流，工于吟咏"、脍炙人口。如绝句《秋日关署口》云：

浒墅本是云水窝，小住官衙半载过。
门外一泓清鉴近，临渊时觉警心多。

又《浒关任满临发有作》诗云：

两载于兹实力行，耻因宽税博虚名。
惟堪自信无伤惠，兼畏人知始是清。
千树云山天路近，一江春水片帆轻。
他年直笔书关志，恩怨平分亦定评。

位于京杭大运河东岸的浒墅关素因"八咏"著称，一咏"昌阁风桅"，二咏"龙华晚钟"，三咏"浮桥夜月"，四咏"渔庄夕照"，五咏"南河榆荫"，六咏"白荡菱歌"，七咏"管山春眺"，八咏"秦余积雪"。世事变迁，有的美景已不复存在，有的依然展示着迷人的风姿。

文昌阁

浒墅关文昌阁位于兴贤桥南，濒临运河西岸的"董公堤"畔。阁丘高10米多，四面环水形似"青螺"。文昌阁同苏州城古典园林相得益彰，又独领风骚。

古阁始建于明万历三十二年（1604），距今已历近400年的沧桑风雨。相传在明代已是全国著名的道院。当时榷关主事施重光倡建文昌阁，里中士人张宏德、宏谟、宏祚兄弟"以浒墅河水直泻，人文不盛，捐资巨万，开放生河，以纡水势，取土筑基，建阁于上，以奉文昌。兴贤桥亦其所建而名也"。榷关主事张大猷亦捐俸钱千缗助之。

阁顶道院称"太微律院",取道教中老子所指"三太"未开的浑沌世界时之"太极、太一、太微"意。清康熙二十二年(1683),五岳山人、长洲廪生黄衮弃儒学道,进太微律院,成为"开山道长"。黄衮多方化缘置得文昌阁田产,后经梅谷道士又为修葺。乾隆五十三年(1788)浒墅关榷关织造四德又"捐廉俸重薪",江苏巡抚闵鹗元撰文,张诒题"文昌阁"匾额。几度重修,使文昌阁显得更加宏大雄伟。

古阁旧有四殿。正殿祠文昌君像,另有星宿罗汉殿于右、天神天将殿列左。偏殿华佗殿处西偏北。每当日暮时辰,华佗殿窗牖中可见斜阳挂于阳山巅,似镜框嵌入,形成"日暮黛山"格局。因此,华佗殿宇又有"阊阳楼"的美誉。太平军占领苏州时期(1860—1863),文昌阁为太平军行辕扼守苏州城的北大门营垒。城墙高4米,厚1米,垣垛呈"凹"形,殿宇被古槐、银杏的虬枝蔓叶遮天蔽地,郁郁苍苍,在河水波光潋滟映衬下,古阁成了古堡式军营重地。

民国年间,军阀战乱,古阁失修,但道长沈宗培(法名)仍支撑维持香火。苏州解放前夕,文昌阁最后一位道长沈宗培,因物价暴涨无法维持,只得弃道还田,自此文昌阁的香火日衰。今遗址尚属完整,西南坡船埠码头仍留遗迹。现存"天开文运"匾额一块,碑文数块,鼎座一只。匾系光绪三十年(1904)御赐。

三、胜景横塘

横塘是一个具有近千年历史的古镇,人文荟萃,物产丰富,山清水秀,尤以江南水乡的田园风光和吴越遗迹著称,被誉为"吴中胜景"。

横塘镇,又名横溪,位于苏州城西南隅10里许。"木渎……又东入跨塘桥,与越来溪会曰横塘",横塘镇位于横塘水和运河的交汇之地,其境域和苏州的盘门、胥门、阊门等相连。隋开皇十一年(591),杨素移建新郭城于此,新郭苏州城县治设于今上方山的治平寺,县学就设在横塘镇上。横塘镇成为当时苏州的文化和商业重镇。唐武德七年(624),苏州治所又复归故城,有谚语云"先有新郭镇,后有苏州城"。横塘风景秀丽,北宋词人贺铸的别墅就在此处,因此有了著名的词句"凌波不过横塘路,但目送,芳尘去"。南宋诗人范成大也说"年年送客横塘路,细雨垂杨系画船"。横塘经常作为送别的意象出现在诗词中，可见其交通地位的重要和风景的美丽。[①]

横塘镇地处苏州西南郊，具有自然、柔美、秀丽的特色，凝聚着吴越春秋遗迹和江南田园山水之美。山坡上、山坳中、山脚下，遍植松、竹、枫、梅、桃等树木；名寺古刹、古典园林隐约其间，古桥、古碑、古塔、驿站、古城遗址寓山水之间，相得益彰。

（一）行春桥

古桥位于苏州城西南横越路跨石湖北渚、茶磨屿下。行春桥，《吴郡志》云："在横山下越来溪中。湖山满目，亦为胜处。桥甚长，跨溪湖之口。好事者或名小长桥。岁久废阙，桥始建无考。"在宋朝前，据说原为十八孔桥，宋范成大《行春桥记》云："石梁卧波，空水映发，所谓行春桥者……往来幢幢，如行图画间。凡游吴中而不至石湖不登行春，则与未始游无异。岁久桥坏……前令陈益、刘棠皆有意。而弗果作。"南宋淳熙十六年（1189）冬，知县赵彦贞下令治桥，"补覆石之缺，易藉木之腐，增为扶栏，中四周而旁两翼之"，次年四月完工。明洪武七年（1374）桥坏，隔年有一名叫正宗的和尚，有意修复但又恐难果，就将此事交于长洲僧善成，善成"倾城劝募，寒暑匪懈，由是人孚其化，钱布米粟之施日至，乃大鸠工发材"，重加修复，但修建几度中止。后有浙江秀才钱玄济，"素习桥事，机知便巧"，于明洪武十一年（1378）三月修成。明成化间，知县文贵再修行春桥。

嘉靖时，行春桥九孔仅通一孔，其余皆设栅水中。崇祯年间郡人大司马申用懋重修，改增石栏，以便游人坐憩，以后亦屡有修建。

1949年4月，苏州解放前夕，国民党战败溃逃时，逼近当地农民强行拆去桥东4个桥孔。1953年苏州市人民政府拨款重新修复。

行春桥，俗名"九环洞桥"，以长八九丈的堤岸与跨"越来溪"的"越城桥"相连接，是10个桥墩，9个石拱结构桥，桥面整体微呈弧状，离水面不甚高。石梁卧波，让游人有一种贴水之感。桥面平长有石栏，以便游人坐憩。人行桥上，悠闲自在，放眼四面的湖光山色，"悠悠烟水，淡淡云山，泛泛渔舟，闲闲鸥鸟"，是一处极佳赏景点和留影处。

1956年，苏州市为苏越公路通车曾拓宽行春桥桥面。1957年，苏州市古

[①] 吴滔.中国运河志·城镇[M].南京：江苏凤凰科学技术出版社，2019:741.

迹修整委员会又重修桥墩、桥面、桥栏。"文化大革命"期间，桥头及桥栏上的石狮被破坏。1985年，当地政府又先后修复行春桥及毁坏的石雕、石狮，并勒石写下《重修行春桥记》。行春桥的桥栏上方有石雕狮子10只，桥两头各蹲石狮2只。桥身平缓，势若长虹。1963年3月20日，被列为苏州市文物保护单位。

清代乾隆皇帝六次南巡，每次必到石湖，共作行春桥诗五首。乾隆十六年（1751）第一次到达苏州，作《石湖霁景》云：

吴中多雨难逢霁，霁则江山益佳丽。
佳丽江山到处同，惟有石湖乃称最。
楞伽山半泮烟泾，行春桥下春波媚。
南宋诗人数范家，孝宗御笔留岩翠。

乾隆二十年（1755），作《行春桥》云：

越来溪水二桥接，恰值行春桥上过，
鱼跃鸢飞参物理，耕田凿井乐民和。

乾隆二十七年（1762），第三次下江南游石湖。时值阳春三月，逢晴，周围百姓纷纷聚集行春桥，迎候圣驾。一俟船到，万民高呼万岁，乾隆挥毫写下《乘舟归苏州行宫即景杂咏八首》记事抒怀，其一云：

行春桥下春水明，行春桥上万民迎，
我欲治民如治水，淆之则浊澄之清。

另有一观打鱼碑，镌刻着乾隆在行春桥畔望湖亭观渔民捕鱼所作的一首诗，立于石佛寺上，至今完好。

（二）楞伽寺与治平寺

在苏州城西南部，濒临石湖有一座楞伽山（又名上方山），高110米。上方山西南接七子山及吴山，构成横山山系。山岭四面延伸，有尧峰、凤凰、姑苏、花园、福寿山等山岭，峰峦绵亘起伏，丛嶂叠翠，深屿幽谷，东至茶磨屿戛然而止。上方山人文景观众多，历史上曾有八景：白云径、先月楼、盟鸥亭、楞伽塔、双冷泉、范公祠、治平寺、藏晖斋。20世纪80年代，苏州市园林局、郊区上方山森林公园相继重修有关文物古迹，现有楞伽塔、楞伽寺、盟鸥亭、宝积寺、治平寺、范公祠、吴王拜郊台、越公井等古迹胜景。

唐代陆广微在《吴地记》中云，楞伽寺在县西南二里，梁天监二年（503）置，因佛教《楞伽经》而名。宋治平元年（1064），改称"治平教寺"，与"上方寺""宝积寺"合称上、中、下三院。《吴郡图经续记》载，在吴县西南横山下，其上有塔，据横山之巅，隋时所建，有石记存焉。明《横溪录》称："拾级而上有上方寺，隋大业四年（608）开山，郡守李显建塔七级……寺始由半山亭半里至翠微亭入山门，门内因山势为殿二重，其前观音殿，后五通。两翼亦各有神宇殿……夫治平宝积旧皆名楞伽，则仍按'苏志'称楞伽讲寺，几混矣，故从卢志，书上方山。"宋代咸淳年间（1265—1274）建五通祠，亦称五圣祠，亦已废。现存的大殿和侧殿等建筑，均系晚清遗构。

上方山塔（楞伽寺塔），是隋大业四年（608）吴郡太守李显建造的，司户严德盛撰塔铭，司仓魏瑗书碑。重建于北宋太平兴国三年（978）。虽经历代修缮，但塔身结构基本保持原有风格，仍为宋代风貌，塔壁有多处宋代铭文砖。塔全用砖砌，外观似一重楼木塔形式，七层八面，塔刹早毁，仅以葫芦结顶，塔身残高约26米，各层高度依次递减，平面尺度亦相应逐层收缩。全塔比例适度，塔底层原有副阶环绕，惜早已毁废。第二层仅有短檐；第三层以上均有腰檐、平座。塔室正方形，无塔心，每层四面辟有门，位置随塔室方向依次相闪45度，逐层交错，富于变化，使塔的重量分布较为均衡，避免因地基受压不匀而导致塔壁纵裂。塔畔楞伽寺内尚存明崇祯十三年（1640）《重修上方塔碑记》。

治平寺位于上方山北部的半山腰、磨盘山以南，又称锦宫城。南北朝梁天监二年（503）由僧法镜住持所建，初名楞伽寺。北宋治平元年（1064）改为治平寺。治平寺几经兴衰，现存的建筑为清同治九年（1870）遭兵燹后，由僧大愚募款修建。治平寺门前的一棵银杏树，高24米，有4人合抱之粗，苍劲挺拔，据说有300年的历史了。

宋代朱长文在《吴郡图经续记》中云："寺旁有巨井，井有石栏，栏侧有隋人记刻，盖杨素移郡横山下，尝居此地，又有宝积、治平两寺相联，皆近建也。"嘉靖元年（1522），寺僧智晓曾在寺内景点环翠轩、深秀堂、湖山堂、竹亭、石湖草堂遍植海棠。石湖草堂、竹亭由同时期的苏州文人唐寅、文徵明、王宠、汤珍等倡议重修，曾珍藏著名画家巨然的名画和苏东坡手帖等。

清乾隆二十四年（1759），陈抚院请句容宝华山慧居寺方丈选戒僧润恒来住持，翌年重立寺。乾隆南巡时，又盖行宫宝座，修筑御道等建筑。民国初期，北洋政府军政总长、代总理李根源一度曾借宿于寺内读书考古。

治平寺东侧，旧有一景"花墙十八垛"。花墙以各不相同的图案漏窗著称，配置海棠。治平寺因广植松树，久而成林，每日晨暮，风声、松涛成为一景，故治平寺雅称"听松僧院"。现治平寺址南，磨盘山屿顶有一平坦之地，遍植马尾松，寺旧址前面空场上有一条石，古朴苍然，疑为当日旧物。

（三）横塘驿站

横塘驿站又名横塘驿亭，在横塘镇北端京杭大运河与胥江交汇处，为城西水路要津，也是游湖入山的要道。"姑苏驿递，南接行省，北抵大江，东南贡赋并两浙、闽海之供，悉由兹道，是以送往迎来，岁无虚日。"据传在吴王寿梦、诸樊时（前585—前560），吴城内都亭桥处就设有都亭驿。南宋绍兴十四年（1144）创建于胥门城下的姑苏馆驿站，内设供宾客食宿游憩的馆舍、楼台、园圃，备有舟船、马匹交通工具。

横塘驿亭修葺于同治十三年（1874），为清代建筑，现存遗迹仅是原水陆驿站的大门，其他馆、楼、庑、台已无迹可寻。亭三面环水，坐北朝南，平面略显长方形，南北纵深5.5米，东西横宽4.2米，六架梁，歇山卷棚式瓦顶，四角有4根石柱，南北各有两根木柱，亭周筑砖墙，南、北各辟1门，东、西各开1窗，南面左右石柱上镌刻楹联一副："客到烹茶旅舍权当东道，灯悬待月邮亭远映胥江"。上联边题："同治十三年六月"。

此驿亭为苏州古驿中仅存的1座，是研究中国邮传历史的珍贵实物资料。1990年11月28日邮电部为纪念"中华全国集邮联合会第三次代表大会"召开发行了J-174"姑苏驿"小型张。

（四）越城遗址和吴城遗址

越城遗址位于横塘渔家村北，越来溪东，民国二十五年（1936）发掘，是苏州发现最早的一处新石器时代遗址。越城遗址为不规则圆形，南北长450米，东西宽400米，面积近18万平方米，高出周边田地1米多。范成大《吴郡志》云："相传越兵入吴时自此来，故名溪，上有越城，雉堞宛然。"乾隆年间《苏州府志》记载，越城云越王城，又云勾践城。"越伐吴，吴王在姑苏，越筑此城逼之。"越城在南宋时，"城堞仿佛具在，高者犹丈余，阔亦三丈，而幅员不甚广。"遗址尚有残存的城址，南北长约30米，高约4米，因土岗曾经做过吴越春秋时期越军屯兵的城垣，故称"越城遗址"，当地村民称"黄壁山"。土城底下的大量新石器时代文化遗存是崧泽文化向典型的良渚文化过渡的见证。遗址下层的马家浜文化距今6000年左右，中层的良渚文化距今5500年左右，稍上层出土的是西周到春秋时代的以几何印纹陶为特点的遗物。越城遗址是研究苏州地区新石器时代文化和吴越文化的重要遗迹。

吴城遗址位于苏州西南石湖西岸，在横山余脉磨盘山（茶磨屿）上，居高临下与石湖东的越城遗址隔水相望。北宋朱长文的《吴郡图经续记》云：吴城，"在吴县西横山下，遗址尚存。盖吴王控越之地，宜为吴城，谓之鱼城误也。横山之旁，冈势如城郭状，今犹隐隐然。"1983年，苏州博物馆对遗址进行了调查和试掘，发现城址呈首北尾南的卧鱼状，面积2万多平方米，土城的东、南两面城垣已被开山采石破坏，西、北两面尚有残存的依山而筑的夯土城垣，高约4.15米，最高处至山下苏越公路的垂直距离约12米。在夯土层中出土了西周至春秋时期的夹砂陶鼎足、泥质红陶片、原始青瓷片、几何印纹硬陶片及小件石器。夯土层土质坚硬，结构紧密。城内东北部山顶为开阔台地，据出土遗物和建筑特点，吴城是春秋吴国的军事城堡。

四、锦绣木渎

木渎镇又称渎川、胥江，也被称为香溪，位于苏州西南郊，北与枫桥镇相接，胥江运河横贯镇区。相传越人向吴王夫差进献神木，夫差为西施修筑馆娃宫和姑苏台，"三年聚材，五年乃成"，源源不断的木材堵塞了山下河流港渎，"木塞于渎"，木渎也因此而得名。长期以来，木渎都属吴县（苏州），北宋时当地始设镇，是当时苏州西部的中心，明清时成为吴县六镇之一。人工运河胥江流经木渎，其自胥口太湖边起，经木渎，过横塘而与江南运河汇合，最终流入苏州。胥江是在旱涝年份调节太湖和木渎镇水源，促进当地农业旱涝保收，保障人民生活用水的重要水道，也是东边苏州各县市镇到西山的水上交通要道。因其河道狭窄，容易淤塞，故历代多重视对胥江的疏浚。

木渎是具有近2500年历史的江南古镇,闻名中外。在环抱木渎诸山的山坡上、山坳中、山脚下,遍植松、竹、丹枫、茶树、果树,名寺古刹、古典园林隐现其间,加上清泉涌流,古道深幽,小桥流水,绿树人家,山水田野风光如画。故清代诗人王汝玉有"山近灵岩地最幽,香溪名胜足千秋"赞美诗句。清康熙皇帝3次下江南,乾隆6次南巡,都曾在灵岩山建行宫。历代迁客骚人,纷至游历,从司马迁、李白、杜甫、唐伯虎、祝枝山到现代的李宗仁、李根源、于右任等,在木渎留下了不可胜数的佳话逸事。

木渎镇山水秀丽,有"木渎十景":法云古松、白塔归帆、南山晴雪、斜桥分水、虹桥晚照、下沙落雁、山塘榆荫、灵岩晚钟、姜潭渔火、西津望月。明代吴溥还为之吟咏诗十首。[①]"灵岩晚钟"指的就是灵岩山上灵岩山寺的钟声。灵岩山位于香溪畔、胥江边,风光旖旎。

(一)灵岩塔

灵岩山巅有一灵岩塔,又名永祚塔,7层33.4米,名副其实七级浮图,始建于梁天监二年(503),五代时重建,后毁。清乾隆十五年(1750)修建,于第四级中拆见木箧,系南宋绍兴十七年(1147)寺僧法愿重建时所贮。内藏王雱书《文殊菩萨摩诃般若经》1卷,僧法愿血书《尊胜咒》《大悲咒》各1卷,仍置旧所。此塔身全用砖砌成,塔内是空心,每层窗口各有石佛一尊,塔墙内外有"永镇灵山""为证远本""从地涌出"等匾额。为了方便人拜佛和登高远眺,塔身四周建成盘旋而上的阶梯,腰檐和回廊,与众不同,独具一格。可惜明万历二十八年(1600)塔被雷击中起火,成为一炬熊熊火柱,烧了3昼夜,扶梯腰檐、回廊全部烧光,而塔身依旧巍然屹立。远远观看无不称奇,故后人又称它叫空心塔或心空塔。僧普含于灰烬中得一木箧,内有佛牙寸许。据传清乾隆帝下江南,来灵岩山寺,望塔兴叹不已。如今游人来此,尚可见到嵌在塔层中的残木及塔四周的青石基地。印光大师认为灵岩山寺始为智积菩萨显化道场,而智积菩萨为多宝佛的侍者,故塔又名"多宝佛塔"。1976年,江苏省文管局曾拨款进行过维修加固,使塔恢复了宋时古风。现塔为七级八面,黑瓦黄墙,秀出于青山之巅,成为灵岩山之标志,为吴中名胜增添了姿色。

---

① 张郁文. 木渎小志[M]. 台湾:成文出版社,1983:17.

(二)羡园与王家桥

羡园也被称作"严家花园",坐落于木渎镇山塘街王家桥畔,门对香溪,背倚灵岩,"虽处山林,而斯园结构之精,不让城市",为江南名园之一。严家花园的前身是清乾隆年间苏州大名士、《古诗源》编者沈德潜的寓所。道光八年(1828),沈氏后人将此院落让给木渎诗人钱端溪。钱氏叠石疏池,筑亭建楼,有友于书屋、眺农楼、延青阁诸胜,一时题咏颇盛。龚自珍对此园有"妙构极自然,意非人意造""倚石如美人"等溢美之句。清光绪二十八年(1902),严国馨购得端园,由姚承祖率领良工修葺一新,严氏因仰慕前贤而将它改名"羡园",仍存友于书屋、延青阁等处。此园北临田野,登楼凭窗远瞩天平,近望灵岩,极游目骋怀之致。园内布置疏密曲折,高下得宜。李根源在民国十五年写的《吴郡西山访古记》中说:"乏人经纪,渐榛芜,殊可惜也。"严家花园经过三代主人努力,前后历时170多年,无论是岁月沧桑,还是人文底蕴,都赋予严家花园一种文化气息,名园风范。

王家桥又名永安桥,位于木渎镇山塘街北端的王家村严家花园前。明弘治十年(1497)傅潮建,是一座单孔拱形花岗岩石桥,横跨香溪河,4根青石桥柱和8根贯桥宫的长绞石联结,酷似矩形的栏箍,从而提高了拱圈的强度。桥梁头上均刻有阳文"一把莲"。拱圈内有"放生河,禁止采捕"的字样,至今清晰可见。桥洞宽敞,便于行舟,倒影如环,比例恰当,桥身高耸,葛萝垂挂,古桥显得更加拙朴。该桥历经600多年的风霜雪雨,但至今尚很完好,仍正常通行,实为不可多见的明代古桥。

(三)明月寺

那杏黄色的外墙,袅袅飘出的青烟,让人感受到一种宗教氛围,顿生肃穆崇仰之情。明月寺在镇山塘街,后唐清泰二年(935)僧明智建,明洪武初归交普贤寺。清光绪十六年(1890)僧道根重修。明月寺附近原有一大片梨树林,每逢初春,"千树万树梨花开",成为古镇一景。清代李果有"梨花明月寺,芳草牧牛庵"之句,并传诵一时。明月寺建筑颇具特色,天王殿、大雄宝殿和藏经楼的布局结构与近在咫尺的灵岩山寺相仿。进入山门和天王殿,大肚弥勒端坐正中。四大天王分列两旁,一个个横眉竖目,威武猛厉。大雄宝殿是明月寺建筑群的中心,正殿五间,二层翘角飞檐,庄严肃穆,富丽堂皇。大殿中央供奉如来佛，两侧分别是阿弥陀佛和药师佛，合称"三世佛"。大佛背面供奉观音菩萨，脚踏莲花，手持净瓶杨柳枝，神态矜持娴静。大殿两侧是十八罗汉，神态各异，栩栩如生。

（四）虹饮山房与御碑亭

虹饮山房是清代乾隆年间苏州近郊的著名园林，因为门对香溪，背靠灵岩，"溪山风月之美，池亭花木之胜"远过于其他园林，所以乾隆皇帝每次下江南游木渎的时候，必到虹饮山房，在这里游园、看戏、品茗、吟诗，直到夜色降临，才依依不舍地顺着门前的山塘御道，返回灵岩山行宫。因此，虹饮山房在当地又被称为乾隆皇帝的"民间行宫"。

虹饮山房现存许多与乾隆相关的遗迹遗物。山房门前是御码头和御碑亭。乾隆十六年（1751）春天，乾隆首次南巡，御舟经过运河，转胥江，折入香溪，在此舍舟登岸。乾隆喜好游山玩水，舞文弄墨，所到之处，必赋诗题字。当他见到这条幽奇的山塘古道，不由诗兴大发，当即口占七律一首。后来，这首七律被当地官员镌刻于碑，置于亭内，与对面的明代怡泉亭两相映照，成为古镇一大景观。当年，乾隆皇帝住在灵岩山行宫，而那些词臣随扈则住在虹饮山房。据记载，刘墉曾二度下榻虹饮山房，与主人徐士元相交默契，虹饮山房的匾额及花厅内"程子四箴"的横批，就是刘墉赠给徐士元的。

御碑亭在范公祠东，枫林南侧，始建于唐，其间正值白居易出游归山隐居，便命名长生亭，后因设乾隆御书碑刻而更名为御碑亭。亭双层八角重檐，楠木结构，飞檐高翘，十分精雅。亭周有条石可供坐憩，南北两面均有石级以上下。在正南5级石阶正中，有一方精细浮雕案板，上面有两条盘龙，绕珠起舞，四周祥云环绕，构成一个正圆形图案。碑亭内有木栅围护，一块高大砚石御碑，碑基、碑身、碑帽齐全，碑基正面浮雕"双狮滚球图"，反面浮雕"鹤鹿松竹图"，约高2尺，碑身正反面均刻"二龙抢珠图"，中刻"宸翰"两字，"云龙"花边作框，线条流畅，龙须龙鳞刻画细腻，碑身四面镌刻乾隆帝四首五言诗。正面是乾隆辛未（1751）御题：

文正本苏人，故山祠宇新。
千秋传树业，一节美敦伦。
魏国真知己，夷维转后尘。

> 天平森万笏，正危立朝身。

反面是乾隆丁丑春二月（1757）游高义园御题：

> 登道下灵岩，名园寻高义。
> 霁烟敛寥廓，韶光邑明媚。
> 载过文正祠，默读义田记。
> 春和对芷兰，复缅后乐志。
> 白云千载心，名山五经笥。
> 我自勤政人，流连未可恣。
> 乾惕意弥廑，智仁怀偶寄。

右侧边刻有庚子仲春（1780）御题：

> 七百余年地，天平尚范家。
> 林泉宁彼爱，景概致予嘉。
> 树即交让树，花为能忍花。
> 舜之徒是矣，循路喜无差。

左侧边刻有甲辰季春月（1784）御题：

> 名园弗一足，高义独称芗。
> 岂不因行懿，字惟擅景芳。
> 座陪梅馥细，堤拂柳丝长。
> 春色已如许，农工廑误忙。

（五）显志堂

显志堂在木渎镇下塘街，为林则徐弟子，晚清启蒙思想家、政论家冯桂芬的故居。其宅坐南朝北，门对胥江，前宅后园，具有典型的清朝早期江南宅第园林建筑风格。前宅为门厅、大厅和楼厅。出大厅西折有花篮厅和书楼。花园以池为中心，亭、轩、廊、榭、桥和黄石假山散落其间，高低错落，绿树掩映，充满了诗情画意。整个园宅占地近十亩，为苏州市文物保护单位。

显志堂是冯桂芬晚年归隐木渎后所筑。穿过门厅，大厅豁然入目，抬头可见"显志堂"匾，白底黑字，古朴凝重，为冯桂芬当年自题。屏门正中一幅元人盛懋的山水中堂《秋舸清啸图》，有联曰："涧流浚多生我禾稼，泽皋之上来观柘桑。"由冯桂芬自撰并书，诗画反映了冯桂芬晚年爱恋家乡和向往恬淡生活的思想。大厅为主人在家接待贵宾之处，宽敞高爽，气宇轩昂，不难想见当年冯桂芬在家设修志局，"集九邑才俊，商榷一堂"的盛况。出大厅右折为书房，冯桂芬晚年在此读书著述，"校邠庐"匾额之下，清代诗人张船山的一副对联道出了冯桂芬晚年的心迹，同时也对冯桂芬的坎坷一生作了归纳："官久方知书有味，才明敢道事无难。"哲理背后透出一股辛酸和无奈。书房建筑颇有特色，其构造与一般厅堂不同，两根步柱并不落地，而是用短柱代替，短柱雕刻成花篮模样，高高挂在草架梁上，因而俗称花篮厅。与书房相对的是书楼，冯桂芬移居木渎带来的一万多册藏书便安放于此。桂芬藏书颇富，尤以《三国志》（前后汉）手稿为著，分别盖有"校邠庐""独善真善之斋"的藏书朱钤。虽因战乱几经转辗，藏书却散佚不多，亦算幸事。与书楼相连的楼厅是冯家生活起居之所，楼厅前有一砖雕门楼，所刻戏文图案形态逼真，栩栩如生，中枋刻有四个大字"通德高风"，为冯桂芬座师潘世恩所书，笔力遒劲，寓意深远，体现了主人崇高的人生境界。宅第部分的厅堂均为清代中期建筑，保存完好，一砖一瓦、一石一木无不蕴含着一种历史文化的凝重。出芙蓉楼步入后花园，亭轩廊榭等少量建筑漫不经心地点缀在偌大的园子里，显得清新而不空寂，疏朗而不呆滞。

五、烟火平望

"搏动的运河古镇，流淌的吴越史诗"——平望作为历史人文浓郁的"京杭古运河城镇"，雅称"中鲈"，素有"小枫桥"之美誉。平望镇位于江苏省吴江区中部，东接黎里镇，西连梅堰镇，南邻盛泽镇，北与八坼镇相依。平望镇的规模长期以来一直处于稳定的状态。在元末时为"筑城周三里"，而明嘉靖年间也是"地方三里"，到了清雍正年间虽已是"江、震首镇"，其地域依然是广袤3里余，显然仍未超出旧城之范围。事实上，平望的镇区发展主要体现在内部城区结构的变化上。

在漕粮改为折银征收，江南各地改种经济作物后，平望周围一带成为为数不多的产粮区。因此平望镇百姓多以贩米为业，这与运道的变化有一定的关系。明代中期以前，浙江漕船经平望都走莺脰湖支流前溪。后来前溪逐渐淤浅，浙江运船每每航行至此，都需绕至莺脰湖北的后溪，再东行而至荻塘。正统六年（1441），巡抚周忱将大通桥桥洞加高，以保障漕船通行的安全。一直到清雍正六年（1728），又浚深官河，运船重新泛前溪而行。将近300年的时间里，后溪一直作为漕船行走的重要运道，曾设有专门行轩（仓库），"随备积贮，远近取给焉"，米粮的转运在此兴盛不衰。[1]

平望古镇区内古迹众多，风景如画，兼具江南水乡的精致细腻和吴风越韵的大气古朴。一河一湖一街一桥一寺一园，无不引人入胜。秀丽的莺脰湖，相传为春秋时范蠡所游五湖之一，留下"平湖秋月"之美景；古朴的安德桥，为京杭大运河文物遗存，造就"望极与天平"之雄姿；古刹小九华寺，是近代名僧太虚法师出家之地，佛光虹影、暮鼓晨钟，千百年来"香市"流传。粉墙黛瓦司前街，古朴民居贴水逶迤，运河古镇的市井雅趣亦是风韵犹存。

（一）司前街

司前街，位于平望镇运河历史文化街区，紧依大运河和頔塘河，东西走向，全长108米，曾是平望明清时期最为繁华的一条商业街。街名起源于宋代，当时在街东侧设置巡检司署，官商往来繁忙，沿頔塘河岸建起了客栈、茶楼、酒馆等，陆陆续续民居聚集，形成了一条繁华市集街巷，故名"司前街"。如今司前街仍保留了清末民初江南水乡建筑风貌和传统的民风习俗，内有群乐旅社、徐宅等保存完好的历史建筑。

司前街大多是清代至民国年间的建筑，有石库门、栅板门、矮挞门、雀宿檐门等式样。司前街保持着江南"一河一街"的统一格局和大运河城镇古街的独具风貌，保留了历史文化遗产的完整性。

司前街形成于唐代。隋大业六年（610），隋炀帝凿江南运河，构成大运河、頔塘河、后溪河、烂溪"四河"汇集的景象。唐开元年间（713—741），正是唐朝国力富强的时期，平望在司前街东南侧建驿（水马二站），设演武场、饮马池、教场。唐大历年间（766—779），筑安德桥于驿站旁，

---

[1] 吴滔. 中国运河志·城镇[M]. 南京：江苏凤凰科学技术出版社，2019:771.

架通了西至湖州、北至苏州、南至嘉兴的陆路通道,处于丁字形节点的司前街成了四通八达的水陆交通中心。据《平望志》载:"自唐置驿,筑安德桥,司前街已民居稍集,往来始有憩足所。"

司前街发展于宋代。宋绍兴八年(1138),迁都杭州,平望遂为三辅要冲北大门。始在司前街东侧建巡检司署,占地三亩九分三厘六毫,设巡检员一名、驿丞二员、寨官一员,掌士军招填、教习之政令,阅习武艺,驻重臣镇守,司前街以此得名。此时,南宋完成了经济重心由黄河流域向长江流域的历史性转移,出现了古代中国南粮北调的新格局。太湖流域丰富的粮食资源、发达的手工制造业和纺织业,依托"农商并重"的国策,司前街"四河"汇集的特殊地理位置,此地为八省通衢,形成了四通八达的商业网络。商贸经济的发展为平望带来了繁荣,增建了许多民居、店铺、茶苑、酒肆。《平望志》载,宋熙宁年间(1068—1077),这里已是大商巨擘云集,物货充溢,置军垒以儆寇盗。因商业日趋繁华,宋政和元年(1111),司前街东头跨大运河建画眉桥。宋庆元三年(1197),建太通桥于司前街西端。以司前街为中心,开始向东西两个方向扩展。

明清时代是司前街历史上最为昌盛的时期。此时司前街商业高度繁荣,尤其是米业,借助运河,形成了发达的粮食市场,司前街逐渐发展成为平望政治、经济、文化中心。大量店铺、会馆、码头、庙宇等均建于这个时期。明万历四十四年(1616),司前街东侧建城隍庙、东岳庙(小九华寺)。清光绪四年(1878)建造戏台。清光绪三十二年(1907),建平望商务分会。清同治二年(1863),设平望轮船局,办理客货运输。《平望志》中说的"湖畔樯桅林立,街市熙熙攘攘"就是指頔塘河、大运河岸司前街当时的商贸繁华情景。商贾们之所以选择在司前街经营,是因为司前街地处大运河、頔塘河交汇处,商品运输便利,许多店铺或从各地输入商品,或把本地商品外销各地,其贸易范围通过漕运、陆运扩展到全国。此时居民数增,物产毕陈,商贾辐辏,比于苏之枫桥,时人呼曰"小枫桥"。且平望人文炳蔚,景物清华,地虽一隅,可与通邑大都等量齐观也。

(二)安德桥

一名平望桥,拱形单孔,南北走向,在古运河与荻塘交会处,是境内最高之桥。南宋诗人杨万里写的《过平望》中有"乱港交穿市,高桥过得桅"之句。明成化十九年(1483)知县陈尧弼重建,里人费永膺舍地立碑亭,有迎秀楼在桥旁，后并废。该桥西通荻塘河，下连大运河。大运河农舟商船，日夜不绝，是莺脰湖泄水主道，故桥下水势湍急，遇有大风，舟行过桥相当险难。清康熙初重建，后圮。康熙五十七年（1718）吴江知县叶前率里人募建。乾隆二十九年（1764）吴江知县沈名淡、震泽知县赵德基领导里人程国梁等重建。乾隆五十四年（1789）吴县知县龙铎、震泽知县孟芮偕里人孙绍英、吴文燮等重建。同治十一年（1872）水利工程局重建。该桥跨度大，桥孔高，气势雄伟，至今巍然存在，为古迹之一。

安德桥南北走向，单孔石拱结构。桥面宽4.53米，全桥长54米，矢高9.30米，跨径11.50米。形制壮观，为吴江境内桥梁之最。唐颜真卿任湖州刺史时曾游平望，作《登平望桥下作》五言诗，其中有"望极与天平"之句。

南宋诗人杨万里有《过平望》诗云："乱港交穿市，高桥过得桅。"登桥远眺，可见莺脰湖，淼然一波，天光一色，一望皆平，心旷神怡。站在古运河的东岸，隔河而望安德桥，只见一方桥孔把古镇人家尽揽腹中。

（三）小九华寺

小九华寺又名九华禅院，原名东岳庙。小九华寺建于明万历四十四年（1616），里人吴国忠偕僧通运募建后殿，奉祀幽冥教主（地藏王菩萨，故俗称地藏殿），并铸炉于庭中。康熙四十三年（1701），国忠子昌运偕僧朗涵募建大士殿。乾隆四年（1739）建关帝殿、刘公祠。乾隆五年（1740），监院僧蕴山建山门、客堂、斋堂、厨房等。乾隆十年（1745）被毁。光绪四年（1878），游方僧永缘、莲堂重建山门五间。光绪八年（1882），僧莲觉莲常建东客堂三间。光绪九年（1883），建西客三间。光绪十年（1884），筑东围墙，建方丈室三间。光绪十一年（1885），建观音殿五间。史料中的平望小九华寺规模尚可，庙内香火特盛，每年农历七月一日至十月一日，远近香客毕集、游人纷至沓来，香市盛极一时，社会影响极大，在周边地区形成一定轰动效益，名扬国内，文人墨客游踪不绝，留下甚多吟咏绝句及书画墨宝。

清朝道光年间的《平望志》记载，明万历年四十年（1612）建，是为了纪念地藏菩萨。当时规模宏大，设有大士殿、药师殿、刘公祠及山门、客房、斋堂、厨房，一应俱全，飞檐翘角，殿宇重重，顶膜礼拜的人蜂拥于此，是当时江南的一座名刹。

大雄宝殿飞檐翘首，黛瓦粉墙，巍峨壮观。赵朴初书题的"大雄宝殿"，金光闪耀，高悬于正门上空，题词神完气足，实为大家手笔。殿正中供奉释迦牟尼像，旁边是迦叶、阿难尊者侍立像。侍立像左右分别是阿弥陀佛和药师佛，妙相庄严，工艺精巧。三尊佛像面容丰腴饱满、神态温柔敦厚、慈容善目、沉静端庄。檀香木佛体装金重彩，佛光垂照。大殿两侧则是形态各异、栩栩如生的十八罗汉像，神情举止古拙、匠心独具、庄严凝重。释迦牟尼佛像的背后安坐着海岛观音、文殊、普贤菩萨等佛像。大雄宝殿的东面是三圣殿，西方三圣佛像装金罩漆。大雄宝殿前东侧是观音殿，该殿双重叠檐，两层，上下各五间。下层三间为主殿堂，内塑木质圣观音菩萨坐姿像，结跏趺坐，手持甘露瓶，神态慈祥。与观音殿相对应的是地藏殿，该殿上下两层，双檐式建筑，下层中间主殿内塑地藏菩萨像，头戴毗卢冠，身披袈裟，结跏趺坐，双手持宝珠，法像庄严。钟、鼓两楼位于天王殿后两侧。

（四）平波台

《平望志》载："平波台明天启六年（1626），道人周妙圆筑于莺脰湖中。"平波台不仅是登览的佳处，更重要的是，莺脰湖面辽阔，平波台屹立湖中心，可减弱风大浪高之势，利于行舟。遇有突发飓风，湖中往来船只可借台停泊避风。乾隆二年（1737），巡检司孙泰来铸指迷钟一座于台上。此钟功用相当于现在的"路标""路牌"，由此可见当时平波台对沿途往来的舟楫是起到一定的安全作用的。

明崇祯进士钮应斗有《平波台》诗云："积水明于镜，中流峙此台，云从湖岸落，海涌寺门回，柳外千帆去，沙边一鸟来。昔日题咏处，古壁满莓苔。"我们从诗中可以想象出平波台当初满壁题咏的热闹和明代末期"古壁满莓苔"的荒凉情景。

清康熙年间，元真子祠（祀唐代高士张志和）原在钓矶旁，年久荒废。进士郓嗣移元真子石像入平波台内，后平波台再度兴盛。嘉庆十三年（1808），里人邵国栋、戚汉沅等募建佛殿楼宇。十四年（1809），重建元真子祠于佛殿之西，四周种植桃柳。平波台四面临湖，春秋佳日，月白风清，秋高气爽，风景如画。所谓"平湖秋月""莺湖夜月"之美称均由此台而来。进香船只凡途经莺脰湖者十之八九登台进香，盛极一时。道光十八年（1838），里人邵国栋之孙邵嘉谷重修元真子祠，并在祠内增陆龟蒙（唐代文学家）像。二十五年（1845），中殿渗漏，嘉谷又会同住持僧觉修募化重修。当时来台赏景者日众，乃于祠旁建新屋一间以供游者休憩之用。咸丰十年（1860），平波台元真子祠毁于战乱，从此香火几绝。经清末民初到抗日战争爆发前夕，平波台仅存瓦房三间，残碑数方。

六、丝乡震泽

清代《百城烟水》云："震泽镇，在双杨村西四里，北滨太湖。《书》曰'震泽底定'，因名。"太湖为我国第三大淡水湖，别称具区、笠泽、震泽，烟波浩渺，三万六千顷。震泽镇借太湖之光，因以命名。震泽之兴盛与丝业有关。也有学者认为，震泽以丝业为主，盛泽以抽纱业为主，震泽镇因而成为蚕丝集散中心。震泽丝业的经营模式为：农家所生产的经丝、绸丝，集中出售于镇上丝行，然后由外来客商收购，向各地市场转运。清代中叶兴起的纺经，"辑里干经"，继南浔"辑里湖丝"远销海外。这种基于特殊产业条件下分工形成的市镇体系，在明清的江南似乎是绝无仅有的现象。[1]

明朝洪武年间窦德远编纂的《松陵志序》言："禹导水源至此，故曰震泽底定，言底于定而不震动也。距邑西南九十里，有桥曰底定。《吴越春秋》谓范蠡于此乘舟出三江口，其地亦有桥曰思范，至今遗迹不泯。"清人徐崧所吟的七绝《太湖巨浸》亦言：

巨浸源长近接苕，秋来葭菼亦萧萧。
输他震泽名偏古，禹迹犹传底定桥。

（一）师俭堂

师俭堂建于清同治年间（1862—1874），为一河埠、行栈、街道、店铺、厅堂、花园、内宅组合的晚清建筑群，共五进，占地约2500平方米。每进有砖刻门楼，梁枋、门窗均精雕花卉、人物。宅东辟"锄经园"，内筑假山、亭子、船阁、回廊、经堂等。

堂以宝塔街为界，分南北两部分。从南向北依次为中轴：河埠、仓库、铺面、宝塔街、门厅、大厅、楼厅、内宅、后天进、河埠；东轴：河埠、铺面、宝塔街、黎光阁、半亭、假山、曲廊、四面厅、梅花亭、佛楼、后天

---

[1] 吴滔. 中国运河志·城镇[M]. 南京：江苏凤凰科学技术出版社，2019:772.

井、河埠；西轴：河埠、铺面、宝塔街、铺面、备弄、走廊、厨房、河埠、杂屋、柴房等。每进之间有石板铺地的院子或天井，路与路之间设置备弄、封火墙。街北门厅南向上部有木雕门楼，宅内三进有砖细墙门。共有六个河埠贴水而建，其中一个商用，一个公用，四个家用。

师俭堂其单体建筑有南北两路，北路有花厅、附房；南路有门屋、祖屋、大厅、楼厅，两路单体建筑之间有备弄贯通。大厅、山墙设五山屏风式封火。面阔三间，进深九檩。为内四界前重轩形式。楼厅面阔三间带两厢楼。底楼副檐做法。二楼廊柱退半界，骑廊形式。楼厅前塞口墙正中设砖雕牌科墙门一座。花厅取名凝香书屋，面阔三间，进深九檩。

（二）文昌阁

文昌阁初建于清乾隆三十六年（1771），道光二十年（1840）震泽人徐学健等人曾重修文昌阁，后毁于战乱。2007—2009年，根据历史记载与图片资料按原样重建，现在成为震泽镇的主要景观。文昌阁四面临水，阁高三层，四周条石铺路。周围石砌驳岸，建筑精细。墩南有一"状元桥"，连接荻塘河南岸，游人可由此上墩。

文昌阁深两进，宽三间。前为山门，后为阁。阁高三层，下层为殿，中层为楼，顶层为阁。阁为单檐歇山顶式建筑，四周皆窗。阁上供奉着文昌帝君神像。文昌帝又称梓潼帝君，道家认为玉帝命梓潼掌管文昌府，主宰人间功名、禄位，所以又称他为文曲星。

自古以来，震泽崇文重教，向往科举。每逢春秋府县考试，考生们都怀着虔敬的心情，乘船登阁，焚香祷祝，但愿得金榜题名，光宗耀祖。即使初入私塾的儿童，也跟着长辈、塾师登阁叩头，祈求点拨开智，前程无限。文昌阁寄托着震泽历代莘莘学子的期盼和理想。他们对仕途憧憬的同时，也包含着回报母亲河——荻塘水哺育之恩的美好愿望。

文昌阁与近处的慈云塔、禹迹桥及鳞次栉比的粉墙黛瓦，组成了一幅绚丽多姿的水乡画卷。登阁远眺，但见白帆点点，令人心旷神怡。来到震泽的游人，总会带着十分的虔诚，登飞阁、观风帆，憧憬前程，怀念亲友。而赶考的学子，更要挑一个"顺风顺水"的黄道吉日，拜文昌、眺行舟，祈求前途顺畅……清代诗人张芹登临文昌阁后，感慨万千，写下了这样的诗句："自有凌云气，还登百尺台！"

（三）慈云禅寺

慈云禅寺位于江苏苏州市吴江区震泽镇，创建于宋咸淳（1265—1274）年间。明正统中（1436—1449）重建，旧名广济寺。明顺年间（1457—1464）赐今额，寺中有浮屠五级，相传三国赤乌十三年（250）初建，明万历五年（1577）寺与塔均重建。自明万历至清康熙、乾隆、道光历朝，慈云禅寺多次增建殿宇堂轩，成为吴江区内规模较大的佛教寺院，这里历代高僧辈出，明有道泽、慈林，清有净眼、超伟法师及断手誓修天王殿的化主天衣僧。

历朝历代，有无数诗人赞美、吟咏过这座古寺，只要是游历过古寺的人，无不被它的优雅和古朴所倾倒，慈云禅寺仍然是震泽的一座标志性建筑。

慈云寺塔位于禅寺山门内庭院中，开门见塔，仰视塔顶，高耸入云，令人肃然起敬。慈云寺塔是一座砖身木檐的楼阁式塔，六面五级，总高38.44米，塔底层有回廊，每边长7米。慈云寺塔翼角轻举，玲珑挺秀，塔内置有楼梯，可登临，为吴江八景之一"慈云夕照"。关于慈云寺塔又叫"望夫塔"的美丽传说，为慈云禅寺塔平添无限情趣。在塔的东南隅有一座为纪念大禹治水而于清乾隆时建造的单孔拱形石桥——禹迹桥，与宝塔呼应，构成了"拱桥塔影"这一水乡特有的自然景观。

七、绸都盛泽

盛泽镇，别称盛湖、舜水、红梨等，位于江苏省吴江区东南部，以发达的丝绸业著称于世，与苏州、杭州、湖州并称我国四大绸都。盛泽镇所辖范围虽然不大，"纵横不过一二里，绵亘数十圩"，"南越麻溪至浙江界，东邻王江泾，西边烂溪，北尽绛圩"，但紧贴浙北的区位优势，使得盛泽成为绸缎贸易的运销中心。

盛泽的丝绸贸易以中段善嘉桥一带最为密集，称为庄面，后世称为"旧庄"或"老庄面"。清乾隆十七年（1752），因火灾庄面被毁，绸业界集资在西肠圩南端建新了一个庄面，称为"新庄"。光绪二十三年（1897），培元公所出资在新庄之南增建南庄，在一个封闭建筑内，绸行、领户及账桌、钱柜一应具备。清末，绸市兴旺，徽商集资在庄面东南兴建徽州庄，格局与庄面相似。此外，庄面周围的庄面一弄、庄面二弄及庄横头一带，也有类似的市房，为绸行、领户的营业所。丝行、箱店、梭子店、机料店大都群集于庄面外围。因此，庄面是盛泽绸市的缩影和焦点，成为盛泽地区经济活动的心脏。庄面每天清晨开市，四乡俄船人及机户蜂拥而至，绸行领户各自挂牌收绸，称为"出庄"或"上庄"。午后俄船人及机户陆续散走，绸行领户相率收市，全庄关闭称为"收庄"或"落庄"。①

吴越春秋时期，盛泽一带为边城之地，"可为吴，可为越，难为分析"（《盛湖杂录》），故名合路。后嘉兴城南徙，此处"化为青草"，故孙吴时名青草滩。后梁开平三年（909），割嘉兴北境之平望、震泽等六乡为吴江县。以此可知，唐五代时盛泽当为嘉兴之澄源乡地。明初，盛泽尚为乡村，"居民止五六十家"，"屠日不能毕一豚"。成化时，盛泽文化脱颖而出，培育了陈宣、周用、史明古等文人。他们的风流文采为山川增秀。这是盛泽发祥的开始。嘉靖年间，盛泽得到发展，"民齿声文过昔，簧宫蜚声"（卜梦熊《盛川题景记》）。乾隆年间的《吴江县志》称："嘉靖间……以绫绸为业，始称为市。"明末清初，盛泽的地位进一步上升。清顺治四年（1647）建镇制。至乾隆年间，"居民百倍于昔，绫绸之聚亦且十倍，四方大贾辇金至者无虚日。每日中为市，舟楫塞港，街道肩摩，盖其繁阜喧盛，实为邑中诸镇之第一"。咸同年间，盛泽周围的市镇如平望、黄家溪、新杭、王江泾、濮院、双林等俱遭兵燹而化为瓦砾，苏、杭等大城市亦受重创。盛泽虽未免战乱，然损失轻微，有"安堵如故"之说。其时，外地绸商机户避乱迁居盛泽者纷至沓来，从此打破了诸镇并峙的格局，盛泽备受滋补，鹤立于江浙之间。光绪年间，盛泽的织机数曾居各地之首。民国初年，正值第一次世界大战，中国的民族工业乘隙得以发展，盛泽丝绸业亦在此时出现一个高峰，钱庄、银行业红火一时。

（一）先蚕祠

先蚕祠又名蚕花殿或蚕王殿，位于江苏省苏州市吴江区盛泽镇五龙路口，即盛泽丝业公所。在古代，蚕神有着重要的地位，中国劳动人民为了向蚕神表示敬仰，表达对来年丰收的美好希冀，蚕农们对蚕神进行祭祀，并衍生出许多风俗。

先蚕祠是汉族古典庙堂式建筑，正面门楼飞檐斗拱，气势轩昂。旁侧是

---

① 吴滔. 中国运河志·城镇[M]. 南京：江苏凤凰科学技术出版社，2019:773.

八字形清水砖壁，朴素雅洁。再前过栅门是小广场，原是香客集散处。三座拱门正中竖匾书有祠名，两侧上方分别书写"织云"和"绣锦"，是当年盛泽丝绸业繁荣的写照。过门楼不远就是戏楼，戏楼两侧与厢楼相通，戏台朝北，下面的石板广场延至正殿前，场地开阔，可容万人。

正殿雄伟高敞，供奉中华民族人文始祖轩辕、神农和嫘祖三座塑像。轩辕就是黄帝，神农是我国的农业的祖先，又称炎帝，通常所说的炎黄子孙就是他们的后代。嫘祖是黄帝的妻子，是她教会百姓养蚕缫丝，可以说她是我国丝绸行业的祖师爷。这在殿上"先蚕遗泽""衣被苍生"的匾额上已表述得最清楚不过了。以往养蚕之前或养蚕期间，乡民们要到祠里去拜一拜，祈求神灵保佑，所以，先蚕祠里香火旺盛。如今人们虽然并不养蚕，到此只是参观游览，对祖先祭拜一下，鞠一个躬，也是很有仪式感的事。

正殿西南是三上三下的议事厅，晚清、民国年间盛泽有大小丝行近百家，从业者千人。可以想象在此集会议事的盛况。议事厅前有水池曲桥，亭榭回廊，树石花卉，幽雅清逸，别有洞天。

（二）济东会馆

济东会馆位于苏州吴江区盛泽镇斜桥街，系清嘉庆年间山东济南府人所建的丝绸会馆，民国十二年（1923）、1989年、1993年曾有修缮。

济东会馆原规模较大，几经坍塌、改建，现存依次为墙门、前厅、戏台台座、正厅三进。坐北面南，占地329.26平方米。三进均三开间，硬山顶。门外为临河街道，在这里装货卸物、迎宾送客十分方便。前厅简洁，正厅华丽，雕梁画栋并施彩绘。屋檐垫拱板有《水浒》人物故事的透雕镏金作品。两厅之间以回廊连接，西廊墙面上嵌有民国十二年（1923）"重修济东会馆记"石碑一块，镌刻会馆建造的缘起和历史沿革。济东会馆为吴江区重要丝绸文化遗址，与邻近的先蚕祠、庄面共同成为当地丝绸生产和贸易的历史见证。

可以想见济东会馆在清嘉庆年间的热闹繁华，那穿戴红翎蓝顶、全副袍褂的盛泽绸业界领袖汪永亨说不定也是这里的常客。历史的烟云并未完全消散，济东会馆庄严的石库门框内开着两扇黑漆大门，仿佛依然诉述着"栋宇沉沉会馆多，承平商贾百千罗"的盛景。

（三）七十二半弄堂

盛泽，除了丝绸，知名度高的还有弄堂。俗话说"七十二半弄堂"，其实，清朝末年盛泽有名有姓的弄堂有一百余条，这些弄堂像是树上的枝杈，将古镇分割得四通八达。它们纵横交错，像一张蜘蛛网布满古镇，引导着街道上密集的人流。

同巷短长七十三，市井郑里又新参。
门千户万疑无路，机杼声声入耳酣。

这是民国初年沈秋凡所作的《盛湖竹枝词》。在弄堂里行走，常有戴望舒《雨巷》中的意境，朦胧的烟雾气息将江南诠释得万般柔美。幽静的弄堂时有鸡犬声闻，又有陶渊明"暧暧远人村，依依墟里烟"的宁谧、淡泊之感。

弄堂的名字很有意思，盐店弄、爆竹弄、竹行弄、茶叶弄……一看就晓得这弄堂里曾经聚集了哪些店铺。当然与丝绸有关的弄堂最多，运经弄、染坊弄、踩坊弄、梭子弄、庄面一弄、庄面二弄……不计其数。

走累了，停歇下，耳朵里传来悦耳的机杼声。如盈盈水波，如淡淡粉彩，弄堂在机杼声中幻化成昆曲里的水袖，翩跹飞动。盛泽也成了一片绿色的荷叶，衬托着丝绸这朵娇艳无比的荷花越开越自然天成、婀娜多姿。

（四）昇明桥

昇明桥似一个极具儒雅气质的"文人"，拿着折扇迎风独立，风满袖，他也气宇轩昂，从不因岁月更迭而失了风姿。他高大的桥身，架在开阔的湖面上显得十分壮观。三个桥孔则与水中的倒影合成三个硕大的玉环，一半浮在水面，白得庄重，一半沉入水中，绿得可爱，一片诗情画意，美丽极了。

据说，这里曾湖水荡漾，整个湖面像张开的菱叶，故称"菱叶渡"，俗称"东白漾"。每年的农历五月初五，这里有划船的旧例，那几乎就是旌旗高悬、鼓声喧天、万人空巷的盛况了。文人骚客们也偏爱昇明桥的清雅，常在这里玩赏题咏。

到了清代乾隆朝之后，随着丝绸业的兴盛，菱叶渡及相邻的山塘成了士商们的游玩之地。昇明桥一带常有画舫停泊,清歌之音不绝如缕,享有"小苏州"之称。

八、富土同里

同里历史悠久,源远流长。据考古挖掘的大量文物证实,同里的历史可追溯到距今五六千年前的"崧泽文化"和"良渚文化"时期。早在新石器时代,即有先民在此刀耕火种、生息繁衍。优越的自然条件,使这里成为吴地最富庶的地方,故同里原称"富土"。先秦已成集市,汉唐日益繁华。唐初,改名铜里,尚属村市,在九里村。同里文化积淀深厚,素为钟灵毓秀、人文荟萃之地。这里得天独厚的自然环境,滋育了代代精英,彬彬辈出的蔚蔚人才,支起了千年的文化古镇。

古镇同里,历史悠久,名人云集,文化底蕴深厚,以"小桥流水人家"著称。各具特色的古宅园庭,闪耀着历史的艺术光环,是人类智慧和才能的特别载体。20世纪80年代初,同里修复开放了退思园;20世纪90年代初修复开放了崇本堂、嘉荫堂和三桥;90年代中、晚期修建开放了罗星洲、耕乐堂、明清街和南园茶社、肖甸湖森林公园等。21世纪初,修复开放了珍珠塔景点群、松石悟园、古风园等。同里古镇有20余处旅游景点及众多的小街深巷、古院老宅,被专家誉之为"明清建筑的博物馆",艺术家称之为"天然摄影棚"。

(一)退思园

同里具有悠久的造园历史。在一个小镇上创造人与自然和谐相处的居住环境,退思园就是其中一个典范。退思园是苏州古典园林的代表之一,体现了江南园林在构思、设计、布局、审美以及施工技术等方面的特点,也体现了同里园林建筑的科技水平和艺术成就。全园围绕"退思补过"的主题展开,外简内深,含而不露。著名园林学家陈从周曾称,同里是一座古代建筑的博物馆,而退思园又是这座博物馆中的一颗璀璨明珠。

退思园,俗称任家花园。退思园始建于清光绪十一年(1885),落成于光绪十三年(1887),是原任安徽凤颍六泗兵备道、同里人任兰生被参劾罢官回乡后花10万两白银建造的私家宅园,由画家袁龙设计。园名源自《左传》:"林父之事君也,进思尽忠,退思补过,社稷之卫也。"《孝经·事君章第十七》亦有："子曰：君子之事上也，进思尽忠，退思补过，将顺其美，匡救其恶，故上下能相亲也。""退思补过"的本义在于补救对君王之过。而任兰生建园，在其贬官归田之后，取此园名颇有韬光养晦之意，以示反思己过，表白报效君王、效忠朝廷之志。从其弟任艾生哭兄诗中的"题取退思期补过，平泉草木漫同春"，亦表明了此中深意。

退思园玲珑小巧，布局独特。设计者既吸收了苏州园林的精华，又在江南园林中独辟蹊径。亭、台、楼、阁、廊、坊、桥、榭、厅、堂、房、轩，一应俱全，布局紧凑自然。退思园从宅开始，到最后一厅结束，以春夏秋冬四景为发展主线，一气呵成。主园还穿插着琴棋书画四艺的精巧构思，可谓匠心独具，巧夺天工。

（二）三桥

三桥是指太平桥、吉利桥、长庆桥。此三座古石桥，跨三圩，越两港，相距不足50米，在古镇的中心三足鼎立。

太平桥，跨东柳、漆字两圩，初建无考。清乾隆十二年（1747）里人范景烈重建，嘉庆二十三年（1818）重修，光绪二十八年（1902）再建。桥为梁式，小巧玲珑，桥上有联一副，曰："永济太平南北路，落成嘉庆廿三年。"

吉利桥，跨漆字、稻穗两圩，处太平、长庆两桥中间，为东西走向，拱式石桥，初建无考。清乾隆十一年（1746）由里人范景烈重修，四十八年里人又斥资重建。20世纪70年代初，因填河被拆除，1988年，同里镇政府重建。现修葺一新，为拱形石桥，桥联南为："浅渚波光云影，小桥流水江邨。"北为："吉利桥横形半月，太平梁峙映双虹。"

长庆桥，俗名谢家桥，又名福建桥、广利桥，跨东柳、稻穗两圩，初建无考。明成化中里人陈镛、谢忱改建，清康熙三十九年（1700）重建，同治十二年（1873）再建。1988年，同里镇政府对其进行加固整修。桥上有桥联一副："共解囊金成利济，好留柱石待标题。"

三桥呈"品"字形，跨于三河交汇处，自然形成环形街道。沿河青石驳岸，两岸筑有花岗石栏，岸边合欢、女贞临波倒映。河中船来船去，双双对对；桥上人来人往，笑语荡漾。水木清华，秀色可餐，人如在画中游。这里已成为同里古镇一道独特的风景。

（三）嘉荫堂

嘉荫堂正门位于尤家弄中段，北门为长庆桥南堍，为柳炳南住宅。柳炳南祖上在北厍有一座宅第，名"绿荫堂"，民国八年（1919），一场大火把"绿荫堂"化为一片废墟。民国十一年柳炳南花白银二万两，购地一亩四分，到同里建宅，为纪念"绿荫堂"，遂将宅名取为"嘉荫堂"。嘉荫堂四进三十二间，环境静谧，建筑精巧，特别是各种雕刻，细腻精致，富丽典雅，有较高的艺术价值。

嘉荫堂的正门采用石库门式的墙门，墙门用水磨青砖砌成，加以灰浆勾缝，整洁光亮。门厅的屋脊中间为"松鹤长春"砖雕。第二进即正厅，其屋脊正中，塑有福、禄、寿三星。

正厅，是嘉荫堂的主建筑，为仿明建筑，俗称"纱帽厅"。厅上宫灯高悬，落地长窗、红木几椅铮铮发亮，大青方砖地面整洁光滑。桌子上方高悬的"嘉荫堂"横匾为金石书画家钱君匋所书，匾下一幅松柏常青图，图的两侧悬挂着一副对联："闲居足以养老，至乐莫如读书。"厅堂高大宽敞，厅内雕刻颇多，极为精细。五架梁两侧刻有"八骏图"，梁两端刻有"凤穿牡丹"，梁底刻有玉如意、笔与锭，分别意为"称心如意"和"必定高中"。尤令人寻味的是梁头"鹤鸣九皋"的山雾云和抱梁云，正好弥补了房梁山脊处的空隙，愈发凸显雕梁画栋的完美。就连拳头大小的"峰头"，也雕刻了寓意"连生贵子"的莲蓬。更为罕见的是厅之椽木（俗称纱帽翅）上，雕刻着《三国演义》中的"古城会""三英战吕布""三顾茅庐""草船借箭"等八幅透雕作品，这组木雕，已收入《中国戏曲·苏州分卷》。

厅之东西槅窗透刻有"国色天香"（牡丹）和"凌波仙子"（水仙），落地长窗的裙板和大堂板上刻的是"博古图"，分别为春兰、夏荷、秋菊、冬梅，图纹清晰隽逸；两侧槅扇东刻寓意"玉堂金满"的白玉兰，西刻寓意"蟾宫折桂"的木樨花（俗称桂花），民间解释为"大富大贵"。屏门两侧用落地罩分隔，使主厅显得格外静谧清幽，古朴典雅。

整修后的嘉荫堂，为了扩大游览空间，将原第三进小楼改建成庭院。在庭院东侧，用太湖石堆成简洁明快的花台，植以名贵花木，置以空灵峰石。庭院西侧，建有三曲回廊，回廊北端至半亭，即为进入内宅之门，将前厅与后楼（衍庆楼）沟通。

衍庆楼是嘉荫堂的内宅堂楼。堂楼前为一石板天井，天井中有"五福捧寿"石雕，天井南侧有一青水砖雕门楼，檐牙三级高挑，轻盈洒脱。门楼上枋刻有暗八仙"浅浮雕"（所谓"暗八仙"，是见物不见人，以物借代人）。下枋"一块玉"中心刻有福、禄、寿三星深浮雕，字牌上刻着"厚道传家"四个大字。

衍庆楼内，有许多名人逸事木雕。楼堂大梁的椁木上，原刻二十四孝的八幅图案，现仅存"老莱子舞彩娱亲""郯子扮鹿求鹿乳""江革负母孝感盗""蔡顺桑葚感强寇"等四幅，在整修时补刻了"江上渔夫图""福寿二仙图"等四幅。轩内的椁木上刻了山水图案八幅，虽与原物不同，但雕刻技艺毫不逊色。五架梁两侧，共刻有"伯乐相马""敦颐赏莲""羲之爱鹅""天骥放鹤""松下寻水""踏雪寻梅"等八幅深浮雕。

衍庆楼的西北隅，有临水而筑的水秀阁。水秀阁小巧玲珑，十分雅致。人在阁中，可静听风声、水声、橹声，可俯视小桥、驳岸、老树。小阁东侧，为曲廊粉墙，及近水而筑的厨房、灶间。

（四）崇本堂

崇本堂位于富观街，长庆桥北堍，坐北朝南，面水而筑，与嘉荫堂隔河相望。清水石驳岸，单落水河埠，块石铺地，石栏临水。凭栏瞰，水巷舟楫，来来往往；傍门望，小桥行人，熙熙攘攘。小桥、流水，富有江南特色，环境清幽，建筑古朴，崇本堂以此著称。

崇本堂原主人为同里富商钱幼琴，于民国元年（1912）购买顾氏"西宅别业"部分旧宅翻建而成。宅楼占地不满700平方米，前后五进共25间，包括门厅、正厅、前楼、后楼、下房等。其中第三进原建于道光八年（1828）。建筑体量不大，但布局紧凑而精致。

崇本堂的建筑结构颇为科学。门厅、正厅和堂楼之间，均有封火墙分隔。门楼过道左右两侧均设有"蟹眼天井"，天井虽小，但在建筑上是个重要环节，它既可通风，又可采光，既能泄水，又能防火。门厅东侧，辟有一条深邃的备弄，使一进进房屋院落既分隔独立，又可串连为整体，是江南深宅的一大特色。从正厅到后楼，呈前低后高结构，建筑上利于通风采光，在民间则称之为"连升三级"。

正厅现辟为婚礼厅，只见一对新人手挽红绸，在金光闪闪的"囍"字下相对而立，身后，乐手们吹奏着喜庆曲子，旁边停着一顶大花轿。这一组喜庆场面中的人物及服饰，是由上海越剧团按照当地的传统习俗，用蜡像制作的。

前楼现辟为"福寿堂",迎面是一个斗大的"寿"字,桌上供着福、禄、寿三神像,左右两幅立轴写着"福如东海、寿比南山"八个大字,左边是一位手执龙头拐杖的"老寿星"。老年游客可在这里举行祝寿活动,接受后辈们的拜贺,可谓其乐融融。

崇本堂共有三座门楼,穿过门厅,进入庭院,两侧叠湖石花坛,左种天竹,右植红枫,面北砖雕门楼伫立,门楼上方设置了仿木结构的飞椽斗拱,拱顶板上刻有夔龙细纹,下面是花岗岩制作的条石门槛,中置"黄狼箱"活络门闩,"一块玉"两端有如意香草纹,中间的"包袱巾"上刻着宝相花,里面还有暗喻升官发财的"鲤鱼跳龙门"的深浮雕。门楼的门额两侧各有一幅人物山水画,门额上题写着"崇德思本"四个大字,寓意"德乃世人安身立命之根本"。砖雕正脊还有一幅"望子成龙"图,上面人欢鱼跃,使人浮想联翩。第二座门楼在庭院第二进处,门楼上方雕刻有五只蝙蝠,意为"寿、富、康、德、善"五福齐备,门额上书"敬侯遗范"四字,意思是告诫出嫁的女儿要学汉代敬侯的女儿,在家相夫教子,不要思念家乡父母。门额两侧各有一块人物、树木、动物深浮雕。下方是"寿"字、常青藤、百吉图等吉祥物浮雕。第三座门楼在庭院第三进前,门楼上方雕刻有五只仙鹤,有的在云中飞翔,有的在地下站立,象征长久和长寿。门额上书"商贤遗泽"四字,意思是祖辈从事商业要"贤"才发家。门额两侧各有一块喜鹊、梅花或花木雕刻,意为喜上眉梢和喜事连连。三座门楼的第一个字分别是"崇""敬""商",暗示主人商人出身、从商发家的经历。

崇本堂的最大特色,是其各种富有古典民族风格的雕刻,仅木雕就有一百余幅,尤以门窗槅扇上的《西厢记》《红楼梦》浮雕,最为醒目。

正厅居中置六扇长窗,左右设半窗,长窗裙板上除刻有"花卉博古"图外,中间两扇长窗的裙板上,右面刻有象征富贵平安的牡丹和瓶子,左面刻着寄意招财进宝的聚宝盆。所有长短窗的腰板上则刻有全套《西厢记》的故事,从"张生游殿"到"长亭送别",共有14幅,画面简洁,构图活泼,刀法圆转,形象逼真,把一个流传千年的故事,艺术地融进了这座古宅里。这套木刻为电视系列片《话说运河》所收录。

前楼底层长窗的腰板上刻着"红楼梦十二金钗图",有"黛玉荷锄葬花""宝钗执扇扑蝶""湘云醉卧芍药""妙玉月下赏梅""元春奉旨省亲""探春含泪远嫁"等,浮雕精工细作,形象栩栩如生。而长窗的裙板上则刻着许多寓意吉祥如意的图案，如象征多子多孙的"松鼠葡萄"，寄意喜上眉梢的"喜鹊红梅"，暗喻比翼长春的"双燕桃花"，还有"锦鸡绣球""梅竹绣带"等。

后楼共有木雕58幅。东西步柱与檐柱之间的四扇槅扇的腰华板上，刻的是"福禄寿禧"图案；两边五架梁下的八扇槅扇的腰华板上，刻的是"渔樵耕读、琴棋书画"图；东边五架梁下的八扇槅扇的腰华板上，刻的是何仙姑、张果老、汉钟离、吕纯阳、铁拐李等八仙图。

（五）陈御史府

陈御史府位于后港南岸，石皮弄之北，跨西圩和秭字圩，为明万历年间南京监察御史陈王道宅第。陈御史府主要由牌楼、宅第、花园、祠堂四部分组成，至今已有500年左右历史。在这500年中，曾有三次大规模的修建。

第一次建造陈家牌楼是在万历八年（1580）。陈王道去世后，朝廷为表彰其为官清正、政绩卓著而立。牌楼伟岸壮丽，四根方形石柱构成耸立三开间牌坊，坊上有飞檐翘角的青紫筒瓦、排列密集的斗拱和昂嘴，支撑覆盖面较大，三个歇山顶呈"品"字形。正中板上刻有"清朝侍御"四个大字，每个字近一平方米，下面额上镂刻"大明万历庚辰为南京河南道监察御史陈王道立"，左右两边额板上刻有始建和重修的题名记录。在许多木架结构上，精细雕刻龙凤、仙鹤、麒麟等飞禽走兽图案，华丽生动，惟妙惟肖。坊前有高近2米的白玉雕刻石狮子一对，旗杆石一对。牌楼上有两副对联，一副是"义制事礼制心检身若不及，德懋官功懋赏立政惟其人"。上联意是用大义处理政事，用礼法来约束自己的思想，经常检查自己的不足之处。下联意是有德之人勉之以官，有功之人勉之以赏，立政最重要的是选择人才。另一副是"念初者丰年为瑞贤臣为宝，心游乎道德之渊仁义之林"。上联意是念念不忘丰年是祥瑞，贤臣是国家之宝。下联意是心中常念的应当是道德和仁义。这两副对联文字艰深，内涵深刻，既讴歌了陈王道生前高尚的人品和出众的政绩，又阐明了统治者对官吏的勉励和殷切希望。陈王道是明朝的御史，而牌楼题为"清朝侍御"，其实"清"是动词，是清理整顿之意。明朝的南京又称南直隶，是十三行省之一，其辖区为今江苏、安徽两省之地。南京又是朱元璋奠基京都，以后永乐帝虽迁都北京，南京仍设立六部衙门、都察院、国子监等一套中央政府班子，代表皇帝和朝廷行使管理南中国的权力。负责监察弹劾百官的言官陈王道，起着"清朝"的作用。牌楼的后照墙壁上，书写着"恩荣"两个大字，表明此牌楼是万历皇帝颁诏所立，所以牌楼特别高大、雄伟。石河桥宽大而又平坦，两侧大榆树盘根错节，两人合抱不相交，环境尤为幽静。此侍御坊是陈府标志性建筑。

第二次扩建的人是陈王道的五世孙陈沂震，他是康熙三十九年庚辰进士，历官礼科给事中、山东提学使、刑科掌印给事中等职，为官二十余年。为光耀门庭，在侍御坊西邻，朝南大造宅第、门厅、前厅、大厅、堂楼，其建筑极为壮丽。备弄之西为花厅、旱船、书房、书楼。全宅规模为同里宅第之冠，新宅之西又开了一个船坞，外口又造了一座梁式石桥，名为"玉带"。船坞上建有高大的空中房屋，上可住人，下可泊舟，俗称"船坊"。为修建宅第，陈沂震在江西包下整座山的树木，砍伐后，放排运回备用，从中可见其工程之大，也可想象其豪奢程度。雍正帝即位后，前代旧臣多遭黜，陈沂震虽已告老还乡，但仍遭到抄家之灾，新宅和太平桥北塊的旧宅均被抄没入官，陈沂震于书房自杀。新宅被官卖给本镇刘姓，此宅便称"刘家船坊"。旧宅成为太湖水利同知署，即同知衙门。抗战时期，陈氏后代大多数散居外地，房屋年久失修，部分拆除变卖。1966年"文化大革命"破四旧时，"陈家牌楼"被拆除，玉带桥也不复存在，厅堂楼馆均被吴江电机厂所用。

第三次重建在2001—2003年，苏州凯达房产公司和同里镇政府共同投资2700万元在原址基础上进行修建，成为旅游景点对外开放。整个设计按照明清建筑风格，吸收吴地历代园林建筑艺术，使住宅、花园、祠堂三位一体。

重建后的陈王道府（又称珍珠塔景园）占地1.8万平方米（27亩），分东、西、北三大部分。东部包括牌楼和住宅，有二落五进房子，中间有备弄相隔，成东西两落，东落有办公区、茶厅、宏略堂、兰云堂、堂楼，西落有仪门、玉兰堂、闻香读书楼、大小厨房间。西部为花园，由茹古斋、碧筠山房、清远堂、绿秋亭、紫薇亭、景明轩（西水榭）、小兰亭、浮翠（翠舫）、溪清、北山深兹、池塘、古戏台、知音斋组成。北为祠堂。

住宅区大门厅（仪门），朝西五开间，两侧四间作为房间，中间一间就是仪门，仪门的门槛高两尺，活络的高门槛既显示出主人的身份，又具有实用价值，当官轿进出时，可以拔去。门楣上饰有显示门第等级的四个门簪，大门前地坪石雕上刻有"平升三级"的图案，大门上搁匾的圆柱体叫阀阅，是官宦人家特许的装饰，门前一对抱鼓石，刻有蛟龙、鲤鱼跳龙门等生动的图案。

（六）罗星洲

罗星洲位于同里镇之东不足500米处，为同里湖口一处洲屿，浮现于308公顷的湖面上，以"烟雨景观"见胜，列入同里古景点"罗星听雨"。

罗星洲，元代即有建筑，久圮。旧志载："元时，仅有基址，后为污莱。明万历戊子（1588）里人顾而谋僧智修倡建关圣帝君殿、观音大士殿、文昌帝君阁，里人吴默撰传、陆云祥撰引。"又曰："（乾隆）四十八年僧了凡募建水阁。嘉庆元年里人周之桢募修各殿宇，重建文昌阁，扩充前制，捐资重塑佛像，里人陈毓咸撰记。壬戌年僧了凡出资改建楼阁一所。"明清时，罗星洲已颇有殿宇楼阁、曲桥荷池，为游览观光胜地。但在太平军驻同里三年期间，周庄镇始终为清军所有，同里东栅外的同里湖，事实上成为太平天国一处战伐频繁的边境，在长期兵灾中罗星洲曾遭彻底毁坏，到清光绪年间才重建，恢复原貌。

民国十四年（1925），柳亚子在黎里召开中国国民党吴江县第二次代表大会，并举行夏令讲习会，沈雁冰、杨贤江、侯绍裘、邵季昂、王一知都来主讲。柳亚子赋有《罗星洲题壁》七绝：

一蒲团地现楼台，秋水蒹葭足溯回。
猛忆船山诗句好，白莲都为美人开。

"罗星听雨"原为观音殿后一方形古亭，一堤之隔即为同里湖，亭下有水，与池相通，水声潺潺，人坐亭内如在舟楫之中，每遇风雨，浪拍柳堤，风动芦苇，细雨潇潇，雨点淅沥，轻重错落，疏疏密密，汇成一曲美妙动人的丝竹。

每逢农历五月十三日关圣帝诞辰，一年一度的"罗星洲赛会"由里中周、陆、王、顾、徐五姓轮流司会。后遂兴起道教庙会，俗称"打醮"。届时香客熙熙攘攘，热闹非凡。庙会时，人们演奏道乐，抑扬顿挫，犹如吟唱。而昔日复善坛的弟子们，大多为昆曲票友，他们做法事往往八音齐奏，非常悦耳，诵经出声柔和，温文尔雅，一唱三叹，有超尘脱凡之感。远近游客前来赏荷，画舫、游艇络绎不绝，吟唱声、丝竹声，缥缈于楼阁碧波之间，盛极一时。

罗星洲在明清时期已成为闻名遐迩的游览胜地。船经东溪桥出港不久，即能隐约望见罗星洲全景。每当蒙蒙细雨的日子，烟雾弥漫，小岛若隐若现，好似一座虚幻的仙岛，浮动在浩渺的水面上，一幅"烟雨景观"的画面，引人入胜。

（七）明善堂

明善堂，又称陈去病故居。坐落于同里镇三元街，大门面街临河，照墙高耸，环境清幽。大门面西，原有楣额"孝友旧业"，进门原有半亭，现已不存，今半亭为2001年重建。明善堂原宅内有浩歌堂、百尺楼、绿玉青瑶馆、书房及家庙等多幢主要建筑和偏屋下房，历经风雨沧桑，几近残垣危房。

进大门，南侧有一月洞门，楣额上的"绿玉青瑶馆"五字，为近代书法家、里人杨天骥手书，原物毁于"文化大革命"，1994年钱仲联教授重书匾额。绿玉青瑶馆，又名堂楼，建于1932年。馆名"绿玉青瑶"，源出倪瓒诗句"依微同里接松陵，绿玉青瑶缭复萦"。陈去病母倪氏为倪瓒后代，知书达礼，堪为乡里楷模，对陈去病一生颇有影响。为感恩母教，陈去病遂以此额名书斋。绿玉青瑶馆坐西面东，为中西合璧的砖木结构，五楼五底两厢房，共十三间，楼下中三间为厅堂，一式落地长窗，厅堂上挂有两副对联，其一为"雁帛传书刚成寿字，鸡年舞彩如见壮心"。此联为陈去病六十寿辰时，南社社员茅祖权为庆贺而撰书的。另一副为"其人以骠姚将军为名，垂虹亭长为号；所居有绿玉青瑶之馆，淡泊宁静之庐"，系当年陈去病自撰，由钱太初所书。联中"骠姚将军"指西汉名将霍去病，陈去病早年即因仰慕他的气节和精神而改名为"去病"，也因爱恋位于吴江的"江南第一长桥"——垂虹桥而自署为"垂虹亭长"。两侧厢房有屏门相隔，北厢及楼，为陈去病书房及卧室，南厢房二层为一西式露台，可遥望陈氏先茔中山亭。辛亥革命后，陈去病跟随孙中山出生入死，功绩卓著。1916年8月，孙中山曾为陈去病父亲及叔父墓前牌坊亲笔题额"二陈先生之墓"，1917年1月为陈去病母亲题写"陈母倪节孝君墓碑铭"，并题"女之师表"额，陈去病特造中山亭以示纪念。中山先生所题碑石在"文化大革命"中被毁，而今仅存"二陈"墓碑残石。

出绿玉青瑶馆，北侧面有平屋三间为陈氏家庙。东向过道之南即为"百尺楼"，楼名出自秦湛《卜算子》中的"极目烟中百尺楼"。百尺楼仅为一楼一底，十分简朴，是陈去病藏书和写作的地方。陈去病不仅一腔热血追随革命，而且是一位著名的诗人，著作丰富，他所编著的《百尺楼丛书》即以此楼而定名，其他主要作品有《浩歌堂诗钞》《续钞》《明遗民录》《五石脂》等，还编辑了大量的乡邦文献。陈去病平生又喜集古碑，现故居内仍存有宋、元、明、清的碑刻十余篇。

百尺楼后院有书房，以花墙相隔，植有一株黄杨树，已有近百年树龄，院之北侧即为浩歌堂。

浩歌堂坐北朝南，面阔三间。1920年此屋落成时，适逢陈去病阅读白居易《浩歌行》，欣然神会，取其名为"浩歌堂"。其为会客之所，堂中悬有"浩歌堂"及"女宗共仰"横匾。"女宗共仰"匾系孙中山先生褒扬陈去病之母倪老夫人"鞠育教诲，以至于成"而亲笔所题。堂中抱柱上还挂有陈去病自撰的一副楹联，上联是"平生服膺明季三儒之论，沧海归来，信手钞成正气集"，下联是"中年有契香山一老所作，白头老去，新居营就浩歌堂"。

（八）耕乐堂

耕乐堂位于西柳圩，陆家埭中段，朝东面河，系明代处士朱祥所建，由时任南京国子监学正、里人莫旦撰文作记。朱祥曾因协助江苏巡抚周文襄公修建宝带桥有功。周文襄授予他官职，他不愿为官，决意归隐，引疾家居，一时达官皆敬重之。

耕乐堂是传统的前宅后园布局，前宅由门厅和前、后堂楼组成，后园由荷花池、三曲桥、三友亭、曲廊、鸳鸯厅、燕翼楼、古松轩、环秀阁和墨香阁组成，园西还有西墙门，可通郊外，是典型的明清宅第。初建时，共有五进五十二间，后历代兴废，已非原制。现有三进四十一间，有楼、园、斋、榭、厅、堂、楼、阁。

前宅第一进是门厅，露门五间，前置褐色木门和竹丝门槛，庄重朴实，第二、第三进均为堂楼，前堂楼高大宽敞，后堂楼相对低矮，但楼层仍显得高爽明亮。

前堂楼为第二进，是三明两暗五开间，门厅与前堂楼之间有天井相隔，南北两侧均有两间厢房相连接。后堂楼为第三进，亦为三明两暗的五开间，上为房间，下为厅堂，前后堂楼之间有两个天井，两天井之间有门楼相隔，门楼与后堂楼南北两侧有厢房连接。

耕乐堂有四座门楼，各进房前都有天井，天井东面均有门楼。正门后第一座门楼上是"乐善家风"四字。前楼后面为第二座门楼，中间是"耕乐小筑"四字，上方有"五鹤祥云"浮雕，下部还有蝙蝠、葡萄、竹等雕刻。北面前进为第三座门楼，刻有"耕读传家"四字。后进为第四座门楼，中间是"竹苞松茂"四字，上方有"暗八仙"图案，下部还雕有夔龙、百吉等图案，两侧各有一幅人物山水的深浮雕。

花园由回廊与大门北侧的备弄相接，备弄中墙上有八只灯龛，供备弄照明。园中间有一荷花池，池上有三曲桥，池周假山高低错落，参差有致。

池南建有面阔三间的鸳鸯厅，四周以回廊相绕，楠窗将其隔为前后两部分，装饰陈设不尽相同，故为鸳鸯厅之称，亦称"花篮厅"。厅北贴水，面池皆为落地长窗，窗明几净，古朴典雅。该厅的屋顶结构为架式，前后各一个轩廊，以鹤胜三弯椽相接，中间用大坡隔开，给人以层次分明之感，体现了明代建筑特点。

鸳鸯厅的南侧是一个庭院。院中假山错落，花木扶疏。"三友亭"飞檐翘角，立在院南边，透过亭中漏窗，可看到松、竹、梅树"岁寒三友"。从鸳鸯厅北侧贴水平台往左，进"藏曲"月洞门为一天井，东壁筑有黄石假山，虽然只有寥寥数石，却给人以挺拔高耸、气势磅礴的感觉。天井西侧的燕翼楼，在半山半水之间，两层建筑，轻盈飘逸，似春燕展翅，凌水欲飞。登二楼既可观全园景色，又可赏太湖诸山峰之层峦叠起。

池西之院墙处，植有白皮松一棵，树干虬曲苍劲，树皮斑驳，古意盎然。它背靠在假山上，倒映于碧波中，为现存的唯一历经400余年荣衰的老宅的见证者。

池北，即为跨水而筑的环秀阁，如浮水之舟，下用八柱将阁支起，历百年而不朽，可见其坚固程度。环秀阁清秀典雅，造型别致，阁底置有活络地板可开启。环秀阁之东侧是有天桥相连的墨香阁，阁前为一石板平台，平台凌池而筑，台下水流潺潺。

池东为花厅，又称桂花厅。桂花厅西院中，植有金桂、银桂两株百年古树，每逢秋日，桂香四溢，沁人心脾。东院中，北部是碑廊，碑廊墙壁嵌刻着沈周、唐寅、文徵明等名人字画。碑廊西部是园门，门洞上方有"耕乐园"三个大字，门洞西侧上方刻有"得返自然"四个大字，是对耕乐园的最好注释。

后园以荷花池为主体，四周辅以亭、台、楼、阁，湖石参差，古树欹侧，颇有耕乐之趣。

九、梨花黎里

水乡古镇黎里，曾名梨花村，又名禊湖。它东邻芦墟，东北与北库毗连，西北连八坼，西接平望，南与浙江嘉兴、嘉善隔水相望，位于苏、浙、沪之要冲。这里小桥流水，景色宜人，文化昌盛，商贾云集，土地肥沃，物产丰富，素称鱼米之乡。据史料记载，黎里的历史可上溯至春秋时期，距今已2000余年。

黎里，从五代后梁吴越王钱镠（907—947）置吴江县算起，至少已有千年历史。自宋以来，黎里不但人才辈出，而且不少名人隐士寓居于此。经历代经营，黎里留下的文物古迹颇多，据《吴江县志》《黎里志》《黎里续志》记载，有关黎里文物古迹的条目共有258处。

（一）柳亚子故居

位于黎里镇中心街，民国十一年至十六年（1922—1927），柳亚子先生居住于此。1983年，由江苏省人民政府列为省级文物保护单位。1987年，建柳亚子纪念馆。这幢有3513平方米面积的深院大宅，原是清乾隆时工部尚书周元理的私邸（旧名"赐福堂"）。光绪二十四年（1889），柳亚子全家从北库大胜村移居黎里，始居"周寿恩堂"（虎筋桥堍，今浒泾街），民国十一年秋迁于此。

纪念馆包括前面的茶厅、大厅，后面的生活起居楼和磨剑室书斋、复壁、藏书楼等，现有建筑面积近2000平方米。柳亚子先生是革命团体南社、新南社的主要发起者，因而他的故居也就成了南社、新南社的司令部。在这里，他曾和来访的社友讨论诗文，抨击时政，抒发忧国救民的抱负，吟出"孔佛耶回付一嗤，空言淑世总非宜，能持主义融科学，独拜弥天马克斯"的著名诗篇。故居有藏书楼，中华人民共和国成立前收藏古籍图书4.4万多册。柳亚子先生祖辈藏书丰富，素有"松陵文献尽在柳氏"之称。他在20年代又广泛收罗，购买了一批吴江乡里文献，有时借到孤本，还亲自抄录。中华人民共和国成立后，他将全部藏书捐献给国家。

（二）东圣堂

原名普济禅院，建于南宋。明嘉靖三年（1524），吴江知县王纪改为社坛，立有社坛碑一块（今移存于柳亚子纪念馆），当时是里中社长讲乡约用的。清末重修，现仅存墙门及一平厅、两厢楼。

堂上供有一座乡贤南宋秘阁修撰赵璠老木雕像，雕像毁于"文化大革命"。门口西侧墙上，原有光绪三十年（1904）苏州府严禁农民抗租碑一块。通过布告我们可以看到当时农民不畏强暴，采取各种方式进行抗租斗争的情形（移存于柳亚子纪念馆保管）。

社坛建筑在吴江很少发现，社坛碑及严禁农民抗租碑，对研究当时民风习尚、乡规民约以及清末农民抗租斗争等历史，具有一定的参考价值。

第二节　大运河上的无锡古城镇

京杭大运河无锡段，自今洛社经石塘湾、城区、新安至望亭进入苏州，全长40.8千米，支河纵横。穿越无锡老城的运河（无锡人称之为直河），东岸有9条支河。支河、直河形成了古代箭、弦的形态。唐代为了漕运和发展经济、交通的需要，对大运河进行了多次整治。为了保证运河的水位，便于导水入河和防水外泄，曾在望亭建造堰、闸。元和八年（813），常州刺史孟简对太伯渎进行了大规模疏浚，使运河水得到源源不断的补充。宋代，鉴于太湖风涛威胁江南运河漕运的安全，采取筑堤修堤的办法防止大水时湖水的漫泄。同时，对运河两旁的中小湖泊围湖造田，既抑制了水害，又增加了耕地。北宋皇祐三年（1051），江阴知军葛闳对芙蓉湖通向黄田港的九里河进行疏浚，使船只可以通过九里河经黄田港入江，形成了大运河在无锡地区的一大支流——锡澄运河的雏形。嘉祐年间（1056—1063），对无锡大运河段进行了一次疏浚。熙宁八年（1075），大旱，运河旱涸，不通舟楫。无锡县令焦千之，听从水利学者单锷建议，引取梁溪河水以灌运河。南宋中叶，镇江至丹阳段夹岗水涩，京口闸上下河道浅塞，积船严重，朝廷诏纲船改自江阴，由五泻堰（今无锡高桥）入运河。嘉定十二年（1219），邢燾对江阴九里河在葛闳疏浚的基础上进行了拓宽凿深。蒋惟晓在《嘉定开运河记》中进行了这样评价："不独资农田灌溉之用，而江淮川广，风樯水坨皆与此焉寄径。其利实偏于东南。"经锡澄运河入江，要比由镇江入江行程缩短许多。因而后来的大量船只均由锡澄运河进入长江。

明代对大运河也进行了多次整治和疏浚。宣德年间，周忱围垦芙蓉湖，重建了黄田港、蔡泾河的水闸，从根本上消除了长江江潮入河时带来的泥沙造成河道阻塞之患，锡澄运河成为运河入江的一条主要水道。嘉靖三十三年（1554），无锡知县王其勤筑城抗倭，在通向城区的运河两端设置了北水关和南水关，使运河主航道改由护城河代之。于是原穿城而过的大运河改为环城而过。原梁溪河自黄水墩至西水墩的河段成为大运河的河段。天启二年（1622），无锡知县刘五纬修筑运河北塘堤岸为鹅卵石岸，共有320余丈，人称刘公塘。崇祯元年（1628），常州通判刘鳞长疏浚城中运河自北大桥至跨塘桥，长495丈。崇祯二年（1629），江苏巡抚张国维命无锡知县疏浚洛社至锡山驿（无锡南门）的运河河段，长5213丈。

清乾隆五十年（1785）秋天，江南久旱不雨，太湖水位下降，导致运河水浅，特别是地势较高的洛社五牧河段，严重影响了漕运。江苏巡抚命无锡知县出动河工加以浚深，长4000多丈。[①]

无锡的兴盛主要在明清时期。明代永乐迁都后，南漕北运，无锡作为运粮必经之地，商人云集。清中后期，漕粮多在无锡采办，江浙皖鄂之米云集于此，年交易量在600万~750万之间，成为四大米市之首。除米市

图3-2 京杭大运河（无锡段）

外，无锡还有布码头、窑码头、丝市等美称。至近代，无锡涌现了大批民族资本家，如荣德生、荣宗敬、周舜卿等，成为近代民族工业的摇篮。追本溯源，除了人力之外，和无锡水道交通的发达不无关系。[②]

一、古祠惠山

惠山古镇位于运河西岸，在锡山与惠山的东北坡麓，已作为省级历史文化保护区古运河风貌区的重要组成部分。古代从运河经惠山浜可到古镇，现经锡山大桥可达该镇。惠山为国内重要的园林文化旅游区，以惠山祠堂群著

[①] 无锡市政协学习文史委员会. 运河名城——无锡[M]. 苏州：古吴轩出版社，2008：17-19.
[②] 吴滔. 中国运河志·城镇[M]. 南京：江苏凤凰科学技术出版社，2019：717.

称。自明代起，无锡各个氏族逐渐在紧靠运河边的惠山建筑祠堂，以祭祀祖先。或由社会公众或某个阶层建筑房屋，共同祭祀某个人物。虽历经沧桑变迁，原有建筑大都发生了变化，至今仍可统计的古祠堂有118个。惠山古镇因而也被专家称为"天然的历史博物馆"。

惠山古镇之古可以概括为"一根水轴两条街，八大片区祠堂群"。游客可以由古运河惠山浜水街、五里香塍街（直街）两条水、陆风景轴线，通向千年古刹惠山寺与天下第二泉的景观核心。根据祠堂的分布，核心保护区内分为8片，包括二泉里、听松坊、横街、直街、中心祠堂群、上下河塘、惠山浜。二泉里片区包括二泉、祠群、寺庙、道观、园林，主要有泰伯祠、尊贤祠、文昭公祠、华孝子祠、邹公祠、李公祠为主的祠堂群。听松坊北片区，位于惠山寺和听松坊一带。这里将拆除现在的山门，突出一对唐、宋经幢。这里有昭忠祠、贞节祠等祠堂。无锡最古老的一座桥——金莲桥也将采用封闭保护的办法。横街片区，惠山寺门、龙头下、寄畅园门3个景点均在短短的180米横街上，原址恢复孝友传家坊。直街片区，这里分布着东岳庙、春申君祠、陶公祠、陈文范祠、浦源祠、袁龙图祠等祠堂，著名的五里香塍坊也将得到恢复。中心祠群片区，位于古镇祠群中心，烧香浜和横街之间，有大量重点保护祠堂，如王武愍公祠、倪云林祠、范仲淹祠、陆宜公祠、顾可久祠、虞薇山祠、杨藕芳祠、周子祠、高忠宪公祠等。上下河塘片区从龙头上至宝善桥，是清初皇家南巡要道，一度是繁华之地。惠山浜片区，位于宝善桥与锡惠桥之间，惠山浜两侧有唐祠、祝祠等祠堂群。

之所以有如此之多的历史名人祠堂在此"聚集"，是因为这里山清水秀，人杰地灵，历来被人视作风水宝地，也是历代望族世家的墓地。古镇中的祠堂，许多是江南一带名人达官的宗祠，也有一部分是支祠，如华孝子祠、倪云林祠是宗祠，钱武肃王、范仲淹等名人的后代在各地选择风水宝地，为祖先设立支祠，以供当地族人后裔祭祀。无锡这样的支祠数量很多，规模也不小。另一个原因是无锡水陆运输发达，惠山脚下就是古运河。[①]

（一）寄畅园

原名秦园，位于惠山横街。该园原为惠山寺僧舍，明正德年间（1506—1521），南京兵部尚书秦金购之，建为别业，因自己号凤山，又作诗云：

---

① 郁有满. 无锡运河志[M]. 西安：西安地图出版社，2008:219-220.

"名山投老住，卜筑有行窝……"乃名凤谷行窝。秦金卒后，园归族侄秦瀚及其子江西布政使秦梁，称凤谷山庄。秦梁卒后，园归族侄都察院右副都御史、湖广巡抚秦耀。万历十九年（1591），秦耀因张居正案受牵连，遭劾罢归。秦耀归乡后，构列了二十景，借王羲之"寄畅山水荫"诗意，改名寄畅园。清康熙初年，秦耀曾孙秦德藻延请著名园林艺术家松江人张涟（张南恒）及其从子张鉽改建，园景益胜。秦德藻之孙秦道然因受宫廷斗争株连入狱，家产充公，园被官没。乾隆即位后，道然子翰林院编修、入直南书房秦蕙田疏请代父赎罪，道然获释，园产发还。秦德藻二房之孙瑞熙出资对秦园进行了修葺。乾隆十一年（1746），族议寄畅园改为祠堂公产，故又名孝园。康熙、乾隆共14次南巡江南，每次都到寄畅园。乾隆还指定寄畅园为巡幸之地，并命人绘图带回北京，在清漪园万寿山东北麓仿建"惠山园"，即今颐和园中的谐趣园。寄畅园建筑大多毁于太平天国时期。寄畅园的景点有凤谷行窝、秉礼堂、含贞斋、九狮台、锦汇漪、八音涧、先月榭、卧云堂、凌虚阁、郁盘亭廊、知鱼槛、七星桥、涵碧亭、邻梵阁、嘉树堂、美人石等。[①]

（二）黄埠墩

黄埠墩是京杭大运河无锡段北端一座四面环水，南北长约30米、东西宽仅20米的椭圆形小岛，面积比篮球场还小，南为江尖渚，北为双河口，是运河上绝佳的观景处。运河水紧贴黄埠墩分成两股奔流而去，而黄埠墩则稳稳地躺在河面上，任凭2000多年风吹浪打，又被人们誉为"天关"。

春秋时期，环绕黄埠墩的芙蓉湖称"无锡湖"，湖面广袤，碧浪滔天，南北相望百余里，在江南是仅次于太湖的水域。楚国春申君黄歇曾疏浚芙蓉湖，开挖申浦河，把水引入长江，据说他曾在黄埠墩扎营指挥。公元前210年，秦始皇南巡经过无锡时，黄埠墩已存在多年。如果秦始皇是乘船巡视的话，那么就是来到黄埠墩的第一位皇帝。魏晋以来，为了增加粮食产量，人们开始填芙蓉湖造田，到明末时，湖面大为缩小。"田塍罗列，港汊纷错，桥坝尽排，村落显现"，水落"田"出，稻花飘香。清代以来，原来辽阔的湖面渐渐缩减成不到20平方千米的小湖圩，成为京杭大运河上的一段河道。

黄埠墩结构精巧，秀丽雅致，被誉为运河明珠，一直是江南胜迹。明代

---

① 郁有满. 无锡运河志[M]. 西安：西安地图出版社，2008:229.

《锡山景物略》中说："墩上有文昌阁、环翠楼、水月轩，垂柳掩映，不接不离。登阁九峰环列，风帆片片，时过几案间。"风景之美，连艰苦朴素、不喜玩乐的"青天大老爷"海瑞，在任应天巡抚时也曾到这里赏玩，为环翠楼写下"玩山临水第一楼"的匾额。康熙皇帝第二次南巡来无锡时适逢夜晚，他夜宿黄埠墩，龙船停靠在墩边，隔岸"万姓欢呼，灯火匝地"。第二天早上，皇帝换乘小船去惠山游玩。乾隆皇帝南巡时，无锡县为了接驾，提前在墩外围筑土，并用青石砌岸，营建御码头。乾隆皇帝龙心大悦，题写了楹联"梁溪溯远练，惠山濯翠螺"，还赋诗一首：

两水回环抱一洲，不通车马只通舟。
到来俯视原无地，攀徒遥吟恰有楼。
含雨湿云偏似重，隔湖烟屿望如浮。
惠山翠色迎眉睫，慢虑沾衣作胜游。

乾隆皇帝南巡回来后，对黄埠墩的景色念念不忘，于是在颐和园昆明湖南端，仿黄埠墩建起了一座圆形小岛——凤凰墩。

清咸丰十年（1860），黄埠墩上的佛寺在太平军攻克无锡时被焚毁。同治初年，江苏巡抚李鸿章复建黄埠墩僧舍，名为"圆通寺"，俗称"小金山寺"。[1]

（三）清名桥

清名桥是无锡现存规模最大的古石拱桥，距今已有400多年历史。桥身造型简洁，桥栏上没有雕饰，每侧立两根望柱，质朴干净。桥长约43米，宽5.5米，高8.5米，全系花岗岩堆砌而成。因两岸地势高低不等，桥两边的石阶数量不一。所处的南长街运河是无锡保留最完整、最出彩的古运河道。站在桥上，枕河人家尽收眼底，就像一个娴静的水上弄堂，被称为"绝版运河"。每逢初一、十五之夜，站在清名桥边可以看到两轮月亮：一个在天上，一个在水面——月光下的桥洞和水面上的倒影合成一轮圆月。

清名桥始建于明万历年间，最初为寄畅园主人秦耀的两个儿子捐资建造而成，因兄弟俩分别名太清、太宁，各取一字叫清宁桥。清康熙八年

---

[1] 仰坡. 京杭大运河光影实录·江苏卷[M]. 北京：北京出版集团公司北京美术摄影出版社，2019:174-179.

（1669）重建。清道光年间，因避讳道光皇帝的名字"宁"，改为清名桥，俗称清明桥。19世纪中叶，此桥在战火中被毁坏。清同治八年（1869），乡贤集资重建，后因南长街拓宽，将西境内缩为南北分块，设两面台阶。

老无锡人喜欢唤清名桥为"运河眼"，因为它是单孔石拱桥，在水里的倒影与拱形桥面连成圆形，就像一只大眼睛。这只"运河眼"已经静静地看了几百年的人来人往、落寞繁华。

桥东伯渎港有建于清末的祝大椿故居。祝大椿是清末民初著名实业家，人称"电气大王"。因创业有功，曾获清政府授予的二品顶戴衔，并被聘为农工商部顾问。桥南是伯渎河，流经梅村至常熟。它原名泰伯渎，相传为3200多年前无锡人文始祖泰伯率领乡民开凿。吴王阖闾攻楚、夫差北上伐齐时，都曾经过这条河。元代书画大家赵孟頫曾泛舟泰伯渎，对这里的景致大为欣赏，写下《夜泊伯渎》：

秋满梁溪伯渎川，尽人游处独悠然。
平墟境里寻吴事，梅里河边载酒船。
桥畔柳摇灯影乱，河心波漾月光悬。
晓来莫遗催归棹，爱听渔歌处处传。

伯渎河右面是大窑路，是明清时的砖窑所在地，如今遗迹尚存。清名桥西侧有南长街、广场和运河博物馆，左侧街巷称下塘，旧时店铺林立，戏院饭店不一而足。有"上塘十里能兴市，下塘十里能烧窑"之说。桥北有1929年建造的大公桥，大公桥西面有永泰丝厂旧址。[①]

（四）惠山寺

惠山寺位于无锡惠山，始建于南北朝时期，至今已有1500余年历史，它的前身是南朝刘宋司徒右长史湛挺创立的"历山草堂"，当时他归隐在历山（惠山），与南朝的南平王刘铄以诗章酬和，后人把他们的诗作列于壁间。

南朝景平元年（423），历山草堂被改作僧舍，称"华山精舍"。梁大同三年（537），"华山精舍"又改称"慧山寺"，寺僧陈大德建大同殿。惠山寺是禅宗道场，历史上香火旺盛，高僧众多，唐宋鼎盛期僧舍达数千间。从

---

① 仰坡. 京杭大运河光影实录·江苏卷[M]. 北京：北京出版集团公司北京美术摄影出版社，2019:81-185.

唐朝会昌至清朝同治的千余年间，惠山寺五次遭劫，五次重建。康熙二十三年（1684），康熙皇帝南巡时，曾驻足惠山寺，并在漪澜堂品泉。第二年，无锡人周宏词出资对惠山寺力加修治，题额为"圣敬式临"。后来，乾隆皇帝曾六次到惠山，在秦园和竹炉山房休息，写了不少诗词，还特地为"惠山寺"题额。咸丰至同治年间，李鸿章的淮军与太平军在吴地激战，惠山寺院毁于战火，仅存匾额。1863年，李鸿章在惠山寺的废墟上建立"昭忠祠"，辛亥革命后改为"忠烈祠"。

惠山寺为"南朝四百八十寺"之一，由于其悠久的历史和深厚的文化而居无锡十大丛林之首。中华人民共和国成立后，无锡市人民政府对惠山寺进行了全面整修，1954年重新设计改建了"古华山门"和二山门，非常庄严古朴。现在惠山寺保留的古迹和建筑物有唐代听松石床、唐宋石经幢、古华山门、金刚殿、香花桥和日月池、金莲池、宋代金莲桥、明代古银杏、清代御碑、大同殿、竹炉山房和云起楼等。尤其值得一提的是，在古华山门内两座古老的石经幢分列左右。其中南边一座建于唐代，是无锡现存最早的地面文物。北边的一座则建于宋代。唐、宋两幢并存，为江苏省内所仅见，具有相当高的历史、艺术价值。金莲桥距今近900年，建于北宋靖康年间，是无锡最古老的石桥。步入古华山门后，有飞檐翘角的两层古建筑——金刚殿。殿始建于明朝正统十年（1445），檐正中高悬"惠山寺"一额，红底金字。金刚殿后，有水清如碧的池水一泓，即陆羽在《慧山寺记》中所谓的"阿耨水也"，世称日月池。上架小巧玲珑的香花桥，香花桥凿于南北朝元徽年间。近年修复建造的大雄宝殿、惠山寺钟等，展示了佛教文化的独特魅力。2004年，惠山寺修复开放并恢复宗教活动。

二、鱼米望亭

望亭，古名御亭，曾名鹤溪。东与东桥镇接壤，南与苏州高新区通安、浒墅关镇交界，西濒太湖，北与无锡市新安、硕放、后宅镇隔望虞河相望，望亭雨水充沛，日照充足，气候宜人，物产丰富，是典型的江南"鱼米之乡"。望亭地处交通要道，为兵家必争之地，历史上数次因战争而毁，几度沿大运河南迁。望亭秦汉时属吴县，唐代设望亭市，属常州府无锡县管辖。北宋设望亭镇，为常州府无锡县唯一建置镇。清雍正二年（1724），望亭由金匮县划归长洲县，为长洲县六镇之一。[①]

古镇望亭，经几千年沧桑，数十次大小战争，虽未给后人留下多少完整的古迹，但众多的出土文物和古遗址却是古望亭最好的诠释。新石器时代的石器，春秋战国时期的陶器、青铜器，汉、唐、宋时期的彩陶、青瓷，明清时期的铁器等出土文物以及御亭、望亭堰、望亭驿、纪恩亭、月城（越城）、社仓事宜碑等几十处遗址、古迹，60余座古桥，都是留给后世的宝贵财富。

望亭堰又名洪水闸，实际为石塘坝，始建于隋大业十年（614）。望亭堰地处古郡界，为太湖、鹤溪（古运河）、蠡河（今望虞河）之汇合处，堰筑于乌角溪。《吴郡志》云："设堰者，恐暴雨流入于域也。"

（一）望亭驿

望亭驿原名御亭驿，《太平寰宇记》云："御亭驿在州（常州）东南一百三十八里，与地御亭在吴县西六十里，隋开皇九年置为驿，十八年改为御亭驿，唐李袭誉改为望亭驿。"望亭驿地处古鹤溪之旁的古驿道上，明《洪武苏州府志》载："元平江路境图二十，有望亭驿于运河西岸南面。"驿站历经战火焚毁，几次迁移。1913年裁撤，共历时1315年。

（二）御亭与皇亭碑

据《苏州史志笔记》记载，望亭，古集镇名。秦设郡、县、乡、亭制，望亭传称"龙亭"。东汉末年，孙坚置亭于此，名"御亭"（亦称吴亭、龙亭、吴御亭）。隋开皇九年（589），置驿。望亭驿在苏州府北五十里。隋炀帝大业十年（614），置堰闸，派兵驻守。唐贞观元年（627），李世民禁止民间使用"御"字，因此常州（唐朝时望亭属于常州府）刺史李袭誉根据南朝梁诗人庾肩吾《乱后行经吴御亭》诗中有"御亭一回望，风尘千里昏。青袍异春草，白马即吴门"之句，改御亭为"望亭"，一直沿用至今。

皇亭碑，亦称纪恩亭碑、皇令碑，碑高2米，宽1米余，厚0.4米，刻记乾隆十一年（1746）江南水灾免粮事告，有后座，高0.6米，碑前有长5米、宽3米的台阶，立于大运河西岸、望亭大桥（问渡桥）北。乾隆皇帝首次南巡，苏州府诸官员立于台阶接驾，80岁以上老人穿黄马褂在此迎候，为感谢皇

[①] 2000年吴县市撤市建区，望亭属苏州市相城区。

恩，故立此碑。据传1938年皇亭碑被龙卷风吹倒损坏。皇亭碑的残存部分，由望亭镇文体中心征集至望亭地志馆，并进行对外展示。2019年3月，移至运河公园御亭内。

第三节　大运河上的常州古城镇

京杭大运河常州段，西从丹阳和武进交界的荷园里流入，东至武进和无锡交界的直湖港，全长44.1千米，其中市区段从连江桥起至三山桥，长23.8千米。常州是一个历史悠久的文化古城，从春秋时代被命名延陵以来，已有2500多年历史，被誉为"八邑名都""中吴要辅"。京杭大运河由西向东穿城而过，"大江贯其北，太湖处其东"，古代有名的"毗陵驿"即设于此，全市水网纵横交织，连江通海，水陆

图3-3　京杭大运河（常州段）

空交通四通八达。常州古名延陵，系春秋时期吴王寿梦的第四子季札的封邑。秦朝开始置县。西晋以后，这里一向是郡、州、路、府治，城名多次更迭，如毗陵、毗坛、晋陵、兰陵、常州、尝州等。"常州"之名始于隋，此前称"郡"，此后至宋称"州"，元称"路"，明、清称"府"，均有辖县。清雍正四年（1726）起，常州府辖武进、阳湖、无锡、金匮、宜兴、荆溪、江阴、靖江等8县。

一、集镇奔牛

奔牛之得名，据南宋《咸淳毗陵志》引《舆地志》记载："汉时，有金牛出山东石池，到曲阿，入栅断其道，牛因骤奔，故名。"又《四蕃志》

云:"万策湖中有铜牛,人逐之,上东山入土窟,走至此栅。今栅口及堰皆以此号。"今据汉时得名推算,奔牛镇已有2100余年(有文字记载的)历史。

古代奔牛是水路要冲,称为奔牛堰。人们怀念金牛,于是在镇西运河南筑台纪念,故历来奔牛别号金牛、金牛台、金牛里。据《毗陵志》记载:南朝齐高帝萧道成尝与大臣萧顺之共登金牛台,见枯骼横道,曰:"文王以来几年矣?当复有掩此枯骨者乎!"言之凛然动色。宋朝以后统称奔牛。北宋元祐年间(1086—1094),诗人苏东坡过常州赴杭时,见奔牛闸已废,六月无水。他在《次韵答贾耘老》诗中,曾有"东来六月井无水,仰看古堰横奔牛"之感叹。元末明初,常州著名教育家谢应芳有《登金牛台》诗,云:

六龙城西吕城东,奔牛古堰卧两虹。
谁筑高台水中沚,野有蔓草牛无踪。

公元前495年,吴王夫差自望亭经无锡达常州迄奔牛开通江南运河。隋大业六年(610),南北大运河全线通。据《常州府志》记载:"自秦始皇凿曲阿后,吴赤乌八年陈勋开破岗渎,以通船舰。"因各段并不相接,于是当地政府奉旨从京口(今镇江)大运河穿境而过至余杭(今杭州)开浚河道400多千米,将旧日河道贯穿一通,废破岗渎。当时河面宽十余丈,"拟通龙舟,以巡会稽"。此后,大运河历经朝代变迁和兴废,疏浚工程大小不下40余次。

(一)奔牛闸

奔牛闸位于镇西,古为奔牛堰,逆水西行90千米,经丹阳达镇江。但因地势东倾,堰不足以蓄泄水位,故设奔牛闸。据志书记载,奔牛闸建成于齐梁之前。自隋大业六年(610)京杭大运河南北贯通后,奔牛闸以其节制运河水位、利于南北航行之功能,为国计民生发挥着重要作用,故至唐宋时代已很出名。宋熙宁年间,在中国云游的日本僧人成寻曾在日记中记述过所见畜力牵引奔牛闸门的难忘景象:"九月八日,到奔牛堰宿……九日天晴,卯时越堰,左右各有辘轳五,以水牛十六头,左右各六头。"当时这样的机械设施和船闸已属先进。由于隋时贯穿江南河后,运道繁忙,养护渐疏,加之唐时圩田风兴,溉田争水,遂致奔牛水道常遇干涸,奔牛闸形同虚设,其后屡废屡建达15次之多。

《武阳合志》在阐述它的重要性时说："上苦水之不足，故置堰于吕城、奔牛，所以蓄其源也；下惧水之过泄，故于望亭置堰，所以节其去也。"南宋诗人陆游在奔牛闸重建后所写的《重修奔牛闸记》中，把奔牛闸和瓜州闸、京口闸、吕城闸并提，认为"无之则水不能节，水不能节则朝溢暮涸，安在其为馈也？"又说："方朝廷在故都时，实仰东南财赋，而吴中又为东南根柢。语曰：'苏常熟，天下足。'此闸尤为国用所仰，淹速丰耗，天下休戚在焉。自天子驻跸临安，牧贡戎赟、四方之赋输，舆邮置往来，军旅征戍，商贾贸迁者，涂出于此，居天下十七，其所系岂不愈重哉？"

北宋元祐四年（1089），因闸废不合水利，常州府请建奔牛澳闸，是为上闸。明洪武三年（1370），上闸曾改成奔牛坝，至景泰三年（1452）废坝复闸。明天顺三年（1459）奏建下闸。从此，奔牛始有二闸，上名天井，下名天禧。清康熙二十九年（1690）重建天禧闸。至清代后期，奔牛闸终由于上游水源不足、运道转换、漕粮改由海运等原因，慢慢淡出江南运河。天井闸因河道屡经浚治，已早废，遗址已不存在。天禧闸于1958年因浚河道被拆废。

（二）仁惠观

仁惠观位于南观村，建于明代万历年间。仁惠观拥有前、中、后三进和两个院子，共20余间房屋。前进院门内供奉一丈余高的水神、火神泥塑像两尊，并配有高头石马、马夫两对。前院内有洗心池和一株银杏树。中、后进院内分别塑有关帝和武烈大帝、王灵官、龙王等像。边厢有周、陆两猛将，护法大仙，蚕花神，后院有大铁香炉一只。仁惠观系道观，归邹区"惠灵山"统领。每年农历三月初八，惠灵山菩萨出会，必到仁惠观奠茶。旧时仁惠观下辖东社、西社、北社、外东社4个基层社组织，各基社都有相应的管理机构。农历三月初十，由观内当家道士召集四社负责人商讨庙会具体事宜。夜晚，观内整夜灯光通明，香烟缭绕，诵经声喃喃不绝。从三月十五起，庙内开始上演社戏，连续四五台，各农户置备酒饭，广邀亲友至此观看行会、社戏，热闹非常。

仁惠观前后三进各悬匾一块，前进为"掌养万民"、中进为"民康物阜"、后进为"忠烈照天"。每年农历五月初五端午节，观内道士为四社百姓发符，送雄黄酒，意为百姓除灾驱邪。1958年，仁惠观被拆除，改建为民房，洗心池也被填平，唯银杏树郁葱依存。

二、医乡孟城

孟城以孟河得名。东汉光武元年（25），光武帝"命开此渎"，从长江口掘进到孟城山下，曰孟城港。境内山川秀丽，城东有黄山，城西有嘉山，蜿蜒两侧，犹如二龙戏珠，故亦名珠城。孟城古有"嘉黄毓秀、人杰地灵"之称。清代，孟城是名医之乡，有"吴中名医甲天下，孟河名医冠吴中"之誉。三里长的孟河街有庆裕堂、泰山堂、存济堂、益生堂等药铺10多家，孟河里求医船只常首尾相衔数十里，费、马、丁、巢四大医派，传人遍布神州。

孟河医派是常州地区的一个特殊群体，其起源可追溯至魏晋南北朝时期。该医派受到葛洪、陶弘景医药学的影响，后又继承了宋代行医常武地区的许叔微的医学要义。明时，伴随着常州地区经济的稳定繁荣，民生富庶，崇文重教，位于水陆交汇处的孟河城名医辈出，其中胡慎柔、顾元交、法徵麟、费尚有、马院判、钱祥甫等人尤为卓著。清末民初，孟河医派依然涌现出巢崇山、费绳甫、余听鸿、陈虬等一批名医。民国时，孟河医派的宗师弟子已遍及江苏、上海医界。孙中山曾以大总统的名义给孟河医派传人颁发"博施济众"的金匾，其影响扩及全国。孟河医派后期领袖丁甘仁有言："吾医学之盛，甲于天下，而吾孟河名医之众，又冠于吴中。"孟河镇的"医派文化"作为常州清代五大学派文化之一，留下了一大批经典医籍病案和学术思想，已成为我国重要的非物质文化遗产。[1]

（一）丁甘仁故居

丁甘仁（1866—1926），为孟河医派代表人物之一，担任首任"江苏中医学会"会长，开创现代中医师承教育与院校教育相结合的先河，为新中国中医药事业的发展奠定了基石。丁甘仁故居遗址，位于常州市新北区孟河镇孟城西路与孟河大道交叉口，原故居建筑现已不存。丁甘仁故居遗址现有丁甘仁纪念场所，成为孟河医派重要传习基地。孟河医派是近代中医发展史上

---

[1] 吴滔.中国运河志·城镇[M].南京：江苏凤凰科学技术出版社，2019:714.

的一个有重要影响的学派，对中医学的发展作出了卓越的功绩。

（二）巢渭芳故居

巢渭芳（1869—1929），为孟河医派代表人物，医术得马培之真传，擅内、外、妇、儿各科，治伤寒有特长，著有《巢渭芳医话》一册，其子巢少芳、孙巢念祖、曾孙巢重庆都秉承祖业，世代为医，悬壶孟河、万绥等地，为当地百姓服务。

巢渭芳故居与费伯雄故居都在原孟城南门，两地相距仅200米。巢渭芳故居原有房屋四进，现仅存第三进，为硬山造砖木结构两层楼房，有精美木雕。2015—2016年，故居整体得到修缮，恢复原第一进、第二进、小姐楼及厨房，并整修了后花园及围墙。

巢渭芳故居是典型的江南民居，坐北朝南，距离孟城原南门老城墙仅二丈。据仍居住在故居内的巢渭芳曾孙巢培基介绍，巢氏老宅原有四进，第一进走马楼（回字楼），建于光绪初年，因年久失修已经拆除。第二进原是大厅，曾是巢渭芳当年的坐堂诊病处。1929年巢渭芳逝世后，儿子巢少芳（中医名家）、孙子巢念祖（中医内科）、第四代巢重庆（著名中医，曾任万绥医院院长），也都曾在大厅诊病。今已改建成现代楼房。现存第三进是一座古色古香的硬山式三开间二层楼，清水墙面，建于清光绪三十四年（1908）。清式长门窗至今保存，二楼扶手栏杆用手工轮轴加工而成，精美光滑。栏杆下有一组长幅精美花卉木雕，左右为缠枝牡丹花和仙鹤祥云图案，中间为宝盆花卉和博古架图案，虽经百年风雨侵蚀，图案仍清晰可辨。巢氏老宅的滴水瓦非常奇特，已有百年，精美图案可谓常州一绝，马头墙、楼门石刻至今保存。楼上还保留着许多晚清、民国时的家具和农业用具，仿佛是一座小型民俗展览馆。楼的北墙上有三个窗户，这里曾是当年的制高点。抗日战争时期，日本侵略军曾在窗口架起三架机枪，瞄准东门丹凤桥，时刻防范并随时镇压中国人民的反抗。楼后原为二层女绣楼，为巢家女眷绣花、做鞋，从事女红之地，今已成为药材种植园和加工场。

（三）恽宅义井

恽宅义井井栏圈，是指孟河城北汤巷村后竹园内恽氏家族建造的一口向全村人供水的公用井的井栏圈。井栏圈为八角井井栏圈，内径0.38米，高0.37米，周长1.95米，井壁有11条拉痕，最深的达一指半。井栏圈上有"恽宅义井"四个字。恽宅义井是孟河地区最古老的井之一,从它井栏壁上的拉痕分析,它最少有800年的历史。孟河城北汤巷村是一个古老的村庄,历史记载是建于汉朝,这个村原有古迹很多,特别是古井和古桥,老百姓中一直流传"九井十三桥"的传说。

"恽宅义井"按照建筑格局分析,应该是宋朝期间的,但从恽家的历史来说,又可上溯到汉朝。"天下恽姓出孟河",是恽氏家族公认的一个事实。汉武帝时,司马迁的外甥杨恽因触犯律法被腰斩,他的儿子被迫逃跑,到孟河后隐姓埋名,弃杨姓恽,从此,天下有了恽姓。从孟河兴起的过程,再结合恽家一世祖的墓葬在黄山北麓观音山,可推导出汉朝时恽氏先祖流落到孟河时就定居在老孟河和观音山之间的土地上。这段历史清楚地记录在恽氏家族的谱牒中,而汤巷村就在这个范围内。汤巷村保存下来的这口"恽宅义井"可以说明汤巷村是恽氏家族的最早的定居地之一。

从"义井"两字可证明那时的井,一般是属于私人的,是一种私人财产。正由于那时的井属于私产,因而恽家造了这口供村内众人使用的井后,为了表示它的性质,才刻上"恽宅义井"四字。同时也说明,恽家建这口井的那个时代,公私财产的分割是非常分明的。

从恽氏设这口"义井",再结合孟河多处的"义冢地",就可看出,那个时代孟河的经济已相当发达了。一个社会只有经济发展到一定阶段后,才能有各种各样义举的出现。

(四)白宝善民宅

白家民宅是孟河北街修建于清末民初的白宝善民宅。该屋为青砖、灰瓦、木结构。屋内地面全部铺设"罗地砖",房内外有精致的木雕、砖雕和石雕,是中西式结合的小洋楼民居。这座建筑坐东向西,深40米,宽10.2米,占地408平方米。三进二院,临街一进高5.2米,二进为主楼,二边厢楼连接,楼房高7米,雕梁画栋,精致典型。第三进的房屋原为平房,现已翻修为现代楼房。

白宝善民宅建于清末,改建于民初。原为标准的平房,民国初年白家经商积累了一些钱财后,为经营的需要进行彻底的翻修。据说用去白银15500两。

建成后,这里经营服务性行业,生意兴隆。中华人民共和国成立后,白家民宅先被孟河镇商会征用,做商会办公会所。商会负责的都是文化人,这座建筑的设备和格局都没有受到破坏。

　　社会主义改造时期,商会的作用逐步削弱,组织结构也发生了变化,在镇政府的统一安排下,商会从这幢建筑物中撤出,改为由个体医生联合后成立的孟河联合诊所,这里成了"孟河联合诊所"办公、治病的处所。由于工作的需要,诊所对这幢建筑的内部格局进行了全面的改造,虽整体建筑的硬件没有改变,但内部结构被彻底破坏。

　　"大跃进"后,联合诊所升格为卫生院,使得这幢住宅容纳不下了,联合诊所撤出。随后这里又成了供销社的仓库和办公室。内部设施被大幅度地破坏,但整体格局还是没有改变。

　　改革开放后,房屋又全部归属白家,白家把第一进街面房卖给俞家,自己住第二进和第三进。2008年,白家又拆除已破旧不堪的第三进,改建楼房。至此,这幢民国初年的精致、典雅、富丽堂皇的民宅,只保存第一进和第二进,还有中间的一个明堂。可喜的是,这两进的外壳和骨架还完好地保存了下来。

(五)朱氏老宅

　　孟河镇濒临着浩瀚的长江,它是由孟城、小河、万绥三个乡合并而成。孟城在明朝曾是一座周长3里的小城,是一处军事要塞,明、清时朝廷在这里驻守了1600名士兵,都司衙门就设在城内。孟河镇山清水秀,钟灵毓秀,名人辈出。孟城东门丹凤桥下的浦河连着长江,浦河两岸绿树成荫,在绿树间看到的是整齐的农田和一排排房屋。突然,有一座精致的民宅进入我们的眼帘,这是江南水乡常州罕见的经典建筑,青砖黛瓦,高耸的门楼,显示出屋主人不凡的气魄,这就是新北区孟河镇树新村委朱家埭3号的朱氏民宅。

　　朱家埭位于长江边,"埭"本是堵水的土坝。浦河两岸,是一块块被长条形村庄分割成的长方形圩田,这是由长江水冲积形成的。江水携带着大量的泥沙。这段长江的南岸,每隔几年便会"长"出一片土地来,人们便沿着水边筑起一条新的堤岸,围出一方新的农田,接着迁来一批新的移民。朱氏祖先便是从安徽乘木筏顺流而下,在这里垦荒定居并繁衍生息,数代以后便形成了朱家埭村。朱家老宅的建造,还有一段曲折离奇的故事。

　　据《朱氏宗谱》记载,朱氏先祖曾是清朝官员,子孙以耕读传家。到清末,为了摆脱贫困,重振家声,时已十多岁的朱富宝便到上海学铜匠。经过数年学习,他便学得一手在铜器上雕花刻字的好手艺,并在上海享有盛名,于是在上海老城隍庙办了自己的凿花作坊,工人和学徒最多时有40余人,后来朱富宝的儿子朱佩君也学习铜刻艺术,工艺水平甚至超过父亲。有了积蓄后,20世纪30年代,朱富宝便开始筹划在孟城老家建造住宅,并把它作为百年基业来设计施工。房屋的基础打得很坚固,一人多深的石驳墙基,石头下打着"灰桩",即将圆木在墙脚下打洞,再在洞内装满夯实生石灰,石灰受潮后膨胀,地基便更加硬实。外墙近地部分的墙体中立有"站石"——将一块块一人多高的石板紧挨着包裹在墙体中,既可防止盗贼挖洞,又增加了墙体的坚固和厚度。为了将房子盖结实,正屋的横梁下都加了方形的托梁,称作"牵枋"。"牵枋"两头嵌入柱子里,再用横销固定,使整个住宅的木结构相互牵拉为一体,既可防止住房日后发生倾斜,又增强了抗震能力。朱富宝倾注了一生的心血来建造房屋,但1942年儿子先他而去,过几年他自己也去世了,临终前他关照妻子,希望房屋能永久地传下去。朱富宝的妻子临终前唯一的遗嘱是:"无论如何都不要把房子拆了。"当年为了造房子的工程款,这位女子几次往返上海,将5000银元背回了常州。

  朱氏老宅雄伟端庄、雍容华贵,马头墙参差错落形成一圈,屋基坐北朝南,门前是花园,栽种着四时花卉,还有宽阔的"福"字照壁,正房为5开间,中间3开间是大厅,东西各有两间厢房,老宅的东、西有两片大竹园。大厅前有天井和一座砖雕门楼,门楼的正面有砖刻阳文"和气致祥"贴金大字,反面则是阳文"厚德载物"贴金字,门楼有垂花砖雕,门楼最高处东西相背有两个龙头,龙的触须虬曲有力,门楼下的正门和老宅后门上有厚重的门扣基座和粗大的铜环,老宅的东、西、南三面有4组16座单个马头墙,大厅有雕花落地长窗,大厅横梁下有雕花托梁,靠近后门有高大宽阔的六扇屏风,直通东、西便门还有室内长廊,大厅里有4根粗大的木柱,托起一条条雕着暗八仙、如意、缠枝牡丹、和合等花纹的梁和枋。5条梁枋上各固定有两只铜钩,铜构上挂着六角形的木结构花灯,花灯的玻璃上画着《二十四孝图》。房顶正中的最高处正梁中间,包裹着一块四角如意形铜片,铜片下有铜环,那是挂汽油灯用的,遇到大事点燃汽灯,大厅便一片光明。

  老宅建成后不久,日寇侵占了常州,日军见到如此漂亮的房子,便将稻草靠在后门上,准备放火烧毁,因没带火柴,向农民索要又没有要到,于是悻悻而去。中华人民共和国成立后,朱氏老宅曾作为村委会办公室和村民大会场使用,还在宅内办过"大食堂"。1958年全民"大炼钢铁",曾有人主张将老宅拆了,用砖去建高炉,因遭到朱富宝妻子的坚决阻止,老宅又逃过一劫。1966年"文化大革命"开始了，到处破"四旧"，朱氏老宅端庄美丽的16座单个马头墙被拆，门楼顶部的两个龙头被毁，门楼上8个阳文砖雕上的贴金被铲，老宅从此矮了一截。

朱氏老宅是常州宝贵的文化遗产，我们要庆幸已经有80年历史的老宅在历经磨难后，仍然屹立在长江边。

第四节　大运河上的镇江古城镇

京杭大运河镇江段起于京口闸，终点为谏壁三汊河口，与京杭大运河相连，全长17.43千米，流域面积80.81平方千米。目前已形成"古韵之河（上段）、休闲之河（中段）、生态之河（下段）"3个特色段。镇江位于大运河与长江的交汇处，是江南运河的起点。镇江有运河，最早可追溯到秦，经历代开凿，至隋唐进一步疏拓，形成自京口达杭州的江南运河。经历代变迁，今大运河镇江段分为两部分：从平政桥到谏壁为运河故道，由隋唐时期河段、北宋新河及明初绕城运河串联而成，由京口闸、丹徒闸通江，长约16.69千米；今江南运河镇江通航段北起谏壁镇，经辛丰，至丹阳、武进交界处出境，经谏壁闸入江，长约42.74千米。镇江具有得天独厚的江运、河运优势，因而得以在古代迅速成为东南的重要政治、经济中心和军事重镇，后进一步发展成为一个以港口、工贸和旅游著称的城市。

大运河镇江段地处长江太湖分水岭，跨山丘岗阜，为江南运河之屋脊，具有独特的风

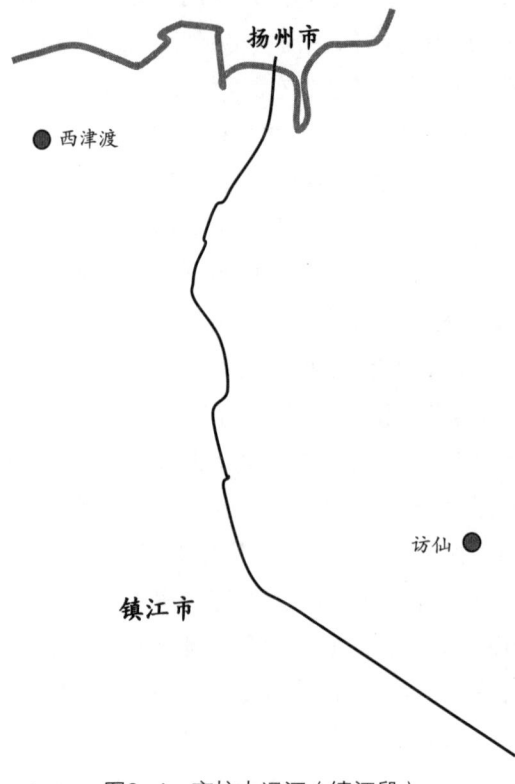

图3-4　京杭大运河（镇江段）

貌特色，在中国运河史上占有极其重要的地位。2006年，大运河镇江段作为一条线性遗产成为全国重点文物保护单位，江河交汇处、虎踞桥、新河一条街、西津渡古街为沿线重点文物。

一、古渡西津

古时候，这里东面有象山为屏障，挡住汹涌的海潮，北面与古邗沟相对应，临江断矶绝壁，是岸线稳定的天然港湾。六朝时期，这里的渡江航线就已固定。规模空前的"永嘉南渡"时期，北方流民有一半以上是从这里登岸的。东晋隆安五年（401），农民起义军领袖孙恩率领"战士十万，楼船千艘"，由海入江，直抵镇江，控制西津渡口，切断南北联系，以围攻晋都建业（今南京），后被刘裕率领的北府兵打败。公元683年，唐高宗李治驾崩以后，皇后武则天临朝称帝，徐敬业、骆宾王等在扬州发动武装暴动，骆宾王写下了传诵千古的著名檄文《为徐敬业讨武曌檄》，一时天下震动。兵败后，徐敬业、骆宾王等渡江"奔润州，潜蒜山下"。宋代，这里是抗金前线，韩世忠曾驻兵蒜山抗御金兵。千百年来，发生在这里的重要战事有数百次之多。西津古渡依山临江，风景俊秀，李白、孟浩然、张祜、王安石、苏轼、米芾、陆游、马可·波罗等都曾在此候船或登岸，并留下了许多为后人传诵的诗篇。西津渡古街全长约1000米，始创于六朝时期，历经唐、宋、元、明、清五个朝代的建设，留下了如今的规模，因此，整条街随处可见六朝至清代的历史踪迹。西津渡，三国时叫"蒜山渡"，唐代曾名"金陵渡"，宋代以后才称为"西津渡"。这里原先紧临长江，滚滚江水就从脚下流过。清代以后，由于江滩淤积，江岸逐渐北移，渡口遂下移到玉山脚下的超岸寺旁。当年的西津古渡现在离长江江岸已有300多米距离。三国时期，这里曾驻有孙权的东吴水师，唐代以后这里更是专门派兵丁守卫巡逻。宋熙宁元年（1068）春，王安石应召赴京，从西津渡扬舟北去，舟次瓜洲时，即景抒情，写下了著名的《泊船瓜洲》诗：

京口瓜洲一水间，钟山只隔数重山。
春风又绿江南岸，明月何时照我还？

元朝时意大利著名旅行家马可·波罗从扬州到镇江，也是在西津渡登

岸。由此可见，至少从三国时期开始，西津渡就是著名的长江渡口。镇江自唐代以来便是漕运重镇、交通咽喉。西津渡则是当时镇江通往江北的唯一渡口，具有极其重要的战略地位，自三国以来一直是兵家必争之地。陆游途经西津渡时，曾对渡口每日运送上千的兵源感叹不已。清代诗人于树滋所写的诗更道出了西津渡口人来舟往的繁忙景观：

粮艘次第出西津，一片旗帆照水滨。

稳渡中流入瓜口，飞章驰驿奏枫宸。

（一）英国领事馆旧址

英国领事馆旧址是一座拱券廊式建筑，1996年经国务院批准，列为全国重点文物保护单位。

第二次鸦片战争结束后，根据不平等的《天津条约》，长江沿线被迫对外开辟了五个通商口岸，镇江就是其中之一。1865年，云台山下沿江一带被划为英租界。清同治三年（1864）在这里修建了英国领事馆。光绪十五年（1889）正月初六，由于英国人无端殴打中国小贩，数千被激怒的镇江民众愤而焚烧了领事馆。现在的主楼是英国人使用清政府赔款于1890年重建的。1927年北伐军兵临镇江，镇江人民收回了英租界，结束了英帝国主义在镇江享有的特权。

从建筑形制看，原英国领事馆系欧洲古典建筑的变形，也称"东印度式"建筑，是一组由五幢房子组成的建筑群。整个建筑为砖木结构，主体二层，局部三层，墙壁用青砖夹红砖叠砌而成，勾白色灯草缝，钢质黑色瓦楞屋面。办公楼东立面的二、三层有券廊，每层五个拱券，顶端中央的横额上刻有"1890"字样。领事馆的其他四幢建筑分别是当时的工部局巡捕房、正副领事和职工宿舍以及各种服务设施。领事住宅由东、西两楼组合而成。西楼三层，东楼地上两层、地下一层。两楼檐高9米，用通道连接，屋面铺钢质黑色大波瓦，上面设有老虎窗。青砖墙壁，勾白色灯草缝，外面的门窗上下用红砖做装饰腰线，正面大跨度门窗上有弧形红砖拱券，在拱角处设两根圆形石立柱，起支撑和装饰作用。整个建筑显得端庄而典雅。

英国领事馆旧址现属镇江博物馆。馆内珍藏着不同时代的文物3万余件套，如西周时的鸳鸯尊、春秋时的双螭首三轮铜盘、东吴时的青瓷罐、唐代的"论语"玉烛、宋代的影青雕塑孩儿瓷枕、元代的青花瓷器、明代的《杏元雅集图》等稀世珍宝。

珍贵的文物和建筑艺术，以及近代史上那一幕幕令人感慨的往事，每年都吸引着大批国内外游人慕名而来。

（二）云台阁

云台阁为镇江增添了一处地标性建筑，登顶云台阁，眺望四方，抒不尽的赞叹，看不完的镇江美景尽收眼底。

云台阁的建筑形式具有宋、元古建特征，是目前镇江古建筑历史上体量最大的建筑。云台阁内陈设的"镇江城市发展主题馆"，展现了镇江3000多年城市发展和市井变迁的历史过程，将古代镇江城市的轮廓框架，一一展现给大家。

一进阁门的正中央，是云台阁微缩模型，左侧是《西津胜境图》，进入一楼大厅，一面巨型玉雕《云台阁颂》出现眼前。二楼放置着《明府城》紫铜浮雕、《清镇江城》楠木木雕、《民国省会镇江城》蒙古黑影雕。在三楼正大厅里，还设有多媒体影院，放映展现3000多年来镇江城市发展面貌变迁的影片，十分震撼。四楼最让人兴奋了，我们在此能360度无遮挡看尽镇江城全貌：西津渡的黛瓦粉墙一排排鳞次栉比，镇江市区的高楼大厦一座座错落有致、繁华初显，大厦矮屋相映成趣、相得益彰，金山焦山、北固山交相辉映，美轮美奂。

（三）五十三坡

佛教典籍《华严经》中有一个劝人为善的故事。说的是善财童子因为受到文殊菩萨的教化而幡然醒悟，于是决定走遍全国寻访圣贤，以求升华。善财童子一路南下，跋山涉水、饥餐露宿，先后求教于53位圣贤。最后在观世音菩萨的点化下大彻大悟，成为观音的左胁侍。如今在全国各大寺庙都可以看到站在观世音身边的善财童子的塑像。据说善财童子参拜的第一位圣贤就是镇江焦山定慧寺方丈海云法师。现在焦山上还建有海云堂，以纪念这位大智大德的高僧。五十三坡的地名便是从这一故事中得到的启发。我们每上一级台阶，仿佛就是参拜了一位圣贤，走完了53级台阶，也就拜访了53位高人，像善财童子一样，陶冶了情操，净化了思想。五十三坡反映了人们对真善美的向往和追求。

（四）救生会

救生会始建于康熙三十一年（1693），距今已有300多年历史。事实上，救生会的创设应追溯到宋代。救生会，顾名思义就是济度救生的意思，是带有慈善性质的水上安全救助机构。隋唐以前，镇江江面宽40多里，到唐代时还有20多里宽。唐代大诗人孟浩然就留下了"江风白浪起，愁杀渡头人"的诗句。每每风起浪涌，船工和渡客的呼救之声格外惊心动魄。唐天宝十年（751），一次就有数十艘渡船沉没。南宋绍兴六年（1136），一艘渡船离岸不久即遇上风涛，连艄公在内的46名渡客无一生还。明万历十年（1582）的一阵狂风竟摧毁了千余艘漕船和民船。由于西津渡特殊的交通位置和军事地位，加强安全管理就显得尤其重要。到了宋代，统治者更是将镇江视为漕运咽喉。于是，当时的镇江郡守蔡洸在西津渡创设了救生会。清代后期，镇江和扬州的绅士发起成立了京口救生会、瓜洲救生会和焦山救生会总局，专门从事义务打捞沉船和救生事宜。

那时的救生船漆成红色，俗称红船。桅杆上醒目地挂上一个虎头牌，意思是奉皇上圣旨救人，船上铜锣一敲，任何人不得阻挡。这种状况一直延续到清朝末年，因为连年战火，民生凋敝，救生会遂无以为继。1923年，镇江与扬州士绅再次联手，成立了普济轮渡局，并购买了一艘轮船从事渡江业务，大大减少了事故的隐患。到了20世纪20年代，救生会终于完成了它的历史使命。

镇江救生会从宋代开始创设，此后代代相承，鼎盛期间还发展到南京、武汉等地，功不可没。其规模之大、影响之深远，可谓举世无双。

（五）昭关石塔

这是一座元代建造的过街石塔。据专家考证，为建造元大都白塔寺的工匠刘高主持建造。石塔塔基的东西两面都刻有"昭关"两个字，故称"昭关石塔"，也有人称之为观音洞喇嘛塔或瓶塔。昭关石塔高约5米，分为塔座、塔身、塔颈、十三天、塔顶五部分，全部用青石分段雕成。

昭关石塔塔座分为两层，以"亚"字叠涩法凿成，塔座上有一个复莲座，塔身偏圆，呈瓶状。再向上是"亚"字形塔颈，又有一个复莲花座，再上面是十三天和仰莲瓣座，仰莲瓣座上有法轮，法轮背部刻有八宝饰纹，塔顶呈瓶状，特别值得一提的是重修工程中的重大发现：在石塔的塔心室里，意外地发现了两个"曼荼罗"。这两个铜片上的曼荼罗共有九个观音和九个黄财神菩萨，那九个黄财神菩萨手中还抓了九只吐宝鼠。在佛教里面，老鼠是看守金库的，抓住了金库的门卫——老鼠也就是抓到了钱财，抓到了发财的机会。在昭关石塔里发现的这两个元代曼荼罗，在国内实属罕见。有关专家据此建议，应将昭关石塔和曼荼罗定为国家一级文物。

按照佛教的解释，塔就是佛，所以我们从塔下的券门经过就是礼佛，是对佛的顶礼膜拜。元代藏传佛教盛行，煞费苦心地建造这么一座过街石塔，可见当权者用心之良苦。除镇江西津渡古街这座过街石塔外，元代还在北京南口、居庸关、卢沟桥等地建造有过街石塔。可惜现在居庸关石塔仅存塔基部分，南口和卢沟桥过街石塔早已不见踪影。

昭关石塔现为省级文物保护单位。据国家文物局古建筑专家组组长、中国文物学会会长罗哲文等六位知名专家考古鉴定：昭关石塔是我国唯一保存完好、年代最久的过街石塔。

（六）观音洞

历史上镇江的江面是非常开阔的。老百姓有一句俗话说，"长江无风三尺浪"，一是说它的气势，二是指它潜藏的危险。传说，有一天大慈大悲的观世音菩萨脚踩祥云途经镇江，目睹了江面上船毁人亡的惨烈一幕，于是伸出援手，将挣扎在波涛中的遇难者救上了岸。人们感念观世音菩萨的恩德，在昭关石塔旁的山体上凿成了观音洞，表达了人们祈祷平安的美好愿望。

观音洞始建于宋朝，清咸丰九年（1859），重新做了修葺。观音洞的洞门外有一个三层的铜鼎，洞口上方有一块石额，上面刻有"观音洞"三个字，为宜兴陈任旸所书。石额两侧悬挂着已故茗山法师题写的对联：

> 兴无缘慈随类化身紫竹林中观自在
> 运同体悲寻声救苦普陀岩上见如来

洞内迎面而立的是一座白石观音立像。观音菩萨左手持净瓶，右手上指，神态娴静而安详。观音像两侧是已故江苏省佛教协会副会长、金山江天禅寺方丈慈舟法师的手迹：

> 二水汇流慈航普渡江宽当有岸
> 一洞钟灵悲心慧眼法行自无边

在观音洞的两侧还有两处神殿。东侧是眼光菩萨的"普陀岩殿",西侧为地藏王菩萨的"地藏殿"。

在离观音洞不远的地方,有紫阳洞和铁柱宫遗址两处道教胜迹。因为宋代道教金月派著名人物张紫阳真人曾在此居住,后人在这里供奉他,取名紫阳洞。铁柱宫又称为铁柱行宫,因供奉两晋道教明派"许祖"许逊真人而得名。近年考古出土了若干道教色彩的遗物。更令人称奇的是,出土文物中还有围棋子、骨牌等娱乐用品,骨牌上还刻有钟鼎香案图案。

(七)待渡亭

顾名思义,待渡亭就是古人迎来送往或者小憩避雨、等待摆渡的场所。传说当年乾隆皇帝也曾经在这座待渡亭里停留。大臣们怕皇帝寂寞无聊,特地备下渔具让皇帝钓鱼消遣。那天乾隆皇帝的运气好得出奇,频频有鱼儿咬钩,所以收获颇丰,乾隆爷自然十分开心。原来手下人暗中在水下布下一张大网,网里放了一大群鱼,乾隆一而再再而三地得手也就不足为怪了。

(八)超岸寺

位于西津渡古街的最西端。唐代大诗人李白、孟浩然,宋代王安石、陆游等人都曾在这里候船,并留下了许多动人的诗篇。其中脍炙人口的是唐代诗人张祜的那首《题金陵津渡》:

> 金陵津渡小山楼,一宿行人自可愁。
> 潮落夜江斜月里,两三星火是瓜洲。

这是一首题壁诗,是作者亲笔题写在西津渡某座小楼墙壁上的。这首诗意境凄美,画面感极强,与唐张继写的《枫桥夜泊》同写"客愁",各臻妙境。当年康熙皇帝南巡,登上西津渡码头后也曾在这里驻足休憩。超岸寺旧为玉山报国寺,始建于元代至大三年(1310)。寺内原有观音殿、观澜亭、钓鳌亭等建筑。清朝咸丰年间曾毁于战火,后于清末重建。寺内天王殿、大雄宝殿、藏经楼、偏殿等硬山式古建筑保存尚属良好。寺庙总占地面积约

3000平方米。

康熙年间,玉山报恩寺改名为超岸寺。"超岸"二字,取佛家"超度众生,共登彼岸"之意。超岸寺兴盛时期与焦山定慧寺、金山江天禅寺齐名,曾经是金山江天禅寺的下院,后又曾一度是"玉山佛学院",当时国内外僧侣纷纷慕名前来攻习佛学。寺庙山门墙上有清朝同治年间的状元陆润庠题刻的"大总持门"石额。现在这里是镇江革命历史博物馆。

二、仙居访仙

访仙镇位于丹阳东部,镇域东、南、西三部为平原,北部为丹阳东北部低山丘陵。访仙镇是丹阳市四大古镇之一,始建于北宋,历史悠久。20世纪80年代,在前册塘村四方山出土的西周青铜卣、西周青铜尊、西周青铜弋等文物,可证实早在两千多年前就有先民在此定居、劳动、生息、繁衍。西汉文帝时,域内曾建有册堂,并遗留下"册堂"地名,成为丹阳最早的村名之一。

(一)访仙桥

横卧在访仙古镇老九曲河遗址上的访仙桥,是一座单孔石拱桥,始建于宋景定年间(1260—1264),初名为"博望桥"。清代乾隆九年(1744)重建,该桥建成后,两岸人群来往,物品交流,促进了访仙镇商业的兴旺与发展。关于访仙桥桥名的来历,在访仙地区主要流传着三种不同的说法,每一个故事版本都颇具传奇色彩。

一是"吕洞宾访仙遇仙说"。宋代建成的这座石拱桥,位于访仙古镇的交通要道上,此桥名为博望桥。博望桥建成通行后,来往商贾如云,古镇呈现一派繁华的景象,赢得了"小无锡"的美名。八仙之一吕洞宾也慕名而至。一天,他手托着一对名叫鹧鸪的仙鸟,来到博望桥上,一边观鸟,一边饶有兴趣地观赏小桥流水,正玩得高兴之时,只听到仙鸟突发奇音,跳出吕洞宾的手掌,展开双翅向空中飞去,吕洞宾向仙鸟飞去的方向举目仰望,只见仙鸟上方有一朵祥云,祥云中隐约倚立着一位仙风道骨的老者。吕洞宾喜出望外,脱口喊道:"我欲访仙,今日在此巧遇了。"言毕,便腾空与仙鸟、仙老飘然而去。吕洞宾在桥上巧遇仙人的美谈在乡间长久流传,"博望桥"便改名为"访仙桥"了。

另一种是"镇江府台访仙谢恩说"。传说在明朝末年，镇江有一位知府，为政清廉，颇有政绩，口碑甚佳。其妻也十分善良，待人和蔼，时常拿出私己接济穷人，夫唱妇随，家庭美满幸福。但有一天，知府的爱妻忽然得了一种怪病，镇江名医诊治均不见好转。知府看着自己的爱妻病入膏肓，命若游丝，心急如焚，暗自落泪，他不忍心爱妻就这样离他而去，于是吩咐衙役四处寻医找药，以挽救爱妻的生命。一天，一名衙役来到博望桥旁，见一衣衫虽然破烂，但显得鹤发童颜的老者在石拱桥上摆摊卖药，口称包治疑难杂症，药到病除。这位衙役抱着"死马当活马医"的想法，上前向卖药的老者讲述了知府妻子的病情及医治过程，请求老人随他去镇江诊治病人。老者听后哈哈大笑，说道："此病人只要吃我两粒药丸保能康复。"说完，老者伸出双手搓擦自己的胸脯，不一会儿，将两颗黑不溜秋的"药丸"递到衙役手中："你把这两粒药丸就老陈酒让病人吞服后，病人一定会好起来的。"衙役半信半疑收藏好药丸，谢过老者，策马返回镇江，向知府如实禀告。知府也来不及多想多问，立即命人照办，病人服药后枯槁的脸色微微泛红，待到天亮已能进食，第二天居然下地走动，第七天已与健康人无异。知府爱妻的怪病就这样奇迹般地痊愈了。

镇江知府是一个知恩图报的人。妻子病好后的第八天，他备了厚礼，身穿便服，携妻带儿，在衙役、师爷的陪同下，坐轿骑马，一早来到博望桥拜谢恩人。可从清晨到黄昏，只见桥上人来人往，却不见摆摊卖药的老头儿。镇江知府早就下定了不见恩人不回府的决心，在桥的一端耐心守候。不知什么时候忽然一阵香风飘来，香风薄雾中一位老者告诉知府："那位卖药的是一位神仙，神仙飘忽不定，恐怕你等不到了。"话毕，老者不见了踪影，知府见状，顿时茅塞顿开，惊呼道："这不是我梦寐以求的仙人吗？"在旁的师爷听后，顿时灵感大发，跟知府耳语一番。知府高兴地连夸师爷主意真妙。于是命人拿来纸砚笔墨，展开宣纸，泼墨挥毫，"访仙桥"三个大字跃然纸上。不久，知府派工匠将"访仙桥"三个字阴刻在拱桥的东西两侧，从此"博望桥"名被"访仙桥"所替代。

再一种是"董永之子董红寻母说"。传说古时候，延陵地区孝子董永卖身葬父，在吴大财主家为奴种田，要干完十年才能抵平葬父所借之债。董永是个老实人，一心一意为吴大财主卖命，他种的田年年丰收。吴大财主家财万贯，田地万亩，但财旺缺子。7个女儿中，第七个女儿如花似玉，伶牙俐齿，其父对她呵护有加，百依百顺，还亲昵地称爱女为"七仙女"。有一次七仙女巡视田庄时，对管理田庄的董永一见钟情，一来二往中产生了爱情的火花，不久，七仙女身怀六甲。

吴大财主闻讯后，认为七仙女败坏了门风，于是棒打鸳鸯，董永被赶出吴家。七仙女发配到丹阳东门的庄园上……十月怀胎，一朝分娩，七仙女产下一子。为了让董永家有后，她吩咐女佣设法将儿子送到延陵交与董永。时光荏苒，董永之子董红上学了。在学堂里，董红不知母亲是谁，常遭人欺侮。无奈，董红乞求老师告之。

老师鬼谷子思前想后，决定将实情和怎样访母的办法告诉董红。农历七月初七傍晚董红来到一张石拱桥上等候母亲。月牙放辉时，身边传来一阵轻轻的脚步声，一阵香风中，一群姑娘飘然而至，董红按捺不住寻母的激情，一个个数过去，数到第七个姑娘，猛然冲上前去拉紧了她的衣裙，呼唤着"妈妈，妈妈!"七仙女也认出了膝下正是自己的儿子，惊喜交加，母子抱头痛哭，诉说着相思之情。

后来，董红与母亲相会的那座石拱桥，就叫"访仙桥"了。一座古桥，流传着一个个美丽的神话故事，难怪有人常说，访仙桥是人杰地灵之地，到过访仙桥的人，都会沾上"仙气"。

（二）萧氏宗祠

萧氏宗祠，始创于东晋大兴元年（318）。丹阳访仙镇萧氏，为汉朝相萧何之后。东晋大兴元年，萧氏二十氏孙萧整为避乱，由山东兰陵迁于南兰陵城里定居（丹阳）。

萧氏宗祠位于丹阳访仙萧家村。该村有一千多年的历史。全村三百余户皆姓萧，为南朝齐、梁后裔分支。祠堂初创于东晋，始建于元，明代整修。祠堂三进，硬山屋面，呈大弧形，坡度较大。每进逐步登高，寓意"步步高升"。祠堂大门口左右两旁是一对大石狮子。大门框上面镌有"兰陵世泽"四个大字，前厅悬挂着"萧氏宗祠"的匾额。

丹阳萧氏宗祠是汉丞相萧何、齐高帝萧道成、梁武帝萧衍后裔的宗祠，始建于元朝，并于明清多次修理。作为一座历史悠久、名闻遐迩的皇家宗祠，萧氏宗祠在中国宗祠文化和中国家族史中，有着独特的历史地位和不可取代的研究价值。宋代欧阳修、宋祈曾如此评价丹阳萧氏家族："世家之盛，古未有也。"萧氏家族历时千年，世系不乱。这在十分重视家族谱系的中国封建时代，也是绝无仅有的。萧氏家族世代兴旺，齐梁两代，先后有15

位萧氏族人登上皇位,自唐代至五代后梁,300年间出了9位宰相,其他官拜九卿、刺史者不可数计。

(三) 窦庄庙

窦庄庙始建于南宋建炎年间,位于访仙镇窦庄集镇。窦庄庙是丹阳最大的道观。窦庄庙在江南一带享有盛誉,是一座规模不亚于延陵季子庙的道观。窦庄庙从前至后,有庙殿、屋宇共五进,东、西最宽处有74米,南、北长为86米,占地面积近10亩。原来的大殿巍峨高耸、铁塔直立、钟声悦耳,数十里范围内可见宝顶。庙宇四周廊坊围绕,前有戏楼、后有走马楼,进山门过石马到前殿,进入大殿,大殿后面是天地堂,再上走马楼,包括四周廊房共有房屋九十九间半。据说天上玉皇大帝的天庭只有一百间,所以,地下的道观只能建九十九间半。窦庄庙气势宏伟,享誉海内外,是丹阳少见的大刹。

窦庄庙原为南宋著名理学家窦从周的书院。清咸丰十年(1860),毁于战火。同治十年(1871),当地人袁锦高、景昌藻等在旧址建东岳庙,供奉东岳(泰山)大帝,颇具规模,为邑内有名大庙。民国年间两度毁于大火,后又重新修复。1966年,窦庄庙在"文革"中遭拆毁,被用以扩建窦庄中心小学和建造公社大会堂。改革开放后,根据国家宗教保护政策恢复各宗教活动,至1998年信徒捐资对窦庄庙进行了拆除重建。庙内塑有东岳大帝、大帝娘娘、财神爷、阴郎中和三茅菩萨等道教诸神塑像。

(四) 官酱园

酱和酱油的大批量生产,使得作为重要原料之一的食盐的需要量在日益增加。自西汉昭帝始元六年(前81)盐铁会议以后,中国历朝历代,都把盐铁视为国家的经济命脉,一直由朝廷控制销售。购买大量生产原料,没有合法的手续是办不到的。起初,恒升的原料盐只能从非官方的私盐贩子那里取得。但那些盐不但价格昂贵,盐质也比较低劣。这样,不仅生产成本加重,还影响产品的质量。为了商铺的声誉、广大百姓的利益,也为了降低成本,增加收益,向官方申请购买价廉物美的官盐,就成了当务之急。

光绪元年(1875),江沛请出了访仙桥地区的头面人物朱德昌、朱金丰和汤铭新等人,请他们在上海、南京等地活动,终于获得了清政府江苏巡抚盐漕部院批准,由访仙桥大商户刘广隆具保,两浙江南盐运使司发放了一块

"丹阳县访仙桥江沛恒升号酱园"牌匾。这块类似今天的营业执照性质的牌匾，意义非同寻常，它除了可以常年从官方盐栈购得需要数量的平价优质食盐外，还大大提高了恒升在社会上的地位。那时，在苏南地区的同业中，只有丹阳恒升、丹徒"恒大"和常州的一家酱园拥有这样的牌匾。从此，恒升如虎添翼，它既保证了产品质的稳定、量的提高，又使成本降低，效益增加，有了更好的市场声誉。

恒升在清末和民国时期叫"恒升酱坊"，现在称"丹阳市恒升酱醋厂"。一百多年中，其生产的酱、酱油、陈酒、香醋和各色的酱菜，曾经畅销大江南北、港澳地区和南洋诸国。由于其一直坚持采用上好的原料，坚持民间原始的自然发酵工艺——多月日晒夜露的方法，故其生产出来的产品，质量出奇地好，不但毫无杂质，而且有保健的辅助作用。故其一上市，立刻就受到所有消费者的青睐，人们争相购买，常常供不应求。这近140年中，恒升有过崭露头角，有过辉煌，也由于种种因素沉入过低谷，较长时期惨淡经营。但是，恒升的产销从来没有停止过，那清雅宜人的酱醋香味，一直在访仙桥古镇的老街里、在广大的民间餐桌上、在国内外高级酒家宴席中、长久地飘逸着。

第五节　大运河上的扬州古城镇

京杭大运河扬州段，现常称为里运河，长125.79千米，是由邗沟南延北伸演变而来，已有2490多年的历史。千百年来，邗沟发生了翻天覆地的变化。汉代河线出现了西道；东晋时延伸至今仪征市；隋代开山阳渎，又开沟；唐代新增入江运口，开始借塘济运；宋代改堰为闸、始筑单堤；明代河湖分开，筑重堤，实施渠化；清代变成最难治理的河道。至民国时期，只能通行三四十吨的小木船。

明代黄河全面夺淮后，邗沟成了排泄淮水的通道。清代大搞淮水归海、归江工程，里运河对老百姓来说已是害多利少，"买薪须论斤，卖儿不计价"，"灾民逃亡过半"。1931年，运河开归海坝，又决口，里下河再度一片汪洋。

运河的沧桑与扬州的兴衰紧紧相连。运河兴盛，曾使扬州跃居为全国中心城市之一。漕运结束，运河随之衰败，扬州退出全国中心城市的位置。

大运河扬州段，牵涉到运河、白马湖、宝应湖、高邮湖、邵伯湖、长江、淮河等多重水系。历代中国人合理地利用和顺应自然地理，通过一系列科学技术的运用，有效调动了航运、防洪、灌溉、排涝等多重功能，大运河扬州段见证了古代中国人在水利建设方面将自然和人工改造相结合的伟大成就和创造精神。历史文献中对于大运河扬州段的记载很多，在明清时期设立了专门的漕运机构和河道机构之后，运河的所有修缮工程在相关文献中有详细记载。大运河扬州段是连接长江和淮河两大自然水系的人工河道，在漫长的中国古代社会里，大运河扬州段不仅在漕运方面发挥着举足轻重的作用，在中外经济文化交流方面也有突出贡献。大运河孕育了扬州的多元文化，扬州依靠运河母亲赋予的区位优势和巨大能量，集南北文化于一城，融东西方文明于一体，持续不断地创造、发展自己独特的城市文化，传承、丰富自己的文化内涵。

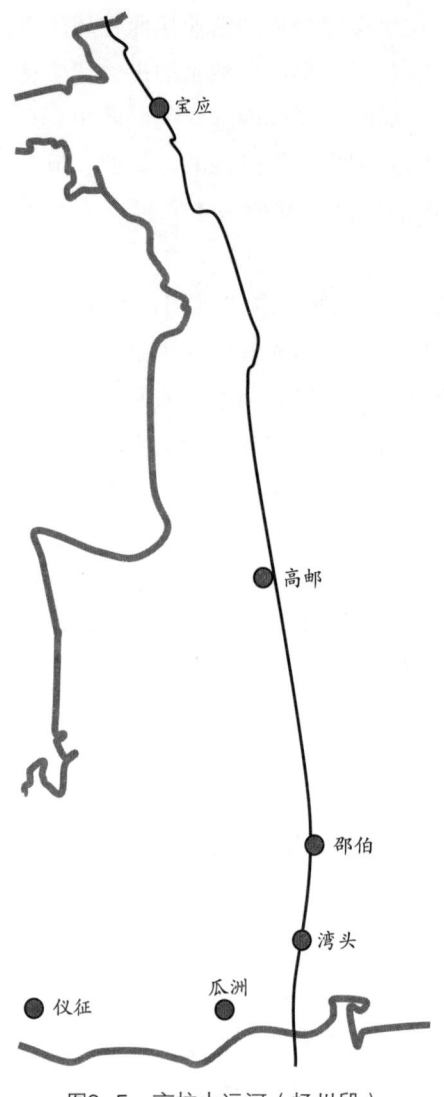

图3-5 京杭大运河（扬州段）

一、帝号宝应

宝应历史悠久，置县史有2200多年。秦建东阳县，属东海郡。汉为东阳、平安、射阳三县地，先后属临淮郡、东阳郡、广陵郡。隋初，境内统一为安宜县。唐肃宗因安宜献"定国之宝"，遂于上元三年（676）改年号为宝应元年，赐安宜为宝应，由此县名沿用至今。宝应是中国历史上唯一一个以帝王年号命名的县邑。南宋，先后升为宝应州、宝应军，领宝应、盐城、山阳、淮阴等县。明，隶属高邮州。清，隶属扬州府。民国时期，先后属淮扬道、淮阴行政督察区。中华人民共和国成立后，县域隶属几度变更。初期先后隶属苏北行政公署扬州、泰州专区。1953年1月，隶属江苏扬州专区。1960年初，析宝应湖以西置金湖县。1983年3月，实行市管县体制，宝应隶属扬州市。

（一）刘家堡减水闸

刘家堡减水闸位于宝应县沿河镇淮江公路西侧，大运河扬州段东堤岸下。南距刘家堡渡180米，北距沿河镇、宝应老城区分别为2000米和9000米。

2011年9月，在江苏省宝应县沿河镇南侧运河东岸，县水利部门在实施运河码头整治归并的过程中，发现了大量的条石、大砖和木桩以及用条石与大砖修砌的石墙，经江苏省扬州市考古研究所和宝应县博物馆的初步调查，认为此处发现的遗迹应该是明代运河堤岸和水利工程设施的遗迹，因此处距宝应刘家堡渡口仅180米，故称为刘家堡减水闸遗迹。

最初暴露的遗迹是减水闸北闸墙的西北转角及部分北墙、西墙和铺底石、地丁。在其南侧时隐时现地有地丁和糯米汁黏合的条石墙存在，在周边的地层中有许多明清时期的陶瓷片。结合文献史料判断，这些都是明代石堤及石闸等水利工程的遗存。

刘家堡减水闸东西长14.24米，南北宽3.44米。整体由南北闸墙、铺地石、地丁、摆手四部分组成。遗址格局完整，四至清晰，遗址的堤坝、闸身基本完好，可以清晰地看到木桩基础、闸身翼墙石砖结构，是研究明代水设施、水工技术、河道变迁、河湖关系、历史地貌的重要物证。刘家堡减水闸的发现，为研究明代大运河的开发利用和里下河供水情况提供了实物资料。

（二）宋泾河及跃龙关

宋泾河初凿于汉末，称"夹耶渠"，所在地称白田（今江苏省宝应县安宜镇白田社区）。隋初疏浚邗沟，经白田入白马湖；唐安宜治迁至白田，城跨邗沟两岸，架孝仙、广惠二桥；宋改名为宋泾河，至元末止，400余年一直是漕运要道。明初，漕运改道城西，宋泾河即成为宝应县城的市河。河水从南门跃龙关注入，环绕全城，长达5445米，数百年来一直是市民生活用水的主要来源。市河周围集中了众多的文物景点，水绕城转，城在水中，给宝应县城带来了鲜明的水城特色。

跃龙关位于宝应县城南城根路与运河堤连接处。始建于康熙二十五年

（1686），嘉庆二十一年（1816）重建，光绪十八年（1892）两江总督刘坤一加以拆修。

二、盂城高邮

高邮镇为京杭大运河沿线上的一个千年古镇，历来为高邮政治、经济和文化中心。东接卸甲镇，南连车逻镇，西傍大运河、高邮湖，并与郭集镇相通，北与高邮经济开发区相邻。1991年，被江苏省建设委员会、省民政厅公布为省百家名镇。2005年，被国家统计局公布为全国千强镇。该镇历史悠久，迄今有6000多年的人类文明史。秦王政二十四年（前223），在此筑高台，置邮亭，故名高邮，史称秦邮。汉武帝元狩五年（前118）设高邮县，这里为高邮县衙所在地。宋时，始筑城，称盂城。明清时，为高邮州城。民国时，为高邮县政府所在地。

全镇有保存完好的古迹59处，其中明盂城驿为全国重点文物保护单位，唐镇国寺塔、宋文游台、宋城墙及明奎楼、清当铺为省文物保护单位。

里运河北起扬州宝应里排河与京杭大运河连接处，南至扬州市广陵区茱萸湾，连接了高邮湖、邵伯湖等湖泊，是大运河扬州段的重要组成部分。里运河现在仍然是主要的运输性河道，经过历年的拓宽和整治，已经达到二级航道标准，可通行2000吨级的船只。

高邮明清大运河故道北起高邮界首镇（今江苏省高邮市境内），南至高邮镇，全长30千米，集中反映了大运河由湖道向河道演变的动态过程，是反映大运河河湖关系的"活化石"。该段故道最初直接利用湖泊作为航道，为了航行安全，自宋至明清逐渐修筑分隔河湖的堤防，开挖月河，使航道逐渐渠化并因此逐步东移。20世纪50年代末期，在古运河的东侧开挖了现在的运河，原运河故道局部填充，用作现在运河西侧的堤防，上面种植树木和农作物，形成两河三堤、古运河故道与在用的里运河并行的独特景观。

历史上的古邗沟高邮段即高邮里运河的前身，在今运河的西侧，位于高邮老船闸至界首四里铺之间。里运河故道的河道形状至今仍清晰可见，特别是运河城区段现存的一段故道保存基本完整，内有平津堰、耿庙石柱、御码头、万家塘等遗迹。2006年，高邮明清运河故道被国务院公布为全国重点文物保护单位。当地政府有效保护了高邮明清运河故道，并且部分恢复了杨家船坞的形制，对万家塘船坞周边环境进行整治，再现了昔日渔民的生活场景。

（一）唐镇国寺塔

位于城区西南隅京杭大运河河心岛上。因镇国寺而得名，亦称断塔，俗称西塔。唐僖宗在位时期（873—888），举直禅师所建。清乾隆年间的《高邮州志》载，"旧传塔有九级，为龙爪去其半，仅存六级，高八丈有奇，围十丈有奇。邑人李自华增修七层"。该塔方形，仿楼阁式，今存7层，塔高35.4米，塔壁逐级向内递收。底层每边宽8.84米，南北开有拱门，第二层到第七层每层有塔门，第三层到第七层每层两侧有灯龛。各层有砖砌腰檐，腰檐特短，无平座。每面以砖砌倚柱分隔为3间，柱头上有额坊。塔内第七层砖顶饰斗八藻井，交叉木梁上立刹柱。塔顶置覆钵，最顶端有铜质葫芦形塔刹，葫芦表面铸有"风调雨顺、国泰民安"8个字。塔身第一层至第三层为宋代遗物，第四层以上于明代万历、清代雍正和光绪与民国年间修建。1956年，大运河拓宽，塔被保存于河心岛上。1982年3月，塔被省政府公布为省文物保护单位。2001年起，通过社会各界捐赠等多种渠道，当地政府复建镇国寺。至2005年，相继建成大雄宝殿、天王殿、文殊殿、普贤殿、普渡桥、广场露天观音佛像、僧寮房、斋堂等，首期工程竣工，占地7400平方米。是年9月，当地政府举行镇国寺景区"一通"（普渡桥开通），"两开光"（广场露天观音佛像、天王殿佛像开光），"三落成"（天王殿、文殊殿、普贤殿落成）庆典活动。

（二）宋文游台

位于城区东北隅。原为东岳行宫（俗称泰山庙）。始建于北宋太平兴国年间（976—984），秦观登科前借读于此。元丰七年（1084），因苏轼过高邮与秦观、孙觉、王巩在庙后神台煮酒论文，广陵郡守为纪念此文坛盛事，送匾"文游"而得名。最为珍贵的是盍簪堂内四壁嵌有《秦邮帖》4卷25块石刻和《东坡小像》《祝东坡生日图》《修禊图》等3块石刻，还有清康熙年间诗人王士禛题写的"古文游台"和清末康有为的女弟子、书法家萧娴手笔"淮堧名胜"。1981年10月，县政府发布保护文游台的布告，并对文游台、盍簪堂、四贤祠、秦观读书台、重光亭等古建筑进行修缮。盍簪堂梁上的横匾"盍簪堂"为当代书法大师沙孟海所书。1991年后，市政府编制文游台景区建设规划，通过财政拨款、社会捐赠、台胞资助等渠道，集资兴建牌坊、门厅、入口广场、秦观塑像、博物馆西展区等。1995年4月，被省政府公布为省文物保护单位。1997年，文游台主体楼落架大修。2000年，在台区东南角先后兴建名人园等建筑，包括名人堂、汪曾祺文学馆等。该景区被收入《全国名胜大词典》。2005年11月，由全国人大常委会副委员长李铁映题名的秦观词社落成。

（三）宋城墙及明奎楼

高邮古城墙，始筑于北宋开宝四年（971），由高邮军知军高凝祐修筑。"周长10里316步，高2.5丈，厚1.5丈"。南宋绍兴元年（1131），抗金名将韩世忠屯兵高邮，在原城墙基础上加高增厚。南宋淳熙十二年（1185），高邮郡郡守范嗣蠡在东、南、西、北4个城门上建城楼，称东门为武宁门，城门楼曰捍海楼；南门为望云门，城门楼曰藩江楼；西门为建义门，城门楼曰通泗楼；北门为制胜门，城门楼曰屏淮楼。南宋开禧年间（1205—1207），官府又组织民夫在城墙的外面挖护城河，在四个城门口架起吊桥。明初，高邮知州黄克明将旧城用砖包砌而加固。城墙上增砌"雉橹堞"（瞭望楼和城墙垛子），"城下建窝铺50座，四周皆有壕堑"。清乾隆九年（1744），高邮知州许松佶见城墙、城门、城楼等破旧不堪，有碍观瞻，便具文奏请户部拨银修缮，并将东城门楼更名为挹春楼，南城门楼更名为朝阳楼，西城门楼更名为宁波楼，北城门楼更名为迎恩楼。1957年后，高邮城墙在城市改造与建设中逐渐被拆毁。至20世纪70年代初，南北城墙荡然无存，东城墙基本保存完好。20世纪70、80年代，东城墙北、中段陆续被拆毁，仅存南段位于蝶园市民广场东南角的一段。该段长122.7米、高8.33米、宽5米，城墙外脚下的古护城河保存尚好。1991年，宋城墙水灾受损后被市政府修复。

奎楼，亦称魁星阁，位于高邮宋城墙东南角上，始建于明天启三年（1623），由邑人王自学、孙照祥、张承烈等募捐建成。该楼初建时为砖木结构，八面三层，高20米，系腰平座环绕楼阁建筑。每层梁枋、顶棚均画有龙凤、麒麟、蝙蝠、花卉、云纹等图案。下层朝南供有木雕彩塑的魁星像。1984年，县政府拨款进行修缮。1991年，水灾受损后，市政府组织对其进行大修。2002年10月，高邮宋城墙及明奎楼被江苏省政府公布为省文物保护单位。

（四）清高邮当铺

位于城区人民路19号，为清代乾隆、嘉庆时期的建筑。20世纪90年代初，在市文物普查时被发现。该当铺平面为长方形，房屋基本布局为五纵五进式，东西长60米，南北宽55米，占地3300平方米。原有房屋80多间，其中柜房3间、客房3间、首饰房（存箱楼）24间、号房30多间，另有更房、厨房、生活用房20多间。首饰房是当铺所有建筑的中心部分，其建筑结构较为特别，由前后两进厅房及东西厢房组成一个"回"字形，故亦称"走马楼"。首饰房上部有防火墙围绕，下面有宽大的巷道将其与周边的建筑隔开。该当铺内有9口石栏水井均匀地分布在首饰房的四周，专供防火使用。客房和柜房紧靠首饰房的东边，具有苏北地区常见的小四合院的风格，梁架上镂空的浮雕十分精致。1998年，当铺被市政府公布为市文物保护单位。2001年，市政府公布当铺保护范围和建设控制地带。2002年10月，被省政府公布为省文物保护单位。2006年5月，被国务院公布为全国重点文物保护单位。

（五）盂城驿

盂城，高邮的别称，盂城驿故而得名。盂城驿位于江苏省高邮市高邮镇南门大街馆驿巷13号，占地面积约16000平方米，房屋整体坐北朝南，约为三路两进的布局，东侧另有花园等建筑。始建于明洪武八年（1357），是目前全国规模最大、保存最完好的古代驿站，也是目前大运河沿线规模最大、保存最完好的古代水边驿站遗存，曾在南北交通和经济、文化交流方面发挥过重要作用。

驿站是古代官办飞报军情、递送驿客、运输军需的机构，历代王朝都十分重视邮驿，称为"国之血脉"。中国是世界上最早建立有组织传递信息的国家之一。信息和交通的发达推动经济的大力发展。随着国家的统一和社会经济的进步、发展，河流在商业交通上的功能被发现和利用，水运作为一种天然、廉价、便利的运输方式得到了发展，历朝历代都以人工开挖河流的方式来满足交通运输等需要。在这些人工河流沿线也形成许多商业都会，如大运河沿线的扬州、苏州和杭州等城市。作为大运河附属遗存，盂城驿的建筑结构和规制，清晰地体现出大运河在国家通信体系中的地位。

（六）界首小闸

界首小闸位于江苏省高邮市界首镇，在里运河（即大运河扬州段）与二里河交界处，是二里河的进水闸，最早建于清顺治十三年（1656），康熙五十九年（1720）、乾隆二十一年（1756）均有重修，为旧式叠梁式闸门，浆砌条石结构。民国二十一年（1932），改宽加深，闸身长9.15米，闸底高度落低一尺六寸。民国二十三年（1934），又于上游增建浆砌块石裹头。1956年汛期，因该闸高度不能防御高水位，在上游闸顶加高条石3层（包括盖顶计增高1米）。1965年于下游接长13.1米，宽1.8米，高3.5米，最大过水流量为11.10立方米/秒。

（七）清水潭

清水潭位于高邮市高邮镇北约13千米处。由于京杭大运河马棚湾段河堤经常决口，汹涌的大水一次次地冲刷，在堤下形成了一个深潭。此潭水常年碧清，故称清水潭。潭水深不可测，民间传说潭底直通东海龙宫，用七七四十九两麻线放下去也不到底。清水潭是里运河危害漕运最为严重的险工之一，康熙皇帝曾驻跸清水潭，视察高邮河工。著名文学家蒲松龄曾为治河名臣靳辅的幕客，曾多次到清水潭决口处察看灾情，写下《清水潭记》等诗文。清水潭现为高邮市文物保护单位。

早在800年前，高邮湖地区仍为古泻湖平原，浅洼地段湖泊密布，古代称为"三十六陂"，见于记载的有樊良湖、津湖。当时河湖不分，湖堤就是运堤，少有冲决漫溢之事。南宋时，黄河掠泗夺淮，改道南流，一部分黄河水就从清水潭向东入海，传说黄水经清水潭就变清了。至今高邮湖内仍可见古河床（石梁溪），古河床西北源自安徽滁州界山涧中，东经清水潭入射阳湖。其时清水潭以西的樊良湖湖面宽阔，风大浪高，经常发生沉船的事情，宋真宗景德三年（1006），制置江淮发运使李溥下令东下泗州的漕船必须搭载石料，抛入湖中积为长堤，以阻挡风浪，这是里运河有意识地加固堤防的最早记载。此后天禧三年（1019），制置江淮发运副使张纶，筑漕河堤200里于高邮北，并且砌巨石为石础（减水闸）10座，这是为了加强运河的蓄航能力，在里运河堤一次较大规模的加固。光宗绍熙五年（1194），淮东提举使陈损之为了保证里运河"水不至于泛滥，旱不至于干涸""兴筑扬州江都县至楚州淮阴县（堤堰）三百六十里"。《扬州水道记》的作者刘文淇说这是"湖东有堤之始"，河堤的筑造，将清水潭与樊良湖分隔独立开来。而清水潭位于运河中常遭冲决的薄弱地段——马棚湾附近。从南宋嘉泰三年（1203）到清同治五年（1866），马棚湾决堤达17次之多。

明隆庆以后，由于淮水泛滥，高邮运河以西的诸小湖合并成高邮湖，樊良镇没入湖中。康熙六年到十五年（1667—1676），里运河连年有灾，十年间清水潭决口五次。康熙七年（1668），山东南部的8.5级大地震波及300多千米之外的高邮，造成严重的次生灾害，由大地震引发的水灾，将清水潭向东冲出一条大河，至今仍在。康熙十五年（1676），黄淮并涨，灾情最重，"运河自清口至清水潭，长约二百三十里，因黄内灌，河底淤高，居民日患沉溺，运艘每苦阻梗"。康熙十六年，清廷将"三藩、河务、漕运"列为三大事，任命安徽巡抚靳辅为河道总督。靳辅到任后，经调查研究，认为单纯治运的观点是错误的。"盖运道之阻塞，率由河道之变迁"，"必当审其全局，将河道运道为一体，彻首尾而合治之，而后可无弊也"。按照这一主张，靳辅向康熙帝系统地提出治理黄、淮、运的全面规划。其中有关里运河的治理措施，均如议准行。"敕下各抚臣，将本年应运漕粮，务于明年三月内尽数过淮。"康熙十七年春，粮船过完后，便封闭通济闸坝，大挑运河。

三、湖畔邵伯

邵伯明清大运河故道北起邵伯节制闸（今江苏省扬州市江都区境内），南至邵伯南塘，长约2000米，宽约30米。目前河道、河岸护堤及码头仍然存在。邵伯明清大运河的前身是邗沟的一部分，但是明代以前邗沟是以邵伯湖为运道，大运河与邵伯湖连为一体。明万历二十八年（1600），为避免湖面的风浪影响漕运，在邵伯湖东侧修建堤坝，使大运河的主航道与邵伯湖彻底分开，成为独立的航道，称为邵伯月河。明代的邵伯月河最南到三沟闸（今扬州市江都区昭关坝附近），邵伯镇西的这段大运河是清道光三十年（1850）三沟闸至梁家港的堤坝修建后才形成的。清咸丰五年（1855），邵伯人董恂所著《甘棠小志》中附有当时邵伯镇的舆图，准确记录了当时大运河的河道走向，并通过文字描述了邵伯大运河的变迁。目前，沿邵伯大运河故道仍有邵伯古堤、邵伯码头及古镇、邵伯船闸、邵伯铁犀和斗野亭等历史文化景观。

（一）邵伯古堤

邵伯古堤位于江苏省扬州市江都区邵伯镇甘棠社区以西的大运河东岸，北起竹巷口，南至庙巷。古堤现存部分占地面积5000平方米，建筑面积1500

平方米，南北长300米，截面为梯形，下底宽8米，上口宽2.5～3米，高5米。堤底部为石块垒叠护坡，堤上部以城砖砌筑，顶部压一层条石。堤在明清时期作为南北驿道，称作上河边。

邵伯堤始建于宋代。绍熙五年（1194），淮东提举陈损之新筑江都县至淮阴大运河大堤180千米，名绍熙堤。宋元两朝，仅有堤防一道，在邵伯湖之东，时名东堤。明代漕船在湖中行驶，常遭风浪沉没，故兴筑河湖分隔工程。明万历年间（1573—1620），在邵伯月河东堤内侧另筑堤防一道，两堤之间为大运河航道，此后，方有西堤之称。运堤最初是为"泄有余，防不足"而设，主要功能是维持大运河的水位，元代黄河夺淮之后，每年给大运河扬州段带来大量泥沙，大运河逐渐成为悬河，这对运河以东地势低洼的里运河地区形成巨大威胁。这时，大运河大堤就成为里运河地区的防洪屏障。因此明清之际，大运河堤防工程频繁，多次修补石工。清康熙五十三年（1714），修建邵伯大运河东岸石工，自大码头至庙巷口，长1320米。这一段石堤一直留存至今，现称为邵伯古堤。

（二）邵伯码头

邵伯码头位于江苏省扬州市江都区邵伯镇西，是18世纪时修建在邵伯运河东堤上的四个古码头遗址，自北向南分别称为竹巷口码头、大码头、朱家巷码头和庙巷口码头。这四座码头是大运河上南北往来的客商在邵伯镇的主要停靠处，也是邵伯镇及大运河以东地区进行货物贸易的主要场所。邵伯镇在清以前的繁荣，很大程度上得益于这四座码头。

码头与大运河的水位平齐，通过石阶与大堤上的道路连接。现在码头在水面的部分已不复存在，因此原本的形制不得而知，只看到大运河边的穿堤石梁和石质台阶。台阶每阶宽约30厘米，长2～3米，规模最大的"大马（码）头"也不超过5米。传说"大马头"三个字是乾隆所题，与镇江的"小马头"、扬州的"御马头"齐名，因为乾隆皇帝六次南巡，六次驻足邵伯。"大马头"全用块石垒砌，现在河堤南北两端还留有两块石刻，一是"金堤永固"（光绪十六年堤二重修），一是"甘棠保障"（宣统二年四月堤二总局修），这些都是历史的见证。大马头对岸，则是"潘家古渡"，由于潘家人乐善好施，为感谢潘家的义举，人们将码头称为"潘家古渡"。1936年，大运河改道之后，这些码头被逐渐废弃。

（三）邵伯铁犀

铁犀原存江都邵伯镇大码头运河堤顶，今在邵伯节制闸上游"斗野亭"公园内。犀牛腹部有铭文，但已看不清。董恂在《甘棠小志》中载："张文端河防志言，邵伯更楼康熙三十八年（1699）六月冲决，长五十六丈五尺，水深四丈，难堵塞。三十九年（1700），堵塞成功。四十年（1701）置铁犀一座镇之。"张文端又在铁犀腹部刻铭词："维金克木蛟龙藏，维土制水龟蛇降，铸犀作镇奠淮扬，永除昏垫报吾皇。"清咸丰二年（1852），董恂奉命负责江南漕运，南下赴任经过邵伯时，见铁犀牛完好，但无铭词，遂补作铭词："淮水北来何汹汹，长堤如虹巩金汤，冶铁作犀镇甘棠，以坤制坎柔克刚，容民畜众保无疆，亿万千年颂平康。"铁犀牛长1.98米，高1.10米，重约1500千克，神态逼真，翘首远望，明亮发光，腹中空空，叩之铿然有声。

铁犀牛共四次移址，第一次在1952年冬，因开挖邵伯引河，从米市街北运堤墩上迁至邵伯大运河边大码头西侧；第二次在1964年，从大码头移前东街文化馆院内与甘棠树放置一起；第三次在1994年，从邵伯文化馆迁至甘棠路西首（民国二十年运堤决口处，即原万寿宫处）；第四次在2000年，从万寿宫处迁至邵伯节制闸上游"斗野亭"公园内。

（四）谢公祠

一城两祠世无双，为一个名人建两座祠堂，这在扬州史上是绝无仅有的。拥有这份殊荣的是东晋名臣谢安。两处谢公祠，一在城内运司街，一在城外邵伯镇。

城里的谢公祠在运司街南，是谢安第一次出镇广陵的住宅，也有可能是北府兵军府遗址。东晋孝武帝太元八年（383）秋，谢安与前秦苻坚决战于淝水（今安徽合肥境内），取得了重大胜利，这就是历史上有名的以少胜多的淝水之战。以其住宅立祠，是为了纪念他指挥淝水之战的丰功伟绩。谢安进入东晋权力的核心后，绝大部分时间是在扬州度过的。《法云寺志》云："晋宁康三年，谢安领扬州刺史，建宅于此。"又曰："谢太傅祠，安故宅。"乾嘉以后，屡有新修，现为谢氏家祠。

邵伯镇的谢公祠是谢安第二次出镇广陵的住宅，也有可能是东晋水军司令部遗址。淝水之战后，谢安晋升太保、太傅，都督十五州军事，权重一时，遂招王室猜忌，在会稽王司马道子排挤下，被迫二度出镇广陵。他在城西北二十里的步邱（今邵伯一带）筑垒，名曰新城。新城以北二十里，西高湖浅，常遭干旱，东低水涨，易浸农田。谢安遂率领民众，筑堰曰邵伯埭。从此，新城两侧西无旱忧，东无涝患，高低两利。后人思谢安治水之德，比之西周召伯，建甘棠庙，植甘棠树。清代《甘棠小志》记载："谢公祠，莫详所始，然有此，即有此祠。"

四、江畔仪征

仪征市位于江苏省中西部，东邻扬州市邗江区，西毗南京市六合区，南临长江，与南京市栖霞区和镇江市丹徒区隔江相望，北与高邮市和安徽省天长市接壤。全市901.1平方千米的土地上，分布着丘陵、岗地、平原和江河水面。沿江圩区土地肥沃，河网密布，历来为"鱼米之乡"。近30千米的长江岸线，是理想的港口建设和船舶制造之区。北部大片丘陵岗地宜林宜牧宜副，地下埋藏着丰富的砂石和大流量矿泉水资源，其中雨花石蕴藏量丰富，被誉为雨花石之乡。多样的土地有利于多元化农业的发展。加之仪征属亚热带季风气候，四季分明，阳光充足，雨量充沛，发展生态农业和农村旅游业具有广阔的前景。仪征处于富饶的长江三角洲地区，境内不仅有公路、铁路，还有长江、运河两大动脉，距离长江入海口很近，水陆交通便捷。独特的自然条件和区位优势，为经济发展和社会文化建设提供了良好的基础。

仪征有文字记载的历史已经3000多年。汉初开始置县，宋代起，军、州、县、市行政建制相沿不断。在这块土地上，仪征先人以勤劳和智慧创造出灿烂的历史。东晋时期开挖60里人工河道至广陵与邗沟相连。隋代南北大运河贯通以后，仪征沟通长江、运河、淮河，成为漕盐转运的重要港口，进而发展成为著名的工商业城市，被誉为"风物淮南第一州"。"沙头缥缈千家市，舻尾连翩万斛舟""商旅往来，连袂成帷"描述的即是仪征的景象。经济发展促进城市建设，尤其是园林建筑。由宋至清，先后建造的园林有40余座，瑰丽的园林可与扬州、苏州媲美。其中宋东园由欧阳修作记、蔡襄题额，名园、名记、名字，被称为"真州三绝"。

正因为仪征是大运河的入江口、南北交通的主要通道，南来北往的官员、商贾大都从此经过。加之这里城市繁华，园林众多，文风流播，更吸引来众多文人墨客。唐代的孟浩然、李白、刘禹锡、温庭筠，宋代的梅尧臣、欧阳修、王安石、苏东坡、黄庭坚、陆游，明代的李东阳、袁宏道、汤显祖，清代的王渔阳、孔尚任、石涛、吴敬梓、郑板桥、袁枚、赵翼等人，都到过仪征，有的人还多次往来。他们在此或乘舟泛江，或流连于园林，或与朋友诗酒唱和，留下不少诗文佳作。书法家米芾、赵孟頫和曹寅曾在此为官和执掌盐运，留下不少珍贵书法真迹和诗文。地以人和文而传，名人笔下的仪征名扬海内。

（一）仪真观

仪征在宋真宗前有胥浦、扬子、迎銮等称谓。仪征名称与仪真观息息相关。

相传宋代祥符六年（1013），京城建造玉清昭应宫，要塑玉皇、圣祖、太祖（赵匡胤）、太宗四尊圣像。有人向真宗赵恒启奏：建安军（仪征原制名）东北小山出现王气，可在那里熔造圣像。真宗准旨，冶炼铸造金像时，天空有青鸾、白凤盘绕飞翔，于是就在山上造青鸾、白凤两个亭子。从此，"二亭山"沿用至今。

二亭山四座金像造好以后，真宗又派宰相亲来迎接。迎接仪式极为隆重，单舟船就有千艘。沿途州官要出城十里迎拜，京城禁止用刑两日、禁止屠宰七天。皇帝亲自率领文武百官迎接。金像在玉清昭应宫供奉起来以后，满朝文武同声称赞圣像威严。因为冶炼艺术高超，四座金像仪容极像四圣，故真宗很高兴，下旨在冶炼的地方建天庆仪真观，将建安军晋升为真州，并赐造圣像之地马集为"瑞映福地"。仪真从此得名。清初为避胤禛（雍正）的讳，改名仪征。清末避溥仪的名，改称扬子，辛亥革命成功，恢复仪征之名，直至现今。

（二）鼓楼

仪征鼓楼始建于明代成化二十三年（1487）。历经多次维修，2000年又对其进行了大修，保存了原有风貌。坐北朝南，台基面阔26.8米，进深20.9米，高6.75米。台基上部建有两层楼，楼面阔三间8.2米，进深5米，重檐歇山顶。该楼通高28.6米，占地面积518.86平方米。鼓楼有碑记两方，一方为嘉靖三年（1524）记载鼓楼被辟为关王祀祠的情况。一方为嘉靖四十四年（1565）记载倭寇侵犯我东南沿海的史实。仪征鼓楼，为江苏省现存三大鼓楼之一。

(三) 天宁塔

天宁塔坐落在仪征城河南岸，与鼓楼对峙，隔河相望，与鼓楼并称为真州"双璧"。始建于唐代景龙年间（707—710），毁于五代十国。宋代重建，又毁于宋元战火，历代屡建屡毁，明洪武四年（1371）又重建，塔身外部为正八面形仿楼阁形状，外部层层有回廊，砖木结构建筑。塔体内部为正方形，层层收缩，交错上升，总体气势十分壮观。光绪三年（1877）由于寺内炊火之灾，腰檐、平座等砖木结构已在大火中塌毁，现仅存一砖筒塔身，原塔高近70米，现高42.3米，仍为江苏省境内最高之塔。

它的主要功能是烽火台，重点为战争报警服务，历来是僧人与兵营居于一体。塔东原有河一条，水面开阔，东南向有石拱桥坐落于上。河、桥、塔相配构成了小城八景之一"苍桥塔影"，该塔也是历代文人来仪征观光的重点景区，清代文人戴桐有《登天宁塔》诗：

> 丹峰千尺插青天，此日招携历绝巅。
> 面面褰飞开日月，重重赪兀锁云烟。
> 南来王气金陵满，东下长江碧汉连。
> 披豁褰然尘虑涤，恍疑身在斗牛边。

据说，登七层最高处，不仅全城在望，还可远眺镇江、扬州、六合以及烟波浩渺的洪泽湖、高邮湖。塔下原有慧日泉，宋代文学家苏东坡在寺内读书写经时曾饮用此泉水，书写"慧日泉"三字于井栏上。

1949年，天宁寺被天宁油米厂占用，天宁寺塔内堆放杂物，塔体残损严重，年久失修。1987年，天宁寺塔被仪征市政府公布为第一批市级文物保护单位。

五、要脉瓜洲

瓜洲运河北起高旻寺（今江苏省扬州市广陵区境内），南至瓜洲长江口，长约12.5千米。瓜洲运河处于中国大运河扬州段的南端，已有1270多年的历史。它可溯源于唐代开元二十六年（738）开挖的伊娄河，是大运河南下入江的交通要冲，它的开凿，缩短了当时隋唐大运河水上运输的里程，也大大有利于后来明清时期的漕运。

唐代扬州的运河，史书中通常称作官河，其前身即为邗沟西道，其北段依然如故，南口因江中瓜洲滩涨的关系，船要绕着沙尾航行60里，方能到达当时的运河入江口扬子镇（扬子县、扬子津、扬子桥）。由于江面风大浪险，航船经常出事，时至开元二十六年（738），汴州刺史齐浣从京口开挖伊娄河（又名新河）直达扬子镇，把淮南运河由扬子镇延伸到瓜洲，免去江行60里的风险，便利了交通。至此，淮南运河完全定型下来，其全程自"瓜洲镇北行三十里至扬子桥东折，经扬州城湾头镇北行六十里入邵伯湖，又北行六十里入高邮界，又北行四十里至界首入宝应湖，又北行至黄浦，接淮安之山阳界，由清江浦入于淮"（嘉庆《重修扬州府志·山川》卷八）。自此，瓜洲运河成为南北交通的大动脉，虽然元代曾把大运河的北线改经山东流向北京，但瓜洲运河作为淮南运河的重要组成部分，其岸线始终未改。

大观楼

大观楼在长江北岸的瓜洲古镇，始建于明万历年间，与滕王阁、黄鹤楼、岳阳楼并称长江四大名楼，素有"江北第一楼"之称。根据资料显示，曹雪芹笔下《红楼梦》中的"风雪大观楼"，描写的就是瓜洲古镇的大观楼。

大观楼在明末后几度复建，但终因长江水道变化，最后随着瓜洲全城沦于江中而消失。

2014年，扬州在兴建瓜洲古城门的同时复建大观楼。复建的大观楼，建筑面积达2.8万平方米，总高度88米，于2015年竣工。复建大观楼的历史文化意义重大。它不仅能让消失的古建筑再现原貌，还能为子孙后代留下更多的历史文化凭证。

六、茱萸湾头

湾头，古称茱萸湾，是一座有着2500年历史的运河古镇，位于扬州市东郊京杭大运河与壁虎河、廖家沟之间，是淮水入江水道的锁钥地区。西与扬州古城区相望，东与扬州"七河八岛"主体所在的泰安镇、杭集镇相连，南与广陵经济开发区毗邻。湾头镇1983年前属邗江县，1983后属扬州郊区，2002年划归广陵区。2006年扬州市设置广陵新城后，湾头处于扬州城市发展江（都）广（陵）融合的核心地带。

湾头是一座被世人誉为"镇古、俗纯、水秀、人文、玉盛"的千年古镇。

扬州古运河北起茱萸湾，折向西南经黄金坝后，向南进入扬州城区段，直至瓜洲，全长约30千米。瘦西湖、天宁寺、重宁寺、盐商宅园等犹如一颗颗璀璨的明珠，镶嵌在两岸。扬州三湾（宝塔湾、新河湾和三湾子），利用弯折的地形减缓和控制流速，是中国古代劳动人民在水利工程技术方面的杰出创造。这段始于邵伯、经茱萸湾曲折绕城而过，通过瓜洲运河至长江的河道，现在被扬州人称为"古运河"。

古运河自扬州城东南穿城而过，沿线历史遗迹星列、人文景观众多。尤其在古运河西侧，密布着众多历史文化景观，它们不但与两岸丰富的民俗文化、多样的市民生活融为一体，也印证着大运河和扬州古城变迁与发展的相互作用。

大运河扬州城区段不仅遗产众多，而且水景秀美，扬州三湾便是其中最具特色的一段。它自文峰塔向南，呈横着的"几"字形。河道曲折，迂回六七里，水面宽阔，流速平缓。从技术角度而言，大运河的开挖者为了消除地面高度差，使大运河的水面保持平缓，采取了延长河道以降低坡度的办法，把这段河道挖得弯弯曲曲，这是中国古代河工的杰出创造。从旅游美学的角度来看，这段弯道给人以特殊的视觉感受，忽远忽近、变化莫测，成为具有审美价值的大运河景观看点。

（一）天宁寺行宫和重宁寺

天宁寺、重宁寺位于江苏省扬州市老城区北护城河外。天宁寺由山门殿、天王殿、大雄宝殿、华严阁、东西廊房及配殿组成，占地面积11968平方米，建筑面积5000余平方米。天宁寺始建于东晋，经历代重修，现存建筑为清同治年间（1861—1875）复建之建筑。重宁寺，占地面积5000平方米，建于清乾隆四十八年（1783）。与天宁寺隔今长征路相望，并称"双宁"，现存建筑前后三进，分别为天王殿、大雄宝殿、藏经楼。由于曹寅、爱新觉罗·弘历、扬州八怪等人的活动，天宁寺、重宁寺与清代扬州文化的繁荣具有密切的关联。

据史料记载，康熙晚期的江宁织造兼两淮巡盐御史曹寅，曾在天宁寺奉旨刊刻过《全唐诗》和《佩文韵府》。清代康熙至乾隆年间（1662—1795），天宁寺曾是皇帝南巡时在扬州的驻跸之所，至今，镌刻着《南巡记》的乾隆南巡御碑，仍巍然伫立在寺内山门殿的北侧。"南巡之事莫大于河工"，乾隆自己撰写的《南巡记》，点明了帝王南巡的主要目的，南巡御碑也成为特定历史时期国家关注运河堤防和运输的独特物证。清代"扬州八怪"之一的高翔所作《弹指阁图》轴，就是以当时的扬州天宁寺为题材进行艺术创作的。画中所绘弹指阁，是高翔的一处书斋，位于扬州天宁寺内西侧，曾为善做豆腐羹的文思和尚居处。据专家介绍，此画描绘了在篱笆和竹门围成的院落中，古树挺拔，苍藤缠绕，弹指阁在芭蕉、竹林的掩映下幽深雅致，超然脱俗。阁楼中观音像前香烟袅袅，庭院中两个人物似在交谈，一执杖，一躬身，画面章法简洁，墨色淡雅，流露出安详、静穆的意境。天宁寺历来有"两廊十殿世间稀"的说法，据《扬州画舫录》等文献记载，天宁寺是清代"扬州八大刹之首"。寺中主要建筑呈南北纵深排布，由南至北依次有牌坊山门、天王殿、大雄宝殿、弥勒阁和万佛楼，中轴东西两侧建"两廊百数十楹"。无论是从建筑规模，还是从历史内涵来看，天宁寺在华东乃至全国的佛教界，都颇具影响力。

重宁寺与高旻寺、天宁寺等并称扬州清代八大名刹，在扬州历史上的寺庙中有着很高的地位。重宁寺建于乾隆四十八年（1783），当时，两淮盐政伊龄阿上奏朝廷，称扬州盐商迫切请求在天宁寺后增建重宁寺以为乾隆之母祝寿，这一奏章得到了乾隆的"恩准"。约一年之后，一座由扬州盐商出资、僧人主持的新寺竣工。乾隆亲自给这座寺庙赐名"万寿重宁寺"，意为"合万姓之寿为寿，所以为万寿；以下民之宁为宁，所以为重宁"。重宁寺因为是奉旨而建，所以规模、形制、质量都较一般寺庙为胜。乾隆对于扬州重宁寺可以说宠爱有加，不但钦赐了"万寿重宁寺"之名，而且御书"普现庄严""妙香花雨"两额，现还存于寺内。重宁寺的装饰特别华丽，采用扬州少见的彩绘。重宁寺最有名的壁画系"扬州八怪"之一的罗聘所绘。传说徽班进京的"四大班"之一的春台班，就是从这里起程开始他们创新京剧的使命的。咸丰年间（1851—1861），太平军攻入扬州，偌大的重宁寺毁于一旦。光绪十七年（1891），僧人募资重建，修后的大殿，歇山重檐面阔五楹，庄严灿烂，一跃而居扬州诸名刹之冠。

（二）茱萸湾古闸

茱萸湾古闸位于扬州市广陵区湾头镇茱萸湾村薛家组湾头老街西街、北街交接处，建于清代，光绪二十八年（1902）重建，占地面积5429平方米，建筑面积42平方米。闸平面呈银锭形，南北长17米，闸体高5.6米，两岸尚存石驳河堤，长约200米，青石砌成，每块青石之间均用银锭形铁件榫卯。闸北、西岸建有砖砌券门，券门上石额分别刻有阮元题"古茱萸湾"及"保障生灵"。湾头镇因盛长茱萸树，故古时曾名茱萸村、茱萸湾，又因古运河至此转弯，故又名湾口、湾头。

茱萸湾是古运河从北面进入扬州市区的门户，隋炀帝三下扬州，清康熙、乾隆帝六次南巡都经过这里。唐代的茱萸湾还是我国对外往来的一个重要港口，从长江和东海岸边溯流而上的日本、新罗友人都要经过这里前往中原内地。唐代诗人刘长卿描绘了这里的水色风光："半逻莺满树，新年人独还。落花逐流水，共到茱萸湾。"闸区有西街、北街等老街，基本保持了清末民初的原有风貌，闸东为避风塘。

第六节　大运河上的淮安古城镇

京杭大运河淮安段自宿迁窑湾起，经泗阳、淮阴、淮安至南径河出境，长169千米，底宽60米以上，可通航2000吨级船只。在先秦时期，淮阴地处南北水运干线的枢纽上。公元前486年，吴王夫差开邗沟，沟通江淮，邗沟入淮处末口即在淮安。

西汉吴王刘濞时，为保证淮南食盐运销，自今如皋、白蒲至淮安、宝应2县交界处的运河东岸黄浦（部分利用古邗沟），筑堰五百余里，"捍盐通商"，为市境记载中最早的运盐河。东汉末建安四至五年间（199—200），广陵太守陈登开邗沟西道，沟通樊良湖、津湖、白马湖，以取代原经由博支湖、射阳湖的吴邗沟。这一段运道较前更便捷。隋开皇年间，为伐陈，曾经对邗沟拓宽浚深。隋大业元年（605），征发淮南、淮北诸郡百余万人开挖通济渠，自洛阳经虹县，东出青阳，向东南至今盱眙城对岸泗州，以达淮水。接着，又征发10余万人再次疏浚邗沟。邗沟与通济渠以盱眙至楚州间的淮河相连接。唐开元二十七年（739），采访使齐浣主持开广济新渠，据考证，其线路自今安徽泗县东枯河头起，向东北至今江苏泗阳县洋河镇附近入泗水（即清水），所谓"百余里出清水"，再开河十八里，至淮阴县城（今码头镇附近）北岸入淮。这条运道因"流急难制"，不久废弃。北宋时期，年漕运量高达600万石甚至800万石，创中国古代漕运之最。而每年在楚、泗二州之间的淮河险途上损失的舟船，也猛增到170艘左右。为此，从雍熙元年

（984）到元丰七年（1084）的100年中，分期在淮河右岸开凿复线运河。先是乔维岳开楚州至淮阴的沙河运河60里。接着皇祐元年（1049）到至和元年（1054），许元开凿自淮阴至洪泽镇的洪泽新河60里。元丰六年（1083），蒋之奇等又开凿洪泽镇至龟山蛇浦的运河57里。到元代，由于建都大都，漕粮以海运为主，会通河开成后，运河干线改道，沿淮的复河受冷落而渐至失修、淤浅。同时，已被黄河所夺的古泗水的中下游段，成为元代京杭大运河的组成部分。明朝永乐年间，平江伯陈瑄重开沙河运河，命名"清江浦"。明中叶以后，淮北航行于黄河中的运道已经常常淤浅不通，并逐渐威胁到淮南里运河。为此，曾多次迁徙南北运口，防避淤塞。为确保漕运畅通，明万历年间，总河潘季驯提出"束水攻沙""蓄清刷黄"的治理方针，并全力实施，后随着明朝的衰亡而搁置。清康熙十六年（1677），靳辅出任河道总督，继续奉行"蓄清刷黄济运"的方针，并于康熙二十六年（1687），沿清口以上黄河北岸的缕堤与遥堤之间兴挑中运河，使黄河、运河分开，引骆马湖水济运，从而结束元、明以来清口以北利用黄河通漕、受黄河直接影响的局面。康熙四十二年（1703），又将运口东移杨庄。至此，京杭大运河淮阴段的总体格局基本未变。

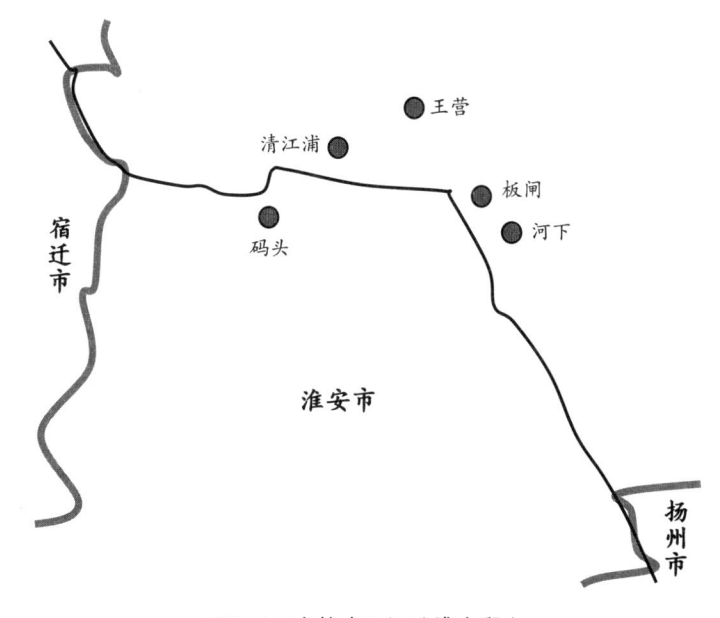

图3-6　京杭大运河（淮安段）

一、钞关板闸

明永乐十三年，平江伯、漕运总兵官陈瑄修疏清江浦成，设移风、清江、福兴、新庄四闸。永乐十四年（1418），增建板闸，因创制简陋，初以木板为闸，故称板闸。一年后改建为石闸，但板闸的名称一直保留了下来。板闸西北三里许即移风闸，两闸相距很近，板闸又被称为上移风闸，原移风闸称为下移风闸，板闸亦由移风闸官兼管。

宣德四年（1429），于南京至北京沿河客商辏集之处设立七处钞关，令往来船只缴纳船料钞，以推行钞法。其中淮安钞关设置于板闸，方便拦船收税。成化元年（1465），规定钱、钞均为本色，弘治六年（1493），又定钞关税折收银两，但钞关之名未变。清康熙九年（1670），工部清江厂、户部淮安仓税务归并入淮安关。雍正时，宿迁关、江海关庙湾口亦相继归并入淮关。淮安钞关归户部管理，多用主事，正六品，明正统以前还曾设有监收船钞御史。

清康熙末年，曾将淮安关税归并总河衙门管理，以便河工用款。清雍正初，自内务府总管年希尧任淮安关监督并代管景德镇御窑厂后，淮关监督皆用内务府司员，并有专折奏事之权。其时淮安关税收常居全国前三位，乾隆时年收税达五六十万两，占国库收入的1%强。后因海运兴起，淮安关税收大减，光绪三十一年（1905）起，淮安关监督改由两江总督奏派。民国二十年（1931）取消内地关卡，板闸榷关裁撤。

板闸附近因淮安关的设置而兴盛，形成板闸镇。明清时板闸镇是与清江、河下并列的淮安三大镇之一，"临河市廛密布，河南北居民数千家，关署镇坐于北。而东街、南街、前后西街，铺户纷纭，人语杂沓。赖关务以资生者，几居其半。"

明万历十六年（1588），因黄河泥沙内侵，过闸艰难，于板闸等五闸旁各开月河一道，以便漕运。明崇祯年间，正河河道淤塞，板闸废弃不用，过关船舶改走月河。谈迁在《北游录》中说：清顺治十年（1653），自淮安西门"凡行十五里，抵板闸。闸废，前二十年，舟内转里许，经榷部公署而后出，今移河直达，榷部放舟，出公署数百武，驻河上之水心亭。榷署前石桥并废。今犹曰板闸，非故道也"。

今淮安钞关尚存码头、驳岸、旗杆等物，沿运河分布，长达400米，为淮安市级文保单位。2006年，淮安钞关遗址被国家文物局公布为大运河江苏淮安段16个重要节点之一。2008年，复建了淮安钞关的关楼、牌坊、码头等相关建筑。古板闸镇地方现为淮安生态新城的中心区，城市建设日新月异。2014年10月，在板闸风情街开发项目工地上，湮废300余年的板闸重现人世。闸底桩基上铺设了一层木板（其中部分已因水流冲刷剥落），而非一般闸座所用的底石，说明当时石料缺乏，与板闸的名称相印证。

榷关遗址

淮安榷关遗址在板闸镇，主要有两处：一处是位于板闸镇中的淮关监督署遗址，一处是位于板闸镇里运河上的淮安大关遗址。

当地遗老相传，淮关监督署建筑规模比淮安府署还要宏伟壮丽，衙署设在板闸镇东街、西街中间，大门外有一对石狮子。雄伟的石狮后面左右各有一间吹鼓亭，每天早晚奏乐，大门对面照壁左右各有一根很高的旗杆，东西出口处各有一座辕门，在东辕门外左方东南角有一座更楼。大门内左边有一座关帝庙，二门内是东西配房，向后先是大堂、二堂、后花厅，再后是上房。出后门有一座大花园，叫后湖。监督署周围有一圈高一丈五尺的土圩子。

淮安大关有关楼一座和其他附属建筑，专门办理货船查验报关收税等事宜，每次查验货船报税时，由督检率领各班各行业人员，如"扦子手""钞户"以及卫队等乘巡船到货船上办理报关各项手续。扦子手在船上查验货物时，用铁扦（扦上有尺码）横竖上下一量，就能知道这只船装载的货物数量。钞户则是分门别类的，有茶叶钞户、杂货钞户、绸布钞户，还有竹木油麻钞户、豆子钞户……这些钞户负责办理按税率核算税金、填写税单等事务。

每天下午六时前后封关，用数条渡船连成一条船桥，由河东关口延伸到河西岸，一切往来船只到此就无法通行了。

淮关所属各关口，包括钞户及其头目、巡查人员、卫队、更夫等有1000人之众。淮安榷关监督官阶很高，一般相当于"道台"级别。

后由于种种弊端，每年仅能完成税课二三万两，于是光绪三十年（1904）五月，经户部奏准，淮安榷关移交两江总督直接管理。是年总督魏光焘咨请政务处拟归道员接管，旋经议复归淮安府就近兼理，知府汪树堂于九月任事，咨查积弊，订章程，首裁书吏60人及一批差役，遣散家丁，革除钞户，另选僚友……民国二十年（1931），国民政府财政部实行货物就厂征收统税，取消内地关卡，板闸榷关裁撤，关上无数工人失业，镇上所有靠关务吃饭人家的生活来源骤失，他们各奔东西，板闸随之衰落。今里运河上的淮关关口石驳岸、石码头还在，淮关竖旗杆的遗址等也还可寻。

二、商都河下

河下镇位于旧时淮安新城之西、联城西北。因其异乎寻常的昔日繁华、丰厚的历史文化积淀，跻身全国历史文化名镇。河下镇有三个入口，今主入口在镇的北侧，由翔宇大道进入镇区，迎面是一座跨街的高大牌楼，牌楼横额"河下古镇"四个大字，牌楼两侧楹柱上的楹联："杏林泰斗，文学宗师，十二翰林三鼎甲；巾帼英雄，须眉名将，千秋青史几干城。"其背面的楹联为："聚徽商晋贾，黟山堂构汾阳宅；扼漕要盐襟，江汉风波燕洛尘。"这两副楹联从不同的侧面道出了河下镇非同寻常的历史繁华与荣耀。背面一联说的是，这里曾是漕运与盐运的津要之地，是徽、晋等地豪商巨贾聚居之地，由这里中转的淮盐西达江汉，漕粮北送燕洛。河下曾经富甲一郡。正面一联说的是，河下出了《温病条辨》的作者、山阳医派的杰出代表吴鞠通等杏林泰斗，出了《西游记》作者吴承恩、《笔生花》作者邱心如等文学宗师，在科举时代还出了56名进士，其中12名翰林，状元沈坤、榜眼汪廷珍、探花夏曰瑚，"三鼎甲"齐全。河下历史上还产生了南宋时期著名的巾帼英雄梁红玉，产生了甲午中日战争中马革裹尸的著名将领左宝贵等英雄豪杰、国之干城。两副楹联是对河下丰厚文化内涵的高度概括。

如今，河下除一直向游人开放的吴承恩故居、韩侯钓台、漂母祠、梁红玉祠等人文景点外，到处堆积着"文化"：古朴幽深的街巷和饱经风霜的石板路，曲折回环的文渠和萧湖，瓦椽不整、隔扇半朽的古民居和古店面，淳厚儒雅的民风民俗。

湖嘴运河边的御码头，典雅壮丽，它是天子王孙驾临河下的历史旁证。《重建淮安河下御码头记》写道：古镇河下，"当其盛时，握水陆之要冲，舟车云集，为豪富之渊薮，嵯商麇居；亦人文之奥区，科名相望。天子王孙巡游屡践，达官显贵逐利必经，骚人墨客诗酒不绝，贩夫走卒谋生长聚。而往还杂沓之地、舟行陆辇之会，则河下西湖嘴也。御码头之设于湖嘴大运河东涯，于史有征也。明正德十四年（1519），武宗皇帝偕刘美人南征，于御码头舍舟入城，驻跸于故尚书金濂第。崇祯十七年（1644），毅宗自缢煤山，诸王弃藩南奔，泊舟河下御码头，周王甍于舟中，复购河下赵氏宅治丧，福王由崧则寄寓湖嘴生员杜光绍花园，旋南下即帝位。清康熙四十四年（1705），圣祖第五次南巡，幸河下丛林，赐绍隆、湖心、大悲三寺名为湛真、佑济、闻思，并赐御书匾额。乾隆十六年（1751），高宗首次南巡，由此登岸览漂母祠，巡视淮安城北运堤，作诗多首，御诗碑今或存焉。四十九年第六次南巡，地方长官拟于萧湖荻庄建行宫，以工巨费繁、酿难时促而告寝。据当初目击者载，圣驾临幸之际，龙舟十里，沸河溢堤，漕河两岸，萧湖、勺湖之滨，周布鹅黄步障，错落点缀亭台殿阁，间以林木花草。家家舒锦悬灯，户户焚香燃烛。御码头两侧，迎銮冠带伏地、笙歌沸天，其洋洋大观，可谓空前而绝后也"。

（一）文通塔

文通塔在淮安今勺湖公园内。始建于唐代，初为木塔，重建于明，改为砖塔。塔平面八角形，七层，高约22米，系楼阁式砖塔。第一层塔身直出地面，比较高，相当于上面之两层，一、二层间原有塔檐，重修时折去，在塔檐处镶一小石匾，刻"文通塔"三字。塔身没有倚柱，亦没有任何纹样，仅正面开一券门，第二层以上各层塔身高几相等，但逐层收分，第七层收分较烈，各层塔身门洞均为券门，各层塔檐均做叠涩出檐，檐顶做斜坡顶，塔顶砌一正圆形小塔身，上覆圆顶及宝珠。第一层内正中砌方形台，四面龛内堆塑佛像，第七层顶内设藻井，下置观音佛像一尊，每层各面皆设佛龛，内供坐佛。明崇祯二年（1629）、清道光十八年（1838）秋重修。20世纪50年代和60年代两度修葺，1978年重修，将各层佛龛改作窗洞，内加木质旋梯，第一层塔身外壁镶嵌清咸丰"重修文通塔记"石碑一通。1988年划定为江苏省文物保护单位。

（二）勺湖

今勺湖公园有东西二门，东门在西长街，西门在西门大街西端，淮安中学以西。西门为八字大门，面南，中间是一甬道，北行即见文通塔。绕过文通塔，沿着水边向北行，即到一碑园。碑多嵌于廊壁间，中有御碑"雪作须眉"、乾隆赐漕督杨锡绂诗碑，还有复制的婆罗树碑的碑刻，极具史料与书法价值。

碑园北有一拱形桥，因其形状，俗称"蜈蚣桥"。桥北西侧水次有一石舫。蜈蚣桥北向东，经一曲桥，即可到达另一陆地。其北端有一钟亭，中悬金天德年间铸造的铜钟，为省级文物保护单位。由钟亭下小径东行，过一拱桥，即到勺湖书院。书院东南行，即达公园东门。

勺湖位于楚州区西北隅里运河东岸，勺湖南岸，古为楚州龙兴寺，圮废已久，现为江苏省淮安中学校园。勺湖最初叫郭家池，后又称过阮池。清代邑人阮学浩早岁成进士，官翰林，曾为湖南学政。乾隆十六年（1751）以母老告归，于此设书塾授徒。他教的学生科举考中率很高，登甲榜者7人，登乙榜者5人。一时间江淮官私之学，唯草堂称盛，勺湖之名由此大著。

乾隆二十九年（1764），阮先生卒后，弟子怀其教，定时来草堂相聚讲诵，久而不废。乾隆三十九年（1774）黄河泛滥，水漫淮城，堂毁。阮先生的门下任淮安知府，寻其旧地，恢复草堂原貌，设先生牌位其中，并辟地为书塾。阮长子葵生，又请人绘《草堂图卷》，当时文人相继题跋，成为一大风雅事。

同治中期，庖人杨姓租勺湖书院地，开设"鉴湖草堂"酒店。光绪四年（1878），邑人顾云臣湖南学政任满，乞归后，购回并恢复勺湖书院，课士其中。云臣卒后，门下士即于塾中设顾牌位，与阮学浩并祀，名为"阮顾二公祠"。1929年，草堂重新修复，田鲁渔撰联云："泰斗百年间，同兹甄育才贤，曾先后衡岳轺车，淮山木铎；文章千古事，剩此孑遗祠宇，共想像阁边桥影，城上钟声。"

（三）淮安府署

淮安府署始建于南宋，初为五通庙，元代为沂郯万户府。明洪武三年（1370），淮安知府姚斌以此为基础，加以修建改造，作为淮安府衙，一直沿用到清末。据史料记载，淮安府署有以下几次大的维修：成化三年（1467），"知府杨昶撤而新之，祭酒周洪谟为记"。正德五年（1510），正堂及经历司毁于火，照磨所倒塌，只好用"布席"围起来临时使用。这次维修时，邑人潘埙曾作《重修淮安府署记》。据记，大堂即创于洪武三年。正德五年被火毁。正德八年（1513），薛鎏继任，他"治人如己，治官如家""三议五请，上下既协"，于正德十年（1515）正月开工，四月即落成。修复了正堂和经历、照磨二厅，"台廉甬道易砖以石，门屋榜廊撤旧换新"。当时正堂上置匾两块，一曰"公正"，另一曰"镇淮"。康熙十八年（1697），"各属捐资重建"。乾隆五年（1740），知府胡振组"修内署"。咸丰中，府署大堂又毁于火，咸丰十年（1860）修复。当时，曾任过淮安知府的漕河总督王梦龄主持修复府衙。所用木料是从河下盐商程梦鼐住宅中进厅堂上拆来的（程氏宅因其孙政扬犯事，籍没入官）。

经过历次维修，淮安府衙的格局基本固定下来了，占地总面积近2万平方米，300余间房屋。其大门面南临街，前有照壁，东西有牌楼。西牌楼在府市口，东牌楼在报恩寺前，各四柱，金丝楠木制成。石础径达六尺，柱高二丈余，矗立云表。东牌楼曰"长淮重镇"，西牌楼曰"表海名邦"。整个建筑群分中、东、西三路，中路为正房，除大门、二门外，有大堂、二堂两进。再往内为官宅之门，入门为上房，为知府等人起居处。上房后有楼，亦曰"镇淮楼"。大堂东西长七间26米，南北进深18.5米，脊高10米。堂前大院，东西为六科办公用房：东为吏科、礼科、户科，西为兵科、刑科、工科。大堂北为二堂，两堂之间有一座三槐台，建于明嘉靖年间，用以镇压淮河水患。台前后各有两根铜柱，柱高丈许，围三尺许，柱上均有铭文。二堂为知府处理日常事务之所，东西5间，长22米，南北阔3间，长11米，脊高8.5米。西路为捕厅署，亦有大门、二门、大堂、二堂、上房几进。东路为迎宾、游宴之所。从官厅门进入，就可见到藤花厅。厅东有一四合大院，为迎宾馆。北边正堂名"宝翰堂"，堂之西壁，嵌唐代大书法家李邕撰书《淮阴县娑罗树碑》一通。《娑罗树碑》为明隆庆间，知府陈文烛从文学家吴承恩处所得旧拓，摹勒上石，并筑宝翰堂储之。民国初年，《娑罗树碑》移置府学，今不知下落。

（四）漕运总督部院

淮安旧城向为滨淮沿运之重镇，隋唐宋之楚州、元之淮安路、明清之淮安府，均治于此。自隋凿大运河而贯通五水，淮水适居五水之中，故楚州尤扼运河之要。时中国经济重心南移，皇都在北而贡赋大半出于东南，是以扼漕运襟吭之楚州有"专制中原"之誉，唐宋之江淮、淮南转运使行辕，间或设于此。元代以海运为主，然多漂溺之患。明永乐迁都后漕运复兴，特设大臣驻节淮安山阳以督漕事，凡湖广、江西、浙江、江南之粮艘衔尾而至山阳，经漕督盘查以次出运河。虽山东、河南粮艘不经此地，亦皆遥禀戒约，故漕政通乎七省而"总供上国"，时天下郡国干系国命者实莫重于此。清代因之，直至晚清漕运转海，其地位均未动摇。而漕运总督署之与淮安城，确如故宫之与北京城一般。

漕运总督署位于旧城中心高地上，占地约3万平方米，其主体建筑与分居南北之镇淮楼、淮安府署位于同一中轴线。考诸乡邦文献，宋乾道六年（1170），录事陈敏于此建衙署，元代为淮安路总管府署，明洪武元年（1368），改建为淮安府署，三年复改为淮安卫指挥使司，万历七年（1579），都御史凌云翼将总督署由城南府街永安营移于此。漕督李三才并创大观楼，建东林书院，延顾宪成等讲学于此。明清时期，漕运总督一般由从一品大臣担任，故总督漕运部院的建筑规制、品位很高。漕督署经两朝总督多次整饬、增修，成此格局。整体画梁雕柱，飞檐翘角，雄伟壮观，气势恢宏。整个建筑群计有213间房。门前有宽大雄伟的照壁，右边有票事房；照壁右有吹亭，左有鼓楼，门前两旁有一对两丈多高、纤尘不染的巨型白矾石狮。中轴线上建有大门、二门、大堂、二堂、大观楼、淮海节楼。东侧有官厅、书吏办公处、东林书屋、正值堂、水土祠及一览亭等；西侧有官厅，百录堂、师竹斋、来鹤轩等；大门前有照壁，东西两侧各有一座牌坊。以上建筑，于20世纪40年代被逐步拆毁。

遗址公园由两部分构成，一为署前广场，恢复仪门、鼓亭等，两侧置以石狮，气势威严而壮观；一为督署大堂、二堂、大观楼遗址保护区。已恢复原地坪标高，且将发掘物一一复位，观之可想见漕督署当日之格局。保护区以下沉广场之法，周边围以花岗岩雕栏，内植乔木，视觉通透而管理封闭，兼得保护与观瞻之利。

（五）镇淮楼

如果说漕运总督署是淮安的"故宫"，那么，位于漕运总督署大门及门前大街南侧并与漕运总督署处于同一中轴线上的镇淮楼，就是古淮安的"前门"。

镇淮楼，位于楚州区淮城镇中心，始建于宋宝庆二年（1226），原为镇江都统司酒楼，明代曾置铜壶刻漏以报时，故名谯楼，又名鼓楼。明洪武十九年（1386）倾圮，永乐年间，督漕总兵官、平江伯陈瑄等重建。正德十年（1515），知府再修。清康熙七年（1668），因大地震受损，后进行整修。道光年间，因水患不断，知府周焘将府署内"镇淮楼"匾额移悬于该楼上，后此楼遂改名"镇淮楼"，含有"镇慑淮水"之意。后因风雨剥蚀，又濒于倾颓，至光绪七年（1881）再次整修。辛亥革命后，为纪念孙中山先生，一度更名"中山楼"。该楼楼基由砖土筑成，东西长36米，南北宽23米，高8米。正中为砖砌拱形券门，拱顶高3.2米，宽4.8米。东西两侧砌有砖梯，1959年重修后改为直角条石阶梯。台基上建有两层木结构楼房，台基四周筑有砖砌花墙作为护栏。重修后，改花墙为实墙，将两层木结构楼改为砖木结构，上下两层，长宽相等。东西长6.8米，南北宽3.4米，全楼高18.5米。楼内为文物陈列室。近年，楼外台基左右两侧分置钟、鼓。重修后，在楼北侧场地四周建有回廊，廊宽1.95米，总长40.44米。场地内建一花园，其间栽植雪松、黄杨、冬青等，并设置露天座椅，供游人憩歇。

（六）射阳簃

灰色的花墙围着3进27间青砖瓦屋，这便是射阳簃。整个建筑由门房、正厅、吴承恩诞生地、书房、住房、厢房、厨房和后花园组成，全为明代建筑样式，清幽、古朴、雅静、大方。故居大门朝南，大门上方有舒同所书"吴承恩故居"横匾。进入故居，首先映入眼帘的是清雅的竹林竹篱，接着是3间正厅，这是吴家举行喜庆婚丧大典和宴请宾客亲朋的场所。厅内高悬赵朴初书写的"射阳簃"匾额，厅内陈列有吴承恩为沈坤父母撰书的墓志铭。还有吴承恩墓地出土的吴承恩棺木的一块残片，上面有"荆府纪善"四个朱漆大字。大门两侧悬有一联：

搜百代阙文，采千秋遗韵，艺苑久推北斗；
姑假托神魔，敢直抒胸臆，奇篇演出西游。

正厅西侧为两间书斋，室内陈列有各种版本的《西游记》，置放着条台桌椅、笔砚、字画，高悬着一盏素油灯。吴承恩就在这里写作《西游记》，闻名于世的神话人物——孙悟空，就是从这里诞生，走向世界的。《西游记》的故事，已被翻译成英、法、德、意、西、俄、捷、罗、波、日、朝、越以及世界语、斯瓦希里语等十几个国家和民族的文字，在国内外广为流传。斗室前山秀池清，吴承恩全身塑像临池而立，注目凝神，仿佛正精心构思《西游记》。

由正厅向后是吴承恩诞生地，室内有吴承恩父亲墓地出土的吴承恩为其父撰写的"先府宾墓志铭"碑刻拓片，再向后是后花园——"悟园"，两旁有对联一副：

灵根孕育源流出，心性修持大道生。

园中有"松风阁""小尘世""石舫""醉墨斋"等景点，还有一座假山。假山上"石破天惊"四个大字，令人浮想联翩。园内奇花异木，小桥流水，荷花满池，假山亭榭，清静幽雅。

吴承恩的三间住房在书斋的前面，室内正中安放着一尊吴承恩半身塑像，它是由中国科学院古脊椎动物与古人类研究所根据吴承恩墓葬中出土的吴承恩的头盖骨复原塑造的。塑像两侧是萧娴所书的一副对联："伏怪以力，取经惟诚。"

吴承恩故居的各个展室里，分别陈列着吴氏家谱、吴承恩游金山寺时赠沫湖先生的扇面题诗、吴承恩编辑的词集《花草新编》影印件等珍贵文物，以及我国当代众多书画名家为吴承恩故居所作楹联、诗词、书画、篆刻等作品。

吴承恩墓地在楚州区马甸镇二堡村，占地约0.2公顷，四周黄杨滴翠，柳枝摇曳。墓地面南有一牌坊，上书"吴承恩墓地"，墓地上有两座土坟，东面稍北的为吴承恩父亲吴菊翁之墓，西面稍南的为吴承恩墓。吴承恩故居和墓地为市文物保护单位、省爱国主义教育基地。

三、门户清江浦

明清时期，清江浦的水路与清口驿、王家营的陆路通京大道相衔接，南船北马，辕楫交替，有"九省通衢""七省咽喉""京师门户"之称。

明、清两朝，年经清江浦运抵北京之漕粮，最多者达到400余万担。清道光十一年（1831），淮北盐栈迁至淮阴。自此，淮盐经运河、淮河运往数省，且往来南北各省之官员、商人、旅客，也都从水路经过这里，或在此舍舟登陆，取驿道北上。清光绪二十四年（1898），清江开设至镇江的轮船客班，后又增设清江至宿迁、邳县的轮船客班。民国年间，在今轮埠路西起大闸口、东至杯度庵即有轮船公司八九家。

（一）清江文庙

清江文庙的历史可追溯到明嘉靖二十年（1541）叶选捐俸兴建的清江书舍。叶选字仁夫，浙江余姚人，其时任督理清江漕船厂的工部主事。清江书舍兴工于该年二月，竣工于六月，地址在工部厂东，即后来的清江文庙之地。与工部厂一样，清江大门北向，面朝运河。大门三间题"清江书舍"，中为"文会"堂三间，南为"退省"轩三间，东、西两侧号房共十二间。书舍南置地数十亩，以为修缮之需。顺便说一下，在此之前的嘉靖九年（1519），工部主事曾在工部分司内建崇景堂，其地在今西大街东段，与后来的清江文庙不在一地。

此后，历任督理清江漕船厂的工部主事多有增修，改名清江书院，先后建先师殿、大观楼、文昌楼、钟楼、尊德堂、"斯文在兹"坊等。每年工部主事主持春、秋二祀，直至清初督理清江漕船厂的工部主事裁撤。

清康熙十六年（1677）、康熙二十三年（1684），总河靳辅、淮徐道常君恩分别重修。春、秋二祀，由船政同知主持，总河在前一日省牲。

康熙三十七年（1698），总河于成龙上奏，将清江书院改建为学宫，如文庙之制，移山阳县学训导一员驻清江管理。其时县学学宫设教谕、训导各一员，教谕为正职，正八品，训导为副职，正九品。至此，清江学宫正式纳入了官学序列，又称清江文庙。山阳一县设山阳县学、清江浦学两所县学，在当时是极其少见的，这也反映了当时清江浦镇地位的特殊。

乾隆二十六年（1761），割山阳县清江浦镇为清河县治，清江学宫改为清河县学。道光三年（1823），总河黎世序对清河县学进行了大规模的重建，改为正南向，两年工成。重建后的清河县学规模宏丽，奠定了此后清江文庙的格局。大成殿前为月台，环以石栏。左右为东西房。前为戟门，即大成门，硬山顶，筒花屋脊，筒瓦屋面。大成门内左为神库，右为燎炉，名宦祠在大成门东，乡贤祠在门西，更衣厅在门外之左，忠孝祠在门外之右，泮池在大成门之前。池上有环桥三，其南为棂星门。明伦堂在大成殿之后，东西斋房分列于明伦堂前左右，崇圣殿在明伦堂之后，再后为尊经阁，黎公祠在棂星门之西。外泮池在棂星门之前，东西皆有石栏，其南为映壁，左右皆有坊，坊外有树栅。教谕宅在明伦堂之东，训导宅在堂西。

清咸丰十年（1860），捻军攻破清江浦，焚毁大成殿等建筑。同治四年（1865），漕运总督吴棠重建，恢复了大成殿、明伦堂、崇圣殿、名宦祠等建筑。同治十一年，漕运总督文彬修建尊经阁、左右斋房。清末废科举、兴学校，于此改办孔庙小学。后迭经战乱和改朝换代，这里或为军营，或为粮库、器房，其建筑也渐倾圮，或被改建。

（二）清晏园

清晏园坐落在清浦区环城西路和环城南路交汇处，占地8公顷，有"江淮第一园"的美称。清晏园所在地原是明代户部分司署。清康熙十六年（1677），靳辅为河道总督，在原户部分司署旧址设总河行辕，遂"凿池植树，以为行馆，名曰淮园"。乾隆十五年（1750），河督高斌于池北建荷芳书院。乾隆三十年"更为亭于池心，曰湛亭，于是泉石花木之胜甲于袁浦"。之后，园名相继变更为"澹园""清宴园""留园"。道光十三年（1833），河督麟庆对清晏园进行了较大规模地整修改造。咸丰十年（1860），裁撤河督，以漕运总管河务，漕督迁驻于此。漕督陈夔龙建紫藤花馆。1928年曾更名城南公园，1946年为纪念叶挺将军，更名为叶挺公园，1948年复名城南公园。1983年，市政府对园林进行增修，形成现在规模。1989年，取"河清海晏"之意，定名为"清晏园"。

清晏园有3.33公顷水面。荷芳书院前为一方碧波如镜的池水，西侧和南侧为一弯碧波如带的河水，西南部还有一片荷塘。

进入清晏园，迎面是太湖石叠成的一片湖山，很像江南园林。走过山北一条石径，穿过一座长廊，西北行数十米，豁然开朗。一方碧水横陈，波光闪烁，池北便是荷芳书院，池心是湛亭，亭柱上有一联："云影涵虚，如坐天上；泉流激响，行自地中。"

荷芳书院原建于乾隆十五年（1750），第二年河督高斌在这里为南巡的乾隆帝接驾。书院东西两侧有不少御碑。荷芳书院向西，堤岸西侧有一座两层古建筑，名今来雨轩。由此向南，河水中有一石舫。由石舫向南，跨过一拱桥，一座峭拔雄劲的黄石山便呈现在面前，山叠得错落有致，大气而生动，有北方山的壮美。

跨过黄石山西边的一座石拱桥，就来到关帝庙。该庙建于明代，庭院开阔。大殿中关羽塑像为坐姿，威风凛凛，一手抚须，一手捧读《春秋》，形象颇生动。

关帝庙南为叶园。叶园中摆满各种各样的盆景和奇石。出叶园，沿河东行，林木葱茏处藏着一座土山，山南可见荷花池，向东则为茶社。茶社东面有一架10多米长的紫藤，藤根粗壮多曲，足见其古。茶社与古藤架南北皆水，每至夏秋，满池荷花开放，清香远溢，惹人动情。

（三）慈云寺

慈云寺位于清江大闸南岸。始建于明万历四十三年（1615），原名慈云庵，清康熙十四年（1675）秋，被顺治皇帝敕封为"大觉普济能仁国师"的玉琳法师，止于山阳清江浦之"慈云庵"挂单，八月十日说偈趺坐而逝。山阳县奏闻朝廷，康熙颁诏厚葬，派大臣主持荼毗，重修"慈云庵"并建"法王塔"。康熙二十三年（1684），由保和殿大学士、礼部尚书王熙撰"能仁国师塔铭"。

雍正十三年（1735），复颁诏拨关银，于"慈云庵"故地敕建丛林，改为"慈云禅寺"，并亲题匾额。慈云禅寺占地25亩，有山门、天王殿、大雄宝殿、国师殿、藏经楼等五重殿宇，飞檐翘角，雕梁画栋，遍植松柏，门前照壁。颁"龙藏"供奉，赐置香火地。后又屡赐紫衣、伞盖、如意、藤杖。乾隆四十五（1780）、四十九年（1784）两次南巡，均入寺瞻礼。咸丰十年（1860）正月，捻军李成部由闸口攻清江浦，占清河县13日，慈云寺遭焚。至光绪七年（1881），终恢复旧貌。同治年间（1862—1874），李鸿章的淮军转运局，寄设于寺中。后相继在这里办"浦惠粥厂"赈济灾民，江苏提督刘永庆又于寺中办江北警察员弁学堂，设警察分局，处于半寺、半衙状态。

（四）清江大闸与中洲

清江大闸系明永乐十三年（1415）平江伯陈瑄所建，现保存完好，是京杭大运河上幸存的唯一古闸。大闸分正闸和越闸，越闸在正闸右前方，正闸闸口宽2丈2尺，越闸闸口比正闸窄许多。南漕盛时，舟船过闸十分艰险。昔时，大闸口5月闹龙舟，7月放河灯，其繁华热闹，为他处所无。闸塘盛产鱼、虾、蟹，每每举网即获。

正闸与越闸之间，以一半岛隔开，称为中洲。过去，中洲上有王公祠，祀清初曾在淮管过榷税抽分的著名诗人王士祯。士祯号渔洋山人，著作甚富。晚清民国时期，中洲上多住渔户船户，并有柴篷木厂数家，民国二十三年（1934），一场大火，把中洲的民居木厂等焚荡殆尽。

进入中洲，为一组明清风貌的9000平方米的古建筑。其结构严谨而富于变化，内部廊庑相连，院落巧合，蜿蜒曲折，别有洞天。现为清江浦美食府和演艺中心。建筑四周广植奇花异木，形成四时各异的美丽色调。

中洲东端为新建的清江浦楼，楼高22.9米，外五内三层，飞檐翘角，巍峨壮观。登临凭栏，名城秀色尽收眼底。这里已成为市民和旅淮游人必到的佳处。

四、河畔王营

王营南隔废黄河与淮阴市区相望，北与县果林场相接，东、西两面与小营乡为邻。王营是王家营的简称。据《王家营志》记载：自明代以来，"战功世袭者，居其地而不迁，邑境为大河卫，受成于中军都督府，为营者十数，王家营之名，盖至此始也"。乾隆二十五年（1760）以前属山阳县，以后划归清河县。

（一）琉球使臣郑文英墓

琉球使臣郑文英墓碑位于古黄河北岸的淮阴区王营镇新街淮阴区图书馆内，属市级文物保护单位。乾隆五十八年（1793），琉球国朝京都通事郑文英于赴京途中病逝于此。墓前有碑两块：一块系民国二十五年（1936）所立，碑高1.14米，宽0.58米，碑周刻有花纹，上书"琉球国朝京都通事讳文英郑公之墓"，上款为"公以乾隆五十八年奉使来贡，十一月十四日卒葬此"，下款为"此石原半缺，民国二十五年里人重立，兴化金应元书"。另一块碑高0.37米，宽0.12米，上书"琉球国北京大通事大岭亲云上郑文英之墓"。碑原埋于地下，1979年发现后才得以掘出。

（二）大清口与大清口船坞遗址

大清口遗址位于今淮阴区袁集乡桂塘村，原名泗口，又名淮泗口。泗水从山东泰安市经徐、邳至泗阳李口分流，主流向东北经淮阴区渔沟镇，又东南至桂家塘与淮水会合形成大河口。因泗水清流而曰大清口。南宋代以后逐渐淤塞。

大清口船坞在今淮阴区王营镇废黄河西岸，大清口东北一里，又叫大石塘，半圆形，宽长有1000米，内墙全是条石砌就。据秦选之《王家营纪要》："大石塘当在宋之前，因其清口水势凶险，此为船家避风浪之域。"船坞东北方有三座单金门石闸。20世纪30年代被国民政府拆去一部分石头建盐河闸，50年代初又被地方政府拆去一部分建活动坝，今地底下还有一部分石墙。这里沉船极多，1956年疏浚盐河时就曾挖到4条船，有刀戟、陶器、谷米等遗物。

(三)新、旧减水石坝遗址

在淮阴区王营镇境内。其由来说法不一。乾隆《清河县志》载:"减水大坝在蒋家场、王家营之间,靳辅所建。坝长一百丈,上造浮桥,下通水道,名鸡心孔,一百有三座。又有旧减水坝,康熙十九年建。稍东为中坝,又东为东坝,四十四年复修,口宽三十丈。又有新减水坝,在旧坝西八十丈,康熙四十五年建,口宽五十丈。"据此则有两旧减水坝。光绪《清河县志》认为:"考辅于康熙十六年督南河,十九年方在职,未闻再建减坝也。至四十四年既已复修,何以四十五年仍行改建?伪以传伪,殆同影响。《行水金鉴》:'王家营减水坝历久废圮,康熙四十年重建土坝,口宽三十丈。'据此则四十年以前只是土坝,未尝砌石。又考《河防杂说》:'王家大减水石坝一座,计长一百丈,中减水坝宽十二丈六尺,东减水坝宽十二丈六尺。'则旧系石坝。诸说参差,未能划一,姑并载之,以待参考。"以后,乾隆、嘉庆、道光年间曾多次移建。

(四)马神庙

马神庙在淮阴区实验小学院内,现存古井等,有马神庙历史陈列室。据张煦侯撰写的《王家营志》卷四宗教记载:"马明王庙,盖车骡商私祀之神也。乾隆《志》有马神庙,在王营堤上,殆亦即此。《志》称雍正六年立义学于此,其源最古。乾隆五十四年,车骡商姜进公捐资修建,其前有戏台。值嘉道之交,市廛殷实,歌吹无时休。改国后,其后裔秉衡重修,里人张廷臣三修。民国十八年,县设农民教育馆于王营,秉衡之子道立舍庙及田以入焉。"

(五)清口驿

《王家营志》卷三交通云:"初,县之未移也。地差僻远,不与镇相属。清江浦为山阳重镇,相去三十里,缓急莫应,轺车往来,清江有绕道拨马之苦,山阳有隔远往返之烦,乘传者病焉。乾隆二十六年,江苏巡抚陈宏谋初奏移县治于清江浦,而改设马号于王家营。王家营故有驿路,北起京师,至堤而讫。不知所自始,清初巡幸所经,故亦谓之御路。厥土疏而易陷,雍正八年,尝事修筑,且浚其沟。乾隆八年,更因故制培浚之。又列墩置戍以护行旅。自县治东移,与镇隔河相望,不纡道而达。河堤设马号,濒河置渡以通清江。""驿之别为塘，凡督抚发递章奏文移用之。自省会至京师为塘四，王家营曰南塘，置塘官主其事。"清口驿遗址在今淮阴区王家营废黄河南大桥东约800米处，有码头、牌坊。

（六）杨庄运口遗址

杨庄运口遗址位于淮阴区杨庄中运河旧运口。咸丰《清河县志》云："康熙四十二年，移建运口于杨家庄，并建御示石闸。五十五年，闸南开挑越河，长二百五十丈，漕船由越河行走，石闸遂废。"咸丰《清河县志》云："在运口内，康熙四十二年建。"因头坝临近黄河，乾隆五十五年（1790），修筑杨庄头坝外埽工程。2009年，淮安市大运河研究中心进行实地考察时，头、二、三草坝遗址尚能辨析。

五、重镇码头

码头镇位于王营镇西南12千米处。北傍京杭大运河，东隔淮沭新河与清浦区城南乡相望，西接南吴集乡和南陈集乡，南邻高堰乡。地处古淮河边，为重要码头，故名。又称马头镇。秦时设淮阴县治于此，后长期为重镇，为州、郡、县治所。黄河夺淮后渐渐衰落。

（一）惠济祠

祠在重冈之上，地势如脊，其左右及前方皆运河。昔日漕运盛时，南漕数百万石，舳舻相继，经过此间，望祠三面，乃须三日。故舟抵此，多说："南河有个奶奶庙，东山头到西山头，三天三夜。"惠济祠建于明正德年间，清乾隆十六年，高宗南巡，建行宫于祠左，因命重修，仿内府坛庙式，火珠耀日，飞阁凌空，虽在郊原，而有皇居之美。山门内左右两碑亭，黄瓦覆盖，为乾隆御诗碑。碑亭形状富丽，犹如金伞。大殿前有门，金书"碧霞元君祠"五字，门系穹顶，故有"无梁殿"之名。正殿奉天后圣母像，相传为泰山之女，即所谓碧霞元君。民间还传言：乾隆有妹，随从南巡，病死于途中，故乾隆立祠祭祀。20世纪40年代前，每届岁朝及农历四月初七，例有庙会，香火特盛。寝宫在殿后篆香楼上，有坐像、睡像。坐像在正中，两旁帖子满壁，或题"黄姑娘之位""黑姑娘之位"。再后为三清阁，这里地高风烈，在夏季则为纳凉佳处。所谓圣母，实与天妃（妈祖）相类。据当地老人讲，当年惠济祠有99间房屋。现存乾隆御碑一块。

（二）三闸

三闸指福兴闸、惠济闸和通济闸。福兴闸在惠济祠东，又南里许为通济闸，又南二里为惠济闸。三闸皆有越闸，其旁皆有大王庙，其金门皆宽二丈四尺，墙皆高三尺六寸。上下水面之差，惠济为二尺半，通济闸和福兴闸均为惠济闸的一半。当地老百姓称惠济闸为头闸、通济闸为二闸、福兴闸为三闸。建闸原为节制水源，而危险亦大。故下闸须善为把舵，上闸又须用力绞关，岸上居民，悉受雇用，为之拉纤。下闸亦不易，迎溜尤为大忌，船主每雇用有经验的闸夫，为之管舵。管舵自二闸至三闸上，人可得一二元；遇船只多时，日放闸数番，则七八元。民国二十四年（1935），用现代技术建成的淮阴船闸投入使用后，中、里运河之间可由船闸直通，不仅免三闸之险，而且节省了12千米水程，码头三闸遂废。中华人民共和国成立后，三闸被拆毁，今遗址尚存。

（三）漂母墓与漂母祠

漂母墓为秦汉古墓，位于淮阴区码头镇泰山村，属市级文物保护单位。晋张华在《博物志》中说："漂母冢在泗口南岸。"北魏郦道元在《水经注》中说："（漂母冢）周回数百步，高十余丈，昔漂母食信于淮阴，信王下邳，盖投金增陵以报母矣。"今墓基直径尚有50米，高20米。墓前立两通石碑，其一碑的阳面刻"漂母墓"三字，阴面刻有"韩信少时家贫，漂母饭之。数年后，信受封楚王，不忘漂母之恩，赠千金以报，惜漂母已故，信哀之，传令部属取土圆坟，成土冢"。另一碑刻有"文化遗址，禁止取土。光绪×（缺字）年周淼立"字样。

漂母祠位于淮阴城西北古运河畔、萧湖之滨，由享殿和千金亭组成。全祠占地800平方米。享殿为硬山造，抬梁式，面阔3间11.3米，进深7檩6米，檐高3.2米。祠中神台上为漂母端坐塑像，左右侍女各一。右首砖台上，塑有一年迈老婆婆，手拐洗衣竹篮，篮中是待浣的白纱及半罐干饭，似有所施。祠外是千金亭。原祠始建于明代，后屡有修葺。

（四）韩母墓与韩信城

韩母墓位于清江浦区城南乡小河村境内，为"兴汉三杰"之一、大军事家韩信的生母之墓，俗称"清水墩"。郦道元《水经注》云："（淮阴故城）城东有两冢，西者即漂母冢也……东一陵，即信母冢也。"在《史记·淮阴侯列传》中，司马迁写道："吾如淮阴，淮阴人为余言，韩信虽为布衣时，其志与众异。其母死，贫无以葬，然乃行营高敞地，令其旁可置万家。"司马迁当年是在实地考察有关韩信的一系列遗迹，并凭吊了韩母墓以后写出这番话的。经过两千多年风风雨雨的侵蚀，韩母墓仍高约8米，直径达20米。殊为可惜的是墓身南面和西面，已受到严重破坏。清江浦区已组织专门力量对韩母墓进行修缮维护。韩母墓已被确定为市级文物保护单位。

韩信城位于京杭大运河南岸的清江浦区城南乡韩城村境，在韩母墓北500米处。据典籍载，该城系韩信被贬封为淮阴侯以后，派人到家乡封地上建立的城堡。该城东西长1500米，南北宽500米，内有72口水井。该城在元朝末年战乱后逐渐荒废。该城内曾出土不少古代兵器等文物。现城基大部保存完好，为市级文物保护单位。

（五）洪泽湖大堤

洪泽湖大堤北起淮阴区码头镇，南迄洪泽区蒋坝镇，全长70.4千米。始建于东汉，完成于明清，加固于当今，拥有1800多年历史，2014年列入世界文化遗产名录。

洪泽湖大堤的旧名是高家堰，是在东汉捍淮堰的基础上增修的关键堤防。至民国时期，大堤总长67千米，北起淮阴县码头镇仲工村，南至盱眙县马庄乡张大庄，贯穿洪泽县全境。南宋至元，黄河侵泗入淮，淮河尾闾行洪受阻。明清两朝，为"蓄全淮之力专出清口"，实行"蓄清刷黄济运"之策，大修高家堰，洪泽湖大堤不断抬高，形成了浩瀚的人工"悬湖"。明万历八年（1580），潘季驯开始修筑石工堤，砌石地点起自武家墩南1013丈处，南端止高良涧北3842丈处，始名"高家堰"。清康熙十六年（1677），靳辅全面整修、加固高家堰，并增设减水坝和泄洪涵洞多座。直至乾隆十六年（1751），洪泽湖大堤石工才全部告竣。鸟瞰百里古堰，蜿蜒曲折，雄伟壮观，犹如"水上长城"。整个石堤建造规格统一，筑工精细。迎水面叠砌条石计十七至二十三层，通高七至八米。采用两顺一丁的结构，顶层均作丁放，底部布有桩基，工墙刻铭"金堤永固"。2006年5月，洪泽湖大堤作为汉至清建筑，被国务院批准为全国重点文物保护单位。2013年纳入清口枢纽申遗片区，调查登录有侯二门、周桥大塘、九龙湾、信坝、三河闸、关帝庙遗址、黄罡寺遗址、康熙铁牛、乾隆御碑及大量石刻遗存等。

第七节　大运河上的宿迁古城镇

京杭大运河宿迁段，全长112千米。据史料记载，运河流经此地开辟了三个历史阶段不同的主航道，境内的汴河、黄河故道和中运河先后作为隋至元、元至清和清以后的漕运主航道之重要河段，见证并维系了隋唐至今中国的经济社会发展和文化交流。

宿迁的运河史最早可以追溯到春秋时期。据《水经注疏》载："偃王治国，仁义著闻，欲舟行上国，乃沟通陈蔡之间。"说的就是春秋时期徐国（国都在泗洪大徐台村）国君徐偃王开挖淮阳（陈国都城）与上蔡（蔡国都城）之间的运河，使沙水、汝水相互连接，陈蔡之间直接通航的事迹。

隋唐时期开挖的运河，史称通济渠，即现在泗洪县境内的老汴河。隋朝时开凿的通济渠分东西两段，西段起自东都洛阳，西引谷洛水东循阳渠故道由洛水入黄河；东段起自板渚引黄河水东行汴水故道，至今河南开封市折而向东南流，经今杞县、睢县、灵璧、泗县、泗洪等地北注入淮河。

元明时期疏浚的"借河为漕"，即现在的古黄河，也就是当年的泗水，白居易诗中的"汴水流、泗水流"就是赞咏那个时代的运河宿迁段。至元二十年（1283）开凿济州运河，自济州至西北安山，长150里，南流入泗水，北流入大清河。至元二十六年（1289），又发动民工30万人开凿会通河，自安山到临清，长250多华里。

清代开挖的皂河、支河、中河，即现在的京杭大运河宿迁段，又称中运河。中运河的开凿是奠定今日京杭大运河走势的最后一项大型工程，对清代漕运的畅通起了决定性作用，彻底改写了大运河的历史，使濒临湮废的世界第一人工河重新通航，为祖国的南北漕运事业揭开了崭新的一页，写下了辉煌的历史。

大运河宿迁段是整个大运河沿线治河咽喉、漕运转轴。运河的沟通、融合，治河的坚韧、创新，在这里形成了兼收并蓄、开放包容的宿迁运河精神和文化。千年的古运河流淌到今，留下与大运河相关物质和非物质文化等诸多遗产，连缀成一条熠熠生辉的文化长廊。

在大运河宿迁段的各类文化遗产中，水文化遗产是运河遗产中最不可替代的珍贵文化资源。通过专家组研究讨论，宿迁市确定了156项水文化遗产，其中工程建筑类水文化遗产120项，非遗类水文化遗产35项，文献资料类水文化遗产1项。除去古代水工遗存、民国刘老涧船闸遗存，1958年竣工的宿迁船闸、1978年所建的皂河抽水站等水工遗迹在当时都具有世界领先的技术创新水平，是珍贵的水文化遗存。

同时，逐水而居的宿迁人也创造了丰富灿烂的非物质文化遗产，如泗州戏、淮海戏、柳琴戏、洪泽湖渔鼓舞等特色传统戏曲舞蹈，洋河酒酿造、黄狗猪头肉制作、乾隆贡酥制作等传统技艺。而古运河积淀的历史文化，还包括因河而兴的水文化、酒文化、帝王文化、佛教文化、民俗文化、饮食文化、地名文化等非物质文化遗产。

坐着游船穿行在古老的京杭大运河上，两岸风景如画，古桥回眸，桨声灯影中，悠久历史与现代都市景观就这样微妙地融汇为一幅幅秀美壮丽的画卷……

如今，宿迁市皂河龙王庙行宫和皂河至市区大王庙的中运河段入选世界文化遗产名录。历史上沿河而建的乾隆御码头、御马路、大王庙、项王故里、桃园故城等20多个古建筑及古建筑群演绎了古运河畔的繁华，记录了几世的盛衰枯荣，展示着丰富多彩的民俗魅力。

运河沿线的皂河、仰化、郑楼，也已成为世界运河文化城市合作组织认可的历史文化古镇，一处处老宅、旧址，清晰地铭刻着历史印记，诉说着古老岁月里的动人故事。

图3-7　京杭大运河（宿迁段）

一、行宫皂河

清康熙年间，靳辅开凿皂河和中运河，皂河口一带便成为河道工程与漕运转输中心，皂河集的地理位置逐渐重要，其市镇经济地位也随之提升。依托运河发展起来的皂河镇更为繁荣，而且在此增设了一些河务管理机构。其实，早在明洪武年间，便有巡检司的设置，即为直河口巡检司，后随着直河口的淤废，直河口巡检司也迁移他处。清康熙二十四年（1685），靳辅上奏请求将原驻刘马庄（今新沂城区）的巡检司迁至皂河集，负责修防黄河北岸汛地事宜，并将运河主簿迁移驻扎皂河集，"修防运河汛地，上至邳州界，下至皂河口"。《大清一统志》也有记载："刘马庄巡检司，在宿迁县西北皂河口，旧在县东北120里，又东北去海州180里，一名刘家庄，明置巡司。运河主簿及黄河北岸千总，俱驻此。"另外，为管理和控制运河上的偷逃税者，在货物转运的重要地点设置稽查税务的关口，皂河镇境内设有长山口，因原设于徐州长山，故名。后来迁移至皂河集，盘查来往货船。

（一）乾隆行宫

乾隆行宫位于宿迁市西北20千米处，骆马湖南岸皂河镇，大运河之畔，又称皂河安澜龙王庙。始建于清顺治，改建于清康熙二十三年（1684），坐北朝南。因乾隆帝六下江南五次宿顿于此并建亭立碑，故称为"乾隆行宫"。整个建筑群为三院九进封闭式清代官式建筑群，整体建筑布局对称，中轴线上建筑物主次清晰。自南向北分为六大部分。最南端为古戏楼，向北依次为广场、山门、御碑亭、怡殿、龙王殿、大禹殿等。重檐斗拱，有殿阁亭台二十多处。庙前有石狮一对，造型和用料考究，省内独一无二，国内少见。进院即献殿，殿后左右尚存钟楼、鼓楼。往北有御碑亭，亭高十一米，飞檐斗拱，俗称皇伞亭，设计精巧，造型别致。亭内御碑四面镌刻乾隆几度南巡的御笔题诗，屋面为黄色琉璃瓦，流光溢彩，金碧辉煌。龙王殿是这一组古建筑群的主体，金檐石基，气度恢宏，上覆绿色琉璃。两厢是东西廊房，殿为祭台，两旁古松参天，当年香火十分旺盛。在禹王殿院内曾有"柏柿橡桐"四种树，取谐音"百世相同"，而今仅存柏树一株，高十五米，树龄近300年，依旧苍劲挺拔。龙王殿斗拱飞檐，雕梁画栋，结构严谨，装饰华丽。而建筑接口处未曾用一根铁钉，工艺十分精致考究。此外，非常值得观赏的是建筑群中的屋檐瓦当极富民间特色，绘图案达800余种，国内罕见。整个行宫与省级森林公园连成一线，傍湖连水，自然风光独特。它以其独特的官式建筑风格和丰富的文化内涵，向人们展示其独特的魅力。每年这里有庙会，其中皂河镇三大香会的绕街巡游十分热闹，众人齐拜龙王，盛况了得，被列为苏北地区三十六处香火盛会之首，且从古至今从未中断过，这在中国民俗史上是一大奇观。

（二）陈家大院

陈家大院位于京杭大运河宿迁段的千年古镇——皂河。该建筑群始建于清朝嘉庆年间，是宿迁最大的清代古民居。陈家大院总占地约6亩，北方回廊式建筑结构，共有房屋66间，建筑面积约1500平方米。原为宿迁骆马湖马老太爷私人住宅，后转卖给山东商人陈永茂，一直延续到中华人民共和国成立前夕，故曰陈家大院。抗日战争时期，陈家大院沦为驻皂日军总部。中华人民共和国成立后，该建筑群收为国有，成为地方粮食仓库。20世纪50年代先后成为皂河轮船站、杂品站、针织厂、福利厂。20世纪80年代陈家大院部分房屋被卖给个人。2011年，陈家大院被列入江苏省大运河沿线重点文物抢救保护工程，政府拨专款进行了修缮，基本恢复了陈家大院六进院落的历史原貌。2013年，湖滨新区管委会加强对历史文物的保护和利用，再现了陈家大院的会客厅、老爷房、少爷房、小姐房、饭堂、书院、账房、祠堂、佛堂、粮仓、炮楼等历史场景。

（三）安澜龙王庙

皂河安澜龙王庙，俗称乾隆行宫，坐落于宿迁市西北20千米处的古镇皂河。乾隆皇帝南巡时曾五次在这里驻跸祭祀。龙王庙始建于清代顺治年间，改建于康熙二十三年（1684）前后，清雍正五年（1727）在原庙宇基础上扩建。现存龙王庙占地33亩，有殿阁亭台20多处。坐北朝南，布局对称，重檐斗拱，气势雄伟。

皂河安澜龙王庙是三院九进封闭式合院的北方宫式建筑群，规模宏大，轴线分明。整体呈长方形，有双重红色围墙。中轴线上建筑物主次清晰，错落有致。自南向北，整个建筑群分为六大部分。最南端为古戏楼，1976年被拆毁，现仅存1.4米高的石基。古戏楼向北是青砖铺设的宽阔广场，广场两边有两根六丈高的木质神杆，神杆两边有相对应的"河清""海晏"牌楼。广场北侧是山门，山门两侧有一对威风凛凛的石狮守卫，其中雄狮重2.8吨，雌狮重2.76吨，造型生动，用料考究。山门正门的正上方，青砖镶嵌着乾隆皇帝御笔题写的七个镏金大字"敕建安澜龙王庙"和一方"乾隆御笔"印。

第一进院落中心位置是乾隆皇帝下旨建造的御碑亭，平面呈六角形，面积53平方米，12根朱红抱柱擎托着六角重檐攒尖顶的伞状黄色琉璃瓦屋面，六角圆柱上精刻着形象各异的十八罗汉像。碑亭正中耸立着一块5米高的御碑。整个御碑亭造型大方，凝重端庄，内外施柱，黄瓦红饰，充分显示了皇家建筑的特点。

御碑亭的东边是钟楼，西边是鼓楼，钟鼓二楼建筑的形制、布局、尺度相同，每座建筑面积均为103平方米，重檐歇山卷棚顶。钟楼内悬挂着嘉庆十八年马士魁敬铸的八角铁钟一口，重2000多斤。鼓楼内摆放着直径1.4米的大鼓一面。御碑亭的北面是怡殿。怡殿位于中轴第一道院和第二道院的相交处，面阔四间，进深三间，正门悬挂"法雨慈云"大匾一块，殿内供奉四大金刚坐像。

第二进院落是龙王庙的中心。御道上的主体建筑是"龙王殿"，又称"绿瓦殿"。龙王殿两侧对应的是东、西配殿，东殿供奉"五湖神"，西殿供奉"四海一井神"，面阔七间，进深四间，占地面积435平方米。龙王殿是龙王庙最具特色的主要建筑之一，殿宇重檐歇山，清式龙吻。黄、绿、蓝为主的六色琉璃瓦覆面。殿前是汉白玉的月台和栏杆。大殿额枋高悬"福佑荣河"镏金匾一块，月台左右各有一座宝藏库，昔日用来焚烧字纸。月台当中为祭龙台，台中有重达一吨多的大铁鼎一尊。整个龙王殿雕梁画栋，斗拱飞檐，结构严谨。

第三进院落是龙王庙行宫的最后一进院落，也是乾隆皇帝当年下榻的寝宫。

第二进、第三进院落的相交处横向轴线上的建筑分别是灵宫殿和东西庑殿。中轴线北端是禹王殿，也叫观音殿。禹王殿属于宫式大作，重檐硬山，屋面饰黄色琉璃筒瓦和龙吻，大殿分上下两层，占地面积360平方米，面阔七间，进深五间，坐落在青石板筑成的1米高的须弥台上，殿高20多米，是龙王庙内最高的殿宇。底楼额枋上悬挂"功崇利薄"镏金大字的朱红匾额一块。二楼的楼板是由304块纵横组合的绘有龙凤呈祥彩色画面的木板吊制而成，对对龙凤翩翩起舞，多姿多彩。东西两头暗间，分属方丈室和藏经室，由暗间扶梯登楼即可进入顶层。乾隆五次驻跸龙王庙都是夜宿于此楼，人们称为

"正宫"。与正宫相呼应的是位于正宫两侧的东宫和西宫，是随同乾隆南下的皇妃们居宿的地方。

与乾隆寝宫相配套的"东廊院"和"西廊院"，是东西宫的附属院落，位于寝宫横向轴线上。东廊院有僧房和斋室20余间，西廊院有书房和客厅20余间。结构对称，形制相同。两廊院的南边都有一座"御花园"，有亭、台、楼、榭、小桥流水，各种奇花异葩四季飘香。

龙王庙行宫这一珍贵的古建筑群，一度遭到破坏，造成不可估量的损失。20世纪80年代初，文物保护专家多次对龙王庙行宫考察论证，认为"敕建安澜龙王庙"是全国众多乾隆行宫中规格最高、规模最大，唯一保持较为完好且最具价值的清代北方皇宫式古建筑群，保护好这一清代文化遗产，对于研究古代建筑艺术和清代历史文化的发展有着十分重要的意义。1983年，江苏省人民政府公布其为省级文物保护单位。2001年，"安澜龙王庙"又被国务院公布为全国重点文物保护单位。此后，各级人民政府和文物管理部门制订了系统、细致的抢救方案和维修措施，使这一古建筑群得到了有效保护。

（四）御码头御马路遗址

御码头御马路遗址位于宿迁市宿豫区皂河镇街东村东侧大运河南岸。御马路起点始于龙王庙行宫内的"河清"牌楼门，终点止于御码头，全长约500米。御码头约80平方米，块石垒砌，离水面高度1～3米。据记载，清康熙二十三年（1684）建造"安澜龙王庙"，并修筑了一条供周边百姓进入龙王庙祭祀敬神的路道，俗称"马路"。乾隆帝六下江南，五次经"马路"至龙王庙祭拜水神，因此又称之为"御马路"，御舟泊停的"石码头"也称之为"御码头"。御马路路形保持较为完整，路面上的部分基石依稀可见。

（五）宿迁孔庙

宿迁孔庙位于宿城河清街南宿迁中学院内，最早创建于元代，明成化五年（1469），进行了扩建。万历五年（1577）因宿迁老城受水患威胁，知县喻文伟将县城北迁至马陵山麓，原孔庙逐渐废弃。崇祯八年（1635），知县王芳年将孔庙迁建于城南灵杰山（即今址）。宿迁孔庙占地10余亩，系仿曲阜孔庙而营建，中轴线上，自南向北的建筑主要有照壁、泮池、棂星门、大成殿、明伦堂、尊经图等。中轴线左右建筑对称排列，现仅存大成殿。

（六）皂河罗祖庙

皂河罗祖庙位于皂河镇通圣古街的最北端。清代前期，皂河镇区保留了一段皂河古河道，罗祖庙西畔的一道河湾，也就是当地人俗称的盐店后子，就是其中一段。康熙年间，中运河凿通以后，河道总督靳辅上奏请求将刘马庄巡检司、运河主簿、皂河汛千总等官方机构移驻皂河，并获得批准，由此皂河成为运河航道的重要站点。每年漕船过淮之后，由于通过闸、坝延误时间的关系，诸多漕船长期停泊在盐店后子（古皂河）连接中运河的河湾里，于是便在此修建罗祖庙，成为漕运兵丁和水手人群的信仰活动中心。这座民间宗教庙宇，直到20世纪60年代仍然得以保留，其后被当地农具厂占据。2010年左右，罗祖庙的建筑被基本拆除，今天仅留存几间经过改建的建筑。

二、酒乡洋河

运河的开凿与贯通，促进了宿迁境内白洋河镇的兴起和发展。《淮关统志·乡镇》记载："白洋河镇，县治西六十里，与宿迁接壤，为商民丛集之地，两邑市民争界，构讼频年。天启五年，知府宋祖舜断从市桥中分，桥东为桃源，桥西为宿迁，檄县刊榜悬示通衢，至今无异。"这段材料是从白洋河镇归属于桃源县的角度描述的，所以称"与宿迁接壤"。由于此地为商民聚集之地，两县民众争夺利益，导致双方纠纷不断，并最终由淮安知府出面调解，以市桥为界，白洋河镇分属于宿迁、桃源两县。由此可见白洋河镇的商业经济之一斑。与皂河镇相似的是，清廷在白洋河镇也设置河务管理机构，如设置分管宿虹河务同知"驻扎白洋河，所属河官七员"，黄河南岸主簿"驻扎白洋河，修防黄河南岸汛地，上自小古城起，下至桃源县界止"。另外，白洋河镇也设有稽查关税的机构，即为白洋口，"凡邳州、睢宁等处出产豆麦等物，装运南去者，在该口输纳北钞钱粮"。

（一）洋河清真寺礼拜殿

洋河清真寺礼拜殿位于宿迁市宿城区洋河镇东圩村七组。现存主体建筑一座，邦克楼等其他附属建筑已被拆除。该建筑为歇山顶，抬梁式梁架，长10.8米、宽6.5米的门窗和木结构保存十分完好，四角分别挂有4个铜风铃。屋面、墙壁以及地面已经过改造。根据木构架的特征分析该建筑当属清代建筑。

（二）洋河酒厂酿酒车间及地下老窖

洋河酒厂酿酒车间及地下老窖位于宿迁市宿城区洋河镇西门社区。江苏洋河酒厂股份有限公司在苏北古镇——洋河镇，地处江苏省宿迁市的宿城、宿豫、泗洪三县区交汇处，面临徐淮公路，背靠京杭大运河。据传，洋河大曲在唐代就已享盛名，明末清初已闻名遐迩。现有20世纪50年代老酿酒车间、地下酒窖各一处，总面积5000多平方米，其中地下酒窖被誉为"中国白酒的地下宫殿"，储存大量陈年佳酿，部分藏酒已有百年。洋河9号小容器地下储酒库，占地2000平方米，有陶坛小容器3800只。

（三）废黄河北大堤遗址

废黄河北大堤遗址位于宿迁市宿城区郑楼镇张渡村至洋北镇船行李电灌站。废黄河北大堤遗址宿城区段，西起洋北镇船行电灌站，东至郑楼镇张渡村，总长48千米。废黄河古称泗水。北宋时黄河主干道决堤借道泗水，自此泗水便被黄河水取代，由于黄河水泛滥，河岸两边筑有大堤以防水患。南大堤在农田改造中已基本被削平，北大堤宿城段保存完好。现在最高处为6米，最低处约2.5米。大堤为夯筑而成，夯层厚20～35厘米不等。从夯土中出土的遗物分析，该堤从北宋年间开始修筑，至清代均有增筑，底宽约60米。

三、众姓众兴

众兴镇位于运河北侧，前身为悦来集，后改为众兴镇。众兴镇的发展可溯及明后期。民国《泗阳县志》载："众兴，古名河北镇。相传明末刘仲达兴建，名仲兴镇。后刘氏中落，卖于众姓，遂改为众兴镇；有户千余，治北四里。"千余户已经是一个较大的城镇了。清康乾之世，水陆交通发展，众兴商业兴旺，市面繁荣，众兴集列于镇的行列，时有晋、鲁、皖、闽及江苏的镇、扬、常、宁等许多外地客商在此投资经营。其交通之便利和商业之繁盛，为全县四镇之冠。该镇与县城之间有多座桥梁沟通，乾隆年间的《桃源县志》记载了众兴镇的4座桥梁，分别是东砖桥、南砖桥、运河南岸桥和北龙沟桥。晚清至民国期间，众兴迭遭兵灾匪患，损失惨重，尤以日军盘踞期间为最。

（一）天后宫

天后宫位于泗阳县众兴镇众兴西路众兴粮管所院内古骡马街西首，是泗阳目前唯一存在的古代建筑，始建于清康熙年间，距今有300多年的历史。由当时来泗阳经商的闽商所建，是闽商发展商务的聚会之所，也是闽商宗教信仰祈祭之庙堂，又称妈祖庙、天妃宫。据《泗阳县志》记载，天后宫在众兴镇西骡马街，规模宏敞，殿宇辉煌，系闽商会馆。整体建筑坐北朝南，原为前后两幢三进院落，临骡马街的叫前殿，主体建筑称后殿，建筑风格融合了闽南文化元素。前殿在20世纪70年代拆除新建。大殿墙体、屋面几经修葺，梁架、基础等其他部位保存完好。大殿檐高6米，通高8.3米，面阔5间20.6米，进深七檩，步架间距1.78米，四柱明梁。天后宫是历史上泗阳地区商业发达的见证，是市级文物保护单位。为发展旅游，泗阳县于2017年投资4亿元扩建老天后宫，把天后宫列为重要的旅游景点和重点扩建项目。

（二）玄帝庙

玄帝庙位于泗阳县城众兴镇南五里处古黄河和京杭大运河南岸，庙南为明清桃源故城遗址。据《泗阳县志》记载，该庙始建于清康熙十九年（1680），为当时知县万谦创建，整座庙坐北朝南，后屡经修葺。现存正殿为1937年所重建，为砖木结构单檐硬山式建筑。

（三）梵音寺

梵音寺位于泗阳县城众兴镇南。原为建于清初的观音庵，距今已有300多年历史，原址位于运河北岸众兴镇北门内。1992年台商陈慧剑回大陆探亲，见观音庵太狭小，倡议岛内信众捐款重建，并更名为梵音寺。

（四）桃源故城

桃源故城位于泗阳县众兴镇城厢社区城厢街西3千米处。桃源县始置于元至元十四年（1277），明正德六年（1511）因旧址修筑，万历十年（1582）重浚城濠及城门。清康熙七年（1668）地震城圮，雍正十一年（1733）兴工重修。1914年，改桃源县为泗阳县，1939年，毁于战火。城址略呈方形，城垣周长2350米，宽4～6米，城高1米；护城河长2410米，宽4～10米，深2～3

米。城内历史文化遗存有南宋刘世勋墓等遗址。刘世勋墓俗称"刘老坟"，位于桃源故城西门北侧，呈半圆形土丘，高3米，底宽南北13米，东西15米，顶部面积约19平方米。2004年，刘氏后裔自筹资金修墓立碑，墓碑上撰有《刘太尉墓重修记》一篇，文中记载：

……刘太尉讳世勋之墓，曾为县名胜古迹。清高宗乾隆皇帝南巡，驻跸桃源县陈家庄行宫时，御笔亲书"大宋敕封通天彻地刘真君之墓"。由县令勒石制成巨碑，立其墓前。县人及族人按时节前往祭扫……此碑历尽数百年，战前仍巍然屹立。后在动乱中被毁，墓园亦年久失修。为存史育人，经商榷由族众集资重新修复，以垂永远。

第八节　大运河上的徐州古城镇

徐州为古九州之一，《尚书·禹贡》有"海、岱及淮，惟徐州"的记载，海岱地区是人类早期文明的发源地。徐州境内中东部多丘陵山脉，湖泊水系发达，水运交通条件便利。徐州素有"五省通衢"之称，城市发展的历史与运河交通密不可分。尤其是早期，汴水自西北而来，泗水自东北而来，汴泗交汇于徐州城东北角，早期运河主要满足军事上的运粮运兵的需要，因此城市发展带有浓厚的军事色彩。南宋黄河夺淮以后，此段运河为黄运交汇处，与黄河的关系错综复杂，尤其是运道上有吕梁洪和徐州洪险滩，因此，为确保漕运畅通，明代时

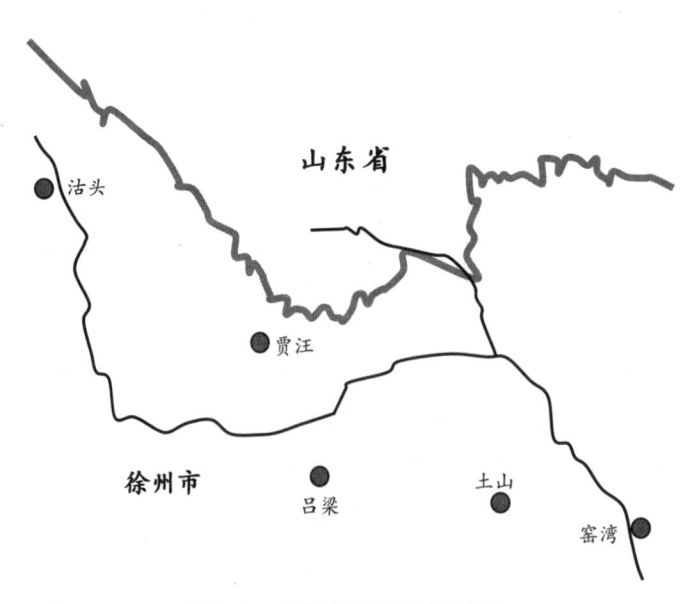

图3-8　京杭大运河（徐州段）

大力疏凿开浚，但终无法根除黄河二洪之险，于是采取了开凿泇河以避黄行运的措施。泇河开通导致徐州的交通地位有所下降，不过仍是重要的运河城市之一。

一、闸口沽头

沽头城，位于徐州以北的沛县。明成化二十三年（1487），主事陈宣在沽头上闸附近设立新集。据陈宣所撰《沽头新集记》记载，工部分司刚设立时，此处很荒凉，居民不多，于是提议在分司衙署附近空旷地带设立集市，集市位于中街，五日一集，召集愿意在沽头闸居住的百姓50多家，给予优厚的政策。此外还设立专人负责管理，设"集长"管理祭祀，设"教读"训导儿童，设"老人"掌管"市法"。嘉靖《徐州志》记载，当时徐州有镇店集20个，沽头闸店是其中之一，可见沽头已发展成为运河沿线重要的集镇。嘉靖二十二年（1543），在工部员外郎侯宁的主持下，沽头闸建设沽头闸城。侯宁所撰写的《筑城始末》中记载了建城的原因：沽头地处两省之间，"民多四游，又孤危而难守者，故夫域民卫众，有主者之责也，而漕河积贮用戒不虞，亦吾司水者之则也"，当时内忧外患不断，"边报孔炽，中外戒严，而内寇负险，亦且为乱"，故在郡县纷纷建城的背景下，也考虑在沽头闸建立城垣，维护堤防安全。沽头城位于沛县东15里沽头闸东北，高2丈，阔2丈，周围3里，东、北两面修筑高墙，在沽头滨河两侧修建大门，城门宽1丈，高1丈2尺，城基长3丈2尺，高1丈6尺，城后面开挖护城河深1丈8尺，宽3丈2尺，城前面护城河深9尺，宽2丈2尺。修城调用夫匠2000多名，主要是来自诸闸和浅铺的闲旷之工。但好景不长，嘉靖年间南阳新河开凿以后，城池淹没于洪水中，再加上隆庆元年（1567）将沽头工部分司转移到夏镇，沽头开始衰落下去。尽管万历十三年（1585）左副都御史张岳特别强调夏镇固当开，而沽头不可弃，但因运道迁移、管理不善，再加上黄河决曹县，沽头闸俱废，终无法阻止沽头镇衰落的大势。

（一）歌风台

歌风台是为纪念汉高祖刘邦的《大风歌》而兴建，位于徐州市沛县汉城公园内，是"古沛八景"之一。公元前196年，汉高祖刘邦平定淮南王英布的叛乱，回归故里，置酒沛宫，邀家乡父老欢宴，把酒话旧，感慨万千，酒酣兴起，击筑高歌："大风起兮云飞扬，威加海内兮归故乡，安得猛士兮守四方！"这就是文学史上著名的《大风歌》。此歌只有三句，却字字金石，掷地有声。歌风台原为土台，筑于沛县古城东南、泗水西岸。斗转星移，朝代更替，歌风台或没于洪水，或坍于兵灾，沛人屡毁屡建。1995年，沛县县政府筹巨资于故址新建歌风台。

今天的歌风台，建筑面积1.26万平方米，高26.8米，是沛县汉城公园建筑群的制高点，壮阔雄伟，在全国同类建筑中首屈一指。风云阁、邀宴堂南北对峙，名人题咏镌于东西碑廊，中间矗立汉高祖刘邦汉白玉雕像。邀宴堂内，有著名书法家、沛人朱焰所书"汉汤沐邑"金字匾额，并立"大风歌碑"三方：一块汉碑，高近四米，宽一米多，碑文字体浑圆遒劲，结构匀称优美。据《沛县志》和《徐州府志》记载，为东汉蔡邕或曹喜所书。今人冯亦吾先生考证为西汉沛人文学家爱礼所书。诸说不一，但被公认为我国的书法珍品。汉碑现存部分约为原碑的四分之三，石质坚细，虽历两千年风雨剥蚀，文字仍清晰可辨。第二块碑为元碑，系元代大德年间摹刻。第三块又称甲子碑，是沛县人民政府于1984年（甲子年）请书法家孟昭俊照原碑摹写新立。

历代文人墨客在歌风台留下了大量名篇佳作，如南宋爱国诗人文天祥的《歌风台》云："长陵有神气，万岁光如虹。有时风云变，魂魄来沛宫……我来汤沐邑，白杨吹悲风。永言三侯章，隐隐闻儿童。叶落皆归根，飘零独秋蓬。登台共恻恻，目送南飞鸿。"元代诗人林宽《歌风台》云："蒿棘空存百尺基，酒酣曾唱大风词。莫言马上得天下，自古英雄尽解诗。"明末爱国诗人阎尔梅留存歌风台诗十余首，清代著名文学家袁枚也曾写过两首《歌风台》诗。

（二）沽头分司遗址

沽头分司遗址位于徐州市沛县胡寨镇沽头村，明朝时工部曾在此设督水分司。在该村南面的空地上发现了一块"重修祥国寺记"碑，高约2米，碑文写于明弘治五年（1492），记载了祥国寺以及附近寺庙的僧人、县里的官员、沽头村以及大闸、小闸等附近的村民共同商议并筹划重修祥国寺的经过。

二、贾汪潘安

贾汪镇位于徐州市东郊，贾汪城区坐落在该镇内，贾汪镇历史悠久。春秋战国时期即已形成村庄。徐州考古队曾在泉东村发掘出陶俑、陶罐等物，经专家鉴定距今有2000多年历史。震惊中外的淮海战役的总前委医院就设在大洞山脚下。贾汪镇，地处徐州城东北部，是古代泗水险滩秦梁洪所在地，很早便得泗水航运之便。南宋黄河夺淮以后，还深受黄河水患的影响。明代以后，贾汪人口增加。清乾隆二十九年（1764），自微山湖以下原泗水故道流出了一条新河道，因流经不老村，故名不老河。不老河南支一段在明万历以前曾在较长时间内用作通航河道。清咸丰九年（1859），贾汪设有集市。光绪八年（1882）发现煤矿以后，揭开了贾汪煤炭的百年开采历史。贾汪开采的煤炭利用运河输出，随着煤炭的开采和运输，贾汪城逐渐发展起来。1935年，黄河在山东决口，大水下注南四湖，经不老河下泄，洪水经贾汪南部注入中运河。今天流经贾汪的京杭大运河，是1958年秋至1961年春对不老河截弯取直开挖的新河道，发挥了泄洪、排涝、灌溉、航运等多方面作用，蔺家坝船闸是该河段的重要船闸，原不老河的作用被京杭大运河取代。

潘安古镇占地面积约8万平方米，总建筑面积3万平方米，设有潘安祠、潘家大院、古戏台等，潘安古镇以北方民居建筑风格，引入现代建筑元素设计建设。内圈商业街为全木结构，布局错落有致，外圈居住区为典型的北方四合院民居。所有街道为旧青石板铺装，蜿蜒曲折，曲径通幽。同时借鉴南方滨水建筑的空间体系，内外湖驳岸亲水平台、曲折长廊增加了几分与自然契合的朴素秀气。建筑使用古老的施工工艺，木雕、石刻、砖瓦石均为老砖老瓦。青石小巷，青砖黛瓦，百年古树，处处彰显古镇古色古香厚重的历史风貌。

三、宋城吕梁

早在正统年间，吕梁洪就有"吕梁镇"之称，正统《彭城志》称："吕梁镇，去城东南六十里，在吕梁洪上。"《吕梁洪志》记载，工部主事也致力于在吕梁洪上开设集市，"至于王公集、费公集、龙兴集，则亦先时部使者所开，今为市云"。明代吕梁洪上就有王公集、费公集等集市，成为人群活动贸易的重要空间。此外，在二洪上还有庙宇，如河平王庙、龙神庙等。万历间河开凿以后，徐州段运河不再通行北上的漕船，仅通行南下回空的漕船，对徐州发展带来了比较大的影响，"军民二运俱不复经，商贾散徙，井邑萧条，全不似一都会"，"则河告成，行旅不复取道彭城，其管洪主事高枕空垒，阅无一客可延接矣"。

（一）吕梁洪与孔子观道亭

吕梁洪在徐州东南30千米的吕梁山（今称坷垃山）之下。因为位于古吕城（春秋时代宋国城邑，今废），水中有石梁，所以称为吕梁洪。其西岸有三国时吕布筑的城堡，今已湮废。吕梁洪分上洪、下洪，相距七里。由于泗水屡被黄河夺去水道，于今泗水河道已夷为平地，只有山下鹅卵形的沙砾和上洪村、下洪村的地名还依稀存其痕迹。[1]

吕梁洪水势险恶。《庄子》《列子》等古籍记载，孔子曾在这里观看瀑布。吕梁洪"巨石齿列，波流汹涌，悬水三十仞，流沫四十里，鱼鳖不能游"。据说孔子观瀑之际，看见水中有一男子随波逐流。孔子以为是个心中有苦而想投水自尽的人，便叫学生沿岸跟踪，设法搭救他。追赶数百步，那人竟从急流中潜游而出，在岸上披发啸歌而行。孔子非常惊奇，怀疑遇鬼，仔细察看才确信是人。孔子向那人讨教"蹈水之道"。那人说："吾生于陵而安于陵，故也；长于水而安于水，性也；不知吾所以然而然，命也。"这句话的意思是说："我最初生于山陵，而安于山陵的环境，形成了习惯；在水中长大，又习惯于水中生活，培养了性能；在水中活动已经完全成为自然的事，像命中固有的一样。"孔子听了这段富有哲理的话，十分叹服。

《庄子》《列子》所述多篇寓言，未必是历史事实。然而孔子观瀑闻道的故事脍炙人口，广为流传。由此附会出一些与之相关的地名和民间传说。《铜山县志》所载"悬水村"，据说是当年孔子观瀑的地方，"晒书山"是孔子观瀑时不慎弄湿了书简，摊开晒书的地方。而"圣窝村"则是孔子住宿过的山村。据说孔子观赏激流，沿河奔波，疲惫不堪，他原想夜宿吕城，不料一只小狗咬住他的衣角，硬是把他拖向北去，任凭喝打，小狗咬住不放，孔子只好翻越山岭，借宿山村。恰恰就在当夜泗水暴涨，淹没了吕城。当然民间传说不足为据，事实上吕城是明代之后淹没的。

---

[1] 邓毓昆. 徐州胜迹[M]. 上海：上海人民出版社，1990:22-24.

如果说民间传说是孔子观瀑的口碑纪念的话，那么孔子观道亭的修建则是实物纪念了。

孔子观道亭是明朝徐州吕梁工部分司员外郎张镗于明代嘉靖十四年（1535）所建。张镗登临吕梁洪畔的塔山，远眺诸山环拱，风景秀丽，追怀孔子的圣迹往事，联想到自己的岳父乃孔子后裔，于是捐资修建了"孔子观道亭"，来纪念孔子吕梁观瀑。

张镗往谒曲阜孔庙，从孔氏家祠中得到《鲁司寇孔子真像》一幅，遂命人绘图镌刻成石碑，矗立在塔山孔子观道亭旁边，供人瞻仰。

明代又有无锡人秦凤山在塔上建有一座川上书院，其命名取意《论语·子罕篇》："子在川上曰：逝者如斯夫，不舍昼夜。"秦翁又买山地百余亩，所获黍稷为春秋祭孔之用。

清代乾隆三十一年（1766），徐州知府邵大业到塔山游览，见孔子观道亭已坍毁不堪，两尊孔子画像石碑在春秋时节常为洪水浸没，邵大业颇为痛惜，次年便与孔子六十八代孙孔传洙商量修复事宜。铜山县令施恩祖与乡绅也纷纷赞助捐资，于是重建孔子观道亭，"不两月有亭翼然，三石像咸得所位置"，此亭又复旧观。

当年观道亭附属建筑还有观澜亭、聚益亭、大观堂等处，于今俱已不存。只有孔子观道亭遗址，仍有两层土夯高台高耸在塔山之巅。

（二）《疏凿吕梁洪记》碑

吕梁洪是古代徐州著名的三洪之一，也是古泗水、汴水在徐州交汇后通往江淮的必经漕运险段，为此朝廷在此设工部分司。明嘉靖年间，加大了对吕梁洪的疏凿力度，现立于徐州东南伊庄镇凤冠山上的《疏凿吕梁洪记》碑，是明廷疏凿吕梁洪后而立的记事碑，详细记载了嘉靖二十三年（1544）吕梁洪的险恶情况以及军民凿去河中怪石的过程。该碑高2.2米，宽0.8米，由著名书法家文徵明书写，吏部右侍郎、国子监祭酒徐阶撰文，刑部右侍郎、河道总督韩邦奇篆额，号称"三绝碑"。

四、隅头窑湾

窑湾位于骆马湖与加河交汇处，河湖交界形成天然良港，地理位置十分优越，是加河上的重要码头。中运河开通后，物资集散地和商贸中心由隅头迁移到了窑湾，所谓"隅头，旧有汛，后移窑湾"。民国《邳志补》载：窑湾"邳宿错壤，绾毂津要，一巨镇也"。又曰：窑湾"漕艘停泊，帆樯林立，通带闠，百货殷赈。有幸使过客之往来，或舟或车，胥宿顿马。繁富甲两邑，大腹巨贾，辇金而腰玉，倚市之女，弹筝砧屣，有扬镇余风"。各地商人在窑湾经营商品的种类繁多，涉及钱庄、典当铺、瓷器店、珠宝玉器店等。清末，朝廷在窑湾设立盐局销售食盐，窑湾成为淮北重要的食盐运销中心。道光年间，淮北由纲盐改行票盐，"淮北六岸，邳居其一，照湖贩减半收税，每担一元五角六，岸八局销额八万担，邳有窑湾、旧城两局，每年销数平均计算约可四万担"。每年销售的食盐总量占淮北六岸的一半多。窑湾紧邻运河，由于河道走势等原因，至此形成自然港湾，漕运与盐运等货船均在此停靠，夜泊晨航。当地农民为向船民出售农产品，也连夜赶集，天亮前也均返乡，不误当日农活。这种半夜经营、天明即散的早集，当地人习惯称之为"夜猫集"。"夜猫"指的是猫头鹰，因其昼伏夜出，以此反映夜聚晨散的集市特点。当窑湾"夜猫集"成为常例时，市集店铺逐渐增多，窑湾镇的商品市场也随之颇具规模，由此吸引了运河上的往来客商，推动了窑湾商业贸易的发展。

明后期河的开凿，促进了窑湾镇的大发展。窑湾在宿迁县治西北70里，行政区划上属邳、宿两地共管，是宿迁县的首镇。民国《邳志补》称"窑湾集毗连宿迁，漕艘停泊重地"，可看出窑湾分属两地同时管辖的行政格局。从城镇形态来说，窑湾有4个城门，分别为大东门、北城门、西城门、小东门，清康熙年间修筑城墙时，大东门、北城门、西城门改为砖石结构，小东门为1932年张华棠将军所建，故又名华棠门，4座城门在淮海战役中遭受重创，先后被击毁或拆除。从街区布局上看，窑湾镇的街区布局较为独特，道路不是棋盘式布局，而是S形。清康熙十年（1671），一批明朝遗老被发配到窑湾等地震灾区，他们利用窑湾S形自然河岸筑6里街道，又按"九宫八卦"方位建10条街道和一条回民街，形成了密湾的基本格局。道光年间，窑湾武举人臧纡青在邳州、宿迁、睢宁三地募练乡勇其间利用密湾既有的天然八卦地形，布设"奇门适甲八卦迷宫阵"，由一条S形东南至西北的狭长街道作为八卦地形的大极线，分出12条纵深较长的巷道作为"十二地支"，并在镇区内多处设置10座砖石结构的方形地楼作为"十天干"，炮楼顶端设5块方形标志象征五行。由"狭长弯曲的街道和深巷地形、地物布局"构成窑湾镇区迷宫式的街道形态。其街道具体走向与布局为：从西门至界牌口为东西大街，越过界牌口至拐弯处亦有条东西向大街,从拐弯处至南炮楼为一条南北向大街,从南炮楼向南为新盛大街,在前河有一条回民街,运河西岸还有一条小街。总体上而言,窑湾镇区及其街巷布局是依循当地河势地形而建的,正所谓"窑湾借长堤而筑,楼阁轰起,店铺云密"。也就是说所谓窑湾的八封迷宫地形并不难以理解,它的街道建筑主要是根据运河、沂河的流向规划的:"先顺着运河的东西方向,修筑了东西街,到拐弯这个地方,河势变成南北方向,因之又修建了南北大街。从西门经山西会馆,经界牌口到杨巷子,转向小北门这条街,又是顺沂河方向建造的。镇中央的汪塘,则是为筑东西、南北两道街取土培堤挖掘而成的。"

(一)山西会馆与关帝庙

山西会馆位于窑湾西大街中段,坐北面南,和西当典同街相对,原为唐代关帝庙,院内有棵千年古槐。清康熙年间,清兵在山西施行"圈田令",将汉人地主土地夺去,将他们赶到苏鲁地震灾区荒无人烟地区开荒生产。一批山西财主来到窑湾,看到古槐和关帝庙,便在此住了下来,关羽是山西人,他们希望关老爷能保护同乡难民平安,安居乐业。由、丁、薛、刘、王、吴、段七家集资在关帝庙建山西会馆。关帝庙大殿飞檐翘角,雕梁画栋,殿门上方匾书"万古英风",大门左右书有对联,上联"志在春秋功在汉",下联"心同日月义同天"。大殿中神龛塑关公像。清乾隆年间,尊孔敬儒,山西会馆主事闫一忍,在关帝庙东建孔圣殿,正殿西建岳王殿,在院中建钟鼓楼。正中门楼书写"心印尼山"四字,钟鼓楼右边两块石碑刻记建会馆捐款人名单。左边一块是建会馆事记,右边一块是唐代建关帝庙事记。古槐树下有一大铁钟,铸文记载明洪武七年(1374)夏修大运河,邳州窑湾口合镇铸制。古槐树下有汉末时关公喂马槽和关公磨刀石。会馆大院地面青石板铺地,院东西两边各建5间花厅。正前门3间楼,正中大门上方石板刻"山西会馆"四字。前门楼北面就是戏台,东西两边花厅楼都能观赏戏楼演戏,前门楼两边还有厢楼各一座。

山西人性格淳朴、义气、勤俭、善经商。窑湾13家钱庄多数是山西人经营,东西两家当典都是山西人创办。乾隆年间,窑湾招商引资,由山西引进现银30万两,打成12个银碌石,4个骡子拉1个,从山西拉到窑湾。钱庄贷款,当铺典当,保证了窑湾粮商、盐商资金的扩大,使经营活跃起来,对繁荣窑湾经济做出了很大贡献。山西会馆千年古槐受到窑湾山西人的崇敬,每当会馆同外商订合约，都要共同拜古槐，叫作合同"千年不坏（槐）"，同时共同叩拜关公。山西人讲究"义"字，对外地商人备加照顾。外商可以吃住在会馆，会馆保障外商货物、人身安全。会馆还对长期有经商合同的外商，在贷款方面给予方便。从窑湾西码头渡河、运货均免费。会馆戏楼常给商人演戏，常在古槐树东边的花厅楼设宴席招待外商。会馆西40米大通旅社有秦淮歌妓，招之即来，给商人歌舞。山西会馆后门就是后河夜市集，外商晚间由后门去夜市集、娼妓院、保局、赌场、大烟馆，自费玩乐。但会馆内禁止上述活动。

山西会馆提倡行商"诚信"，经营讲究道德。"君子爱财，取之有道"，决不准牟取暴利。各省会馆也都参照这规定执行。这些规定促进了公平竞争和市场繁荣，确保了社会安定。几百年来，窑湾从没出现市场暴力、抢财和亏本倒闭自杀的现象，由于市场"诚信"，招来很多外商。窑湾人到外地经营，也十分注意保持"诚信"，因而也得到外地人的欢迎和保护。

（二）福建会馆与天后宫

福建会馆位于前河码头新盛街西段。坐东面西，如意门楼，两扇红漆大门，大门上方石板上刻有"天后宫"三字。福建商人来自福建沿海一带，他们外受海上倭寇抢劫，内受清兵征用商船打仗困扰，为避兵灾来到窑湾，在窑湾运河码头建福建会馆，并在会馆内建妈祖"天后宫"。宫殿建于会馆前院北边，坐北面南，青砖灰瓦，飞檐舞角，雕梁画栋，正殿六扇木雕格子门。中殿神台上供奉的天后妈祖娘娘，头戴冲天冠，身穿道服，两边一对掌扇宫娥，殿前红漆抱柱上金字对联，上联是"环中慈母女中圣"，下联是"海上福星天上神"。殿檐上方额书"天后宫"。大殿两边有偏殿，东偏殿供奉孔圣像，西偏殿供奉关圣像，前院5间东楼，楼下是会客厅，客厅内一套福州式木雕红木家具，后墙边放条形翘头案，案上设有铜香炉，一对铜蜡烛台。后墙挂财神爷像，两边有对联，上联是"掌万民福泽"，下联是"通天下财源"。客厅内南北隔扇墙放月牙木桌，月牙木桌前各放四把红木雕太师椅，椅边放茶几、花几各一件。客厅左上角立一架博古架，上放景德镇蓝瓷花瓶、瓷壶等古董和文房四宝等物。博古架边挂8幅窑湾八省会馆工笔画图。二道院往南过道楼便是戏楼。二道院东西两厢是花厅，西花厅楼又叫"望月楼"，早望旭日东升，晚望皓月当空。在西窗口远看夕阳余晖、巨山云雾，近看大运河点点白帆、渔船炊烟。南窗可观三道院花园内凉亭、山石、荷花、翠竹。向北就是花厅本身，专设观戏表演的雅座间。1765年，清乾隆第四次南巡回来路上，同纪晓岚微服私访来到"天后宫""望月楼"饮酒吟诗。"福建会馆"吴洪兴烟丝店老板，看纪晓岚吸他店富春牌细烟丝绝口夸好，即送纪晓岚二斤八两白金打造的水烟袋。后来人们称纪晓岚为纪大烟袋，故事从此事说起。清咸丰二年（1852），兰儿（慈禧）被选为秀女，由江南进京路过窑湾，被洪水困住，在窑湾后河避难时，曾在窑湾"天后宫"烧香拜神，祷告一路平安进京入宫，拜神后留下诗句。

福建会馆的人精明能干，善商贸。例如吴洪兴在窑湾的烟丝店就有5处分店，资金雄厚，号称"吴半街"。吴家烟丝畅销大江南北，北京、天津、哈尔滨都有他的烟丝销售点。鸦片战争和太平天国战争促使江南及沿海一带商人逃向江北窑湾经商，这里社会安定，无土匪抢劫，无官兵扰乱，为江南客商提供了绝好的经商环境。沿海一带富商来窑湾经营，必先朝拜"天后宫"内妈祖娘娘，"天后宫"内香火特别旺盛。1938年日本侵占窑湾前夕，窑湾绅士富商逃往江南，福建会馆人员离开得最多，也走得最远，多数迁到福州、广州、香港等地。

（三）苏镇扬会馆

清康熙初期，苏州、镇江、扬州三城市的一些人来到窑湾，在南大街中段坐西面东建一所"苏镇扬会馆"。苏镇扬会馆，建筑是普通古民居，砖木结构，青砖灰瓦乌脊。四进四合院落，靠街面有8间门楼，门市5间。北面5间是会馆主院，苏镇扬会馆在清末民国初期办五洋公司，出售自行车、手电筒、电池、胶鞋、热水壶、洋袜、洋瓷盆等洋货。会馆头道院3间堂楼，中间过道楼5间，过道楼下有两尊1.5米高的木雕秦琼、尉迟恭两个把门神，过道楼上供奉孔圣像，两厢楼上下是洋货库房，二道院堂楼和过道楼是商报印刷间、电报收发间、道具服装室。三道院早年是盐行、盐库，清末时是火柴公司库房，第四道院是苏镇扬会馆后门，早年是盐行，民国初期是火柴公司门市。苏镇扬会馆南面的3间四进院落，早年开粮行，清末民国初，是镇江帮尹占奎的中美合资美孚石油公司。在第四道院后门，是前河岸边新盛街，民国初期是扬州帮江姓开办的中英合资亚细亚石油公司。

苏镇扬会馆的主要精力用于文化教育和慈善事业。这批南方人中，除了有精明的商人，还有学识渊博的文化人，他们创办私塾学馆，以教学救国，用中华民族传统文化、孔孟之道和儒家思想教育学生爱家乡、爱民族，不当满清官员。后来，窑湾出现不少爱国将领和教育家，如跟林则徐一起参加鸦片战争的臧纾青将军，和八国联军作战的马从凯将军，同康有为、梁启超一起"公车上书"要求皇帝变法革新的陆文椿举人，收复台湾接受日本投降的陈颐鼎将军，与日本浴血奋战8年的臧公胜司令员、徐玉珍司令员等。清朝时期，窑湾出了一品官1名，三品官3名，七品官1名，3名举人，7名拔贡，13名秀才。一个偏僻古镇出这么多人才，主要是靠地方深厚的传统文化的熏陶，归功于苏镇扬会馆一代代教育家。

苏镇扬会馆较为出名的人物，有苏州帮的陆士杰、陆修钠、陆文椿，镇江帮的刘鹗等。在清乾隆年间，陆士杰参加编纂《四库全书》。告老还乡后，晚年创办学馆，他退休前是三品官员，还兼任八县科考保领。清咸丰年间，陆修钠千总为窑湾创办公益事业，建"水龙会"4处（民间消防会）。光绪年间，举人陆文椿在窑湾创建孤寒院、保育院、丐收所、施医所，使本地区贫困户饿有饭吃、病有所医、穿有衣服，促进了社会和谐安定。刘鹗在光绪二十五年（1899）发现窑湾松柏堂药店和普济堂药店从河南购来的中药龙骨中刻有文字，刘鹗亲自同喻汇武、宗义辉两位中医到河南安阳县去现场考查，收集整理大批"甲骨文字"，编写了中国第一本关于"甲骨文"的书《铁云藏龟》。

（四）江西会馆与万寿宫

江西会馆位于南大街南哨门北100米，坐东面西。在清康熙年间，由江西南昌姓宗、减、赵、姚、喻、徐、龚的七家集资建造。会馆前门临街，一排古式楼房，南端有高大的如意门楼、飞檐翘角、屋脊蓝瓷壶宝顶，脊两端龙头鱼尾吻脊；门前青石台阶，门两厢一对青石狮子把门，门上方竖一块江西景德镇蓝花瓷"万寿宫"画，由如意门向里有一条3.5米宽、50米长的砖铺路道。此院东第二道院可由如意门进去，越过火神殿门前进入会馆中院。宽大宏伟的逍遥宫，飞檐翘角，殿脊雕塑天兵神兽。大殿正脊上葫芦宝顶砖木结构，内外6根粗大红斗拱柱，每柱下有石鼓盘为基。大殿青方砖铺地，中央一块1米多宽青方石，为跪拜神灵位置。后殿有2.5米宽、1.5米高砖砌神台，台上雕塑一尊头戴道帽、身穿道袍、2米高的涂金药王座像。大殿两边，南偏殿供奉火神像和风火童子，北偏殿供奉水神像同龟蛇二将。大殿前10米方形青石台，台下边是青砖铺地，院落里有两棵百年梧桐树。

院南北东三面是15间青砖瓦串楼，楼下回廊曲折，檐下雕梁画栋。北堂楼下供奉孔圣和魁星像，东楼中过道上是岳王阁，供奉岳飞父子二人塑像。塑像两边有对联，上联是"千秋冤案莫须有"，下联是"百战忠魂归去来"。过道楼东门前是3.5米宽飞檐出厦，青石台阶，樟下两根红拱柱，门两边石雕狮子。下了9级青石台阶就是后大院，最东边是一座重檐飞翘、雕梁画栋、雕龙画凤的琉璃瓦戏楼，楼前台由12条拱柱交错支架而成，楼前檐是一对木雕狮子戏绣球，偏檐木雕一对刘海撒金钱。戏楼天棚是360块西字形扣木，螺旋转衔接扣固定。天棚中央是直径1.5米的圆形木雕盘龙图案，露天戏楼按建筑几何学、音响学原理修建，戏台上发音声贯满院。民国初期，窑湾天主教堂美籍神父和德籍神父多次测绘和拍摄这座戏楼。1939年日本专家两次绘戏楼图。此戏楼在1958年"大跃进"大炼钢铁时被拆除。药王大雄宝殿按照杭州灵隐寺中大殿图纸建造，它是苏北工程最大的庙殿，能容纳600多名学生在大殿内开会。1975年被拆除。先拆四面砖墙，一砖不留，仅剩木柱支撑屋面，但屋面一点不变形，可见这木结构何等坚固。这些砖木石料落入私人家中。1982年，江西会馆还有30多间古楼房，后被窑湾小学拆卖，用途不明。这些明清古建筑物被破坏，使人痛心。

江西会馆经营的是药材。当时进入窑湾的外地药品有西藏的羚羊、藏红花，云南、贵州、广州的砂仁、沉香、木香、冬虫夏草，四川的天麻、贝母，河南的龙骨。几省药商来窑湾出售名贵中药材，又将窑湾7家药铺的膏、丹、丸、散等成药购回再外销。窑湾中成药曾外销东南沿海城市、大江南北和天津、北京等地。江西会馆有七家药铺，其中赵学敏是明末御医，著有医学书籍传世。宗柏云、皇宫御药师喻昌，是明末名医。他们都有医学著作传世。姚、涂、龚都是明皇宫御药工，他们都有宫廷制药秘方，明朝时西南各省名贵药材都是由他们运来。窑湾中医医术高明，医德高尚，中成药销售面广，利润丰厚，积累了雄厚的资本。江西会馆是窑湾医药界的行政机关，也是苏北医疗中心。江西会馆对医药人员不断进行传统医德教育，从没有下达不合理命令和罚款条例。他们控制了窑湾医药市场，使医药价格长期保持稳定，市场无假药。他们注意预防病疫流行，解决贫困病人看病难问题，起到了安定社会、繁荣医药市场的作用。

（五）山东会馆与三圣庙

山东会馆位于南大街最南端，坐东面西。早在唐朝，这里是三义庙。清康熙十年（1671），山东一批反清文人义士，被迁徙来到这地震不久，荒无人烟的地方。从山东孔孟家乡曲阜来的孔、孟、孙、颜、李、刘、胜、池、田九姓家族集资，在三义庙处建山东会馆，并塑孔圣像供奉，由于当时病疫大流行，又塑医圣张仲景像供奉。因此，把原唐朝的三义庙改为三圣庙。在山东会馆前门街口接近大运河码头前院（西院）是3间堂楼，青砖灰瓦，砖木结构，楼内供奉孔子塑像。东偏殿是魁星阁。孔圣殿对联的上联为"气备四时与天地日月鬼神合其德"，下联为"教重万世继尧舜禹汤之武作之师"。第二对联为"德作天地，道贯古今"。

二道院内坐西面东是唐代建筑大雄宝殿，中间向前伸檐柱，下边三尺高方台，前檐左右两根红色拱斗柱。柱下石鼓墩，柱上书对联，上联是"精忠昭赤日"，下联是"大义贯青天"。大殿内青方砖铺地，中心有1米高砖石筑的神龛，神龛内中间坐刘备，头戴冲天观，28岁相貌，右边坐黑脸大眼、身穿软甲的张飞，左边是关羽，身穿软甲，红脸膛卧蚕眉丹凤眼，三人年轻塑像都没有胡须，刘、关、张在窑湾初创业时正值青壮年时期。这座唐朝玄宗时的三义庙，建筑风格最古老。庙右边有一块青石碑，上刻有"唐玄宗七年窑湾口合镇立"字样。左边是1.5米高铁钟，铸有清康熙五十二年（1713）三义庙改建三圣庙铸文。院内有3棵千年古松柏。在三道院南院大殿是阁王殿，内雕塑判官、牛头马面、日游神、夜游神、吊死鬼、开路鬼、勾引鬼、捣磨研鬼。三道院中大殿雕塑有十八罗汉，九天玄女，天兵天将。三道院北面有北善门通往菜市街。

山东会馆的山东帮人，性格豪爽，尊孔崇德，讲信义，在清康乾时期，山东会馆在全镇经济实力雄厚，南门渡口属山东帮管辖。码头货船生意很多，会馆设镖局，一帮山东大汉保护市面安全，经商者公买公卖，远路船商都愿到这码头上做生意。乾隆五十三年（1788），江南运粮官船用官府救灾粮，在山东换年轻美女到江南贩卖。窑湾山东会馆工人会合窑湾安徽会馆和河南会馆码头工人，由刘武举牵头，去运粮船上打贪官，救回穷苦姐妹。运粮官是朝中和坤一伙贪官，告发宿迁灾民抢皇粮，抓去宿迁县衙，找出领头肇事人刘武举，下令将窑湾山东会馆、安徽会馆、河南会馆封抄，参加救人的工人就地正法，杀了5个。时隔多年，后来人只知道三圣庙，不知是山东会馆，更不知道三圣庙就是唐朝三义庙，窑湾典礼公所就是当年安徽会馆，前河沙滩王家花园就是当年河南会馆。后来，嘉庆皇帝杀了和坤，刘武举坐了18年牢平反出狱，儿子中了状元，亲自来窑湾三圣庙，给因救山东受难女子被官府杀害的工人祭拜亡灵。

（六）安徽会馆与典礼公所

安徽会馆位于今窑湾中学教师宿舍。民国初期为典礼公所，是宣扬尊孔、尊儒精神的民间组织。早在清康熙年间，反清义士被剿杀逃到这里，在江西会馆和苏镇扬会馆的帮助下建安徽会馆。由姓余、张、江、王、唐、巩、纪七家集资所建。会馆坐南面北，前扇门是一对红漆大门，两厢有石鼓。头道院内中间3间，大殿两扇木格子门，中大殿是供奉地藏王，东西偏殿是木雕十殿阎王爷。二道院东西厢房各3间，供会馆办公用。南大殿3间，中殿内有1.5米高神台，荷花座上塑如来佛，西殿供奉观音。观音像两边书对联，上联是"杨柳枝头甘露洒"，下联是"莲花坐上慧风生"。东殿供奉孔圣，殿门两边有对联，上联是"生民来未有夫子也"，下联是"知我者其唯春秋乎"。佛爷殿西跨院是月亮圆门，上书"别有洞天"四个字。院内种植松、竹、梅、兰和山石盆景。东跨院月亮门内有3棵梅花和两棵松。

安徽会馆主要是船帮，他们是明末红花会会徒。清乾隆初期，被招安改为清帮，帮主控制船民在南码头转运粮和盐。第二支安徽帮人开镖局，做水陆保镖生意。乾隆五十三年（1788），安徽会馆因参与打蛮船救受苦受难女青年，和坤诬告他们抢皇粮，皇上下旨查抄会馆，封了会馆门。清嘉庆初期，贪官和坤被皇帝杀了，打蛮船事件平反了，安徽会馆重新开始经营。清道光三年（1823），安徽会馆镖局押福建会馆镖银十万两去福建，镖头被倭寇火枪打死，镖师劫去十万两镖银。安徽会馆后来还清福建会馆镖银后就垮了。安徽帮船民多属安清帮淮系窑湾列堂会。窑湾列堂会就设在安徽会馆旧址。

1912年，清宣统帝退位，民国成立。民国初全国宣布自治，军阀混战各自为政。窑湾以陆文椿举人为首的一批维新改革派将"安清帮"江湖组织经过改造，引导为"道德会"民间组织，把肉体的帮规刑罚改为用儒家伦理道德进行教育，敬重孔子、关公两圣人，讲孔孟之道。以关公桃园结义的"义"字为本，对内团结，对外信义相处。安清帮本质上是个反清组织，被清乾隆招安后，并没有帮助清政府压迫老百姓，所以这个民间组织能生存几百年。在抗日战争前，窑湾安清帮在安定窑湾社会中起到了一定作用。

1930年，张华棠将军驻军窑湾，道德会成为社会慈善事业组织，在安徽会馆旧址挂牌"典礼公所"。

五、邳州土山

土山镇位于邳州市南部，北距邳州市区15千米，东与八路镇毗邻，南与城镇接壤，西邻八义集镇，北隔防亭河与碾庄、议堂镇相望，是邳州市南部的历镇和集贸中心。土山镇是一个有着2000多年历史的苏北名镇。《三国演义》"屯土山关三事"一章中，关公困土山，张辽劝降，关公约三事的记述，使土山镇驰名中外。明朝天顺年间，建关帝庙1座，为全国第二大关帝庙，素有"北有文圣孔府，南有关帝"之称。

（一）土山关帝庙

土山关帝庙位于江苏邳州土山镇老街，是供奉三国名将关羽的寺庙，始建于明朝天顺三年（1459），先后于崇祯、雍正、道光、民国时期进行过四次大型修复，全庙占地22亩，为全国第四大关帝庙，江苏省第一大关帝庙，素有"北有文圣孔府，南有武圣关庙"之称，因《三国演义》第二十五回"屯土山关公约三事"而驰名中外。该庙有楼台亭宇百余间，关帝殿、贤良殿、议事堂、忠勇堂、戏楼、东西观戏楼、东西厢房、钟楼、鼓楼、牌坊、碑廊等规整分布，形成一个完整的庙宇建筑群落。山顶为马迹亭，传说是关公兵屯土山时之拴马处，亭周有马蹄印、拴马桩、磨刀石等历史古迹。抗日义勇队成立处、淮海战役粟裕将军的前沿指挥所等革命遗址，使之成为红色爱国主义教育基地。土山关帝庙为江苏省历史文物重点保护单位。

（二）沈家大院

清乾隆年间，沈克敬官至太学，家中富有，从京中带图纸在土山老街南建庭院一处，建筑风格极为讲究。此院坐北朝南，分东、西、中、南四个院落。东院有东屋、堂屋各三间，古朴典雅，回廊翘檐，雕梁画柱，与西院遥相呼应。南院有七间古房，砖木结构，明清风格。大门位于中院，前排7间，中间为高于两侧的两层门楼，门楼下有宽3米、高两米的木雕花棱，做工考究。大门两侧各列青石雕刻的石鼓守门，大门为铁板制成，所以又常称作"沈家大铁门"。

（三）浴德池

浴德池是1913年土山富商沈宪邦在明清小街临街兴建的两层门面楼，上下共12间，1924年在前院增建浴池及6间砖木结构更衣室，全宅南北19米，东西30米，占地570多平方米。浴池为拱形建筑，有大小两个浴池，大池长约3米，宽约2米，小池约2米见方。浴池用水来自靠北侧的用砖石砌成的水井，每天天不亮用大木桶人工提满水，室内锅口用木柴作燃料。当时生意非常兴隆。抗战时期，曾作为共产党地下的秘密联络点。

（四）王家大楼

清嘉庆年间，王氏临街建前后两进四合大院。两院南北各有三间古式厢房，后面及中间各五间造型别致的走道，最后排是五间上下两层的大阁楼。整体建筑雕梁画柱、宏伟别致、巧夺天工，门窗雕刻各种龙凤图案，周边均用花砖装饰。二层楼有朝外伸出的木雕走廊，其栏杆、立柱上精刻细雕花纹图案，房顶为小瓦覆盖，远观如鱼鳞万点，近看似青龙条条，经过200年的风雨侵蚀仍保存完好。

（五）魏家布庄

魏家布庄原名万香村茶食店，位于明清小街南头，为一张姓建于清嘉庆年间。临街三间两层楼阁作为店铺，门窗皆刻有各式图案，边沿用花砖镶嵌，店铺内院有古式两层南、西楼各三间，两栋楼的二楼前门面与临街的茶食店二楼内侧皆为朝外伸出一米宽的木雕廊檐，三栋楼的廊檐衔接相通。中华人民共和国成立初期，店铺从张姓转到魏家，魏家接手后，根据自己的经营之道，号称"魏家布庄"，此布庄乃是土山当时最大的布庄。

CHAPTER 04

第四章

运河浙江段

京杭大运河浙江段长128.5千米。两岸绿树掩映，阡陌纵横，一派江南水乡秀色，令人赞叹。京杭大运河浙江段及其分支，流经浙江省北部的杭州、嘉兴、湖州三地，习惯上称之为杭嘉湖地区。

地处长江三角洲南翼的杭嘉湖平原，水网密集，自然环境优越，自古便有"鱼米之乡""丝绸之府"的美誉，是江南富庶之区。

第一节　大运河上的湖州古城镇

在烟波浩渺的太湖之滨，众多村镇就像大大小小的珍珠撒在绿丝绒上。不过，这些城市中只有太湖南岸的湖州因湖得名。它地处浙江省北部，与无锡、苏州隔湖相望，东邻嘉兴，南接杭州，西依天目山。其自古以来就水网纵横，一切似乎都与水密不可分——"苕霅""菰城""汀州"，这些古代湖州的别称都离不开水，文人骚客更是将"水晶宫""水云乡""山水窟"这样脱俗的妙喻送给了它。宋末元初诗人戴表元寓居湖州，发出了"山从天目成群出，水傍太湖分港流，行遍江南清丽地，人生只合住湖州"的感慨！[①]

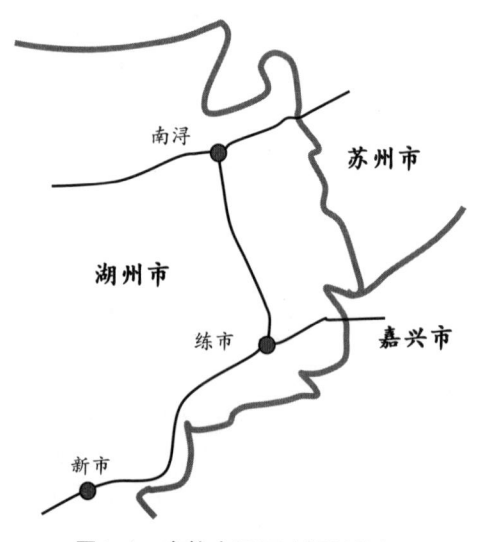

图4-1　京杭大运河（湖州段）

[①] 仰坡.京杭大运河光影实录·浙江卷[M].北京：北京美术摄影出版社，2019:3-4.

一、仙潭新市

新市镇位于杭嘉湖平原西部，在德清县城东北。东、北与新联乡接壤，邻近桐乡县和湖州市，南与高林乡为界，西与梅林乡毗邻。新市镇处于县境内运河东线和中线的交点，为苏杭、湖杭水路交通要道，舟楫往来，昼夜不绝，自古以来即为德清县工商业货物集散和客运、货运的中心。明清时代以快班船、木帆船通往各地。新市前身为陆市（在今雷甸乡东北）。晋永嘉二年（308）夏，淫雨一日，洪水大发，陆市沉没，居民向东迁徙，到此定居，岁久成聚，谓弃陆市而新迁于此，故名新市。新市别名仙潭，据明陈霆《新市镇志》卷一说："地有三潭，故老相传云，晋简寂真人陆修静尝没于潭中，数日乃出，时闻潭底有鸣琴声，又见二仙对弈潭上，丹光出没潭面。里人叶申作赋记其事，状元吴潜遂榜二字曰仙潭云。"镇区在秦汉时为乌程县地，晋南北朝时为东迁县南鄙，唐代先后建武源、临溪、德清县，为县东乡。五代时属吴越国，宋太平兴国三年（978）吴越王降宋，签书枢密院石熙载等检阅地图，奏请立名新市镇，为建镇之始。镇置总管，领军守御。元代设置镇将。明洪武初，改置巡检司，设巡检，掌理地方治安。清代仍沿旧制。

新市名胜古迹，素有"三潭、七景"之称。三潭为仙潭、陈家潭、跃龙潭，潭深水清。十景为三潭夜月、塔院松风、九井寒泉、西溪夕照、渚山花雾、桃源春洞、马迹秋芜、土祠古杏、佛舍灵芝、南寺晓钟。各风景点都有季节特色，曾吸引过不少游客，留下美丽的诗篇。可惜世事沧桑，遗迹大半毁灭。

新市古镇距今已有1700多年历史，是中国历史文化名镇，2011年被列入世界遗产预备名单。古镇位于长江三角洲，杭嘉湖平原的中心部位，京杭大运词穿境而过，电影《林家铺子》《蚕花姑娘》《拿案一等》都曾在此拍摄，被誉为"千年小上海，江南百老汇"。

新市古镇自古繁华，人才辈出，远有东晋大将军朱泗，南朝著名道教学家陆修静，陈国皇后章要儿，南宋状元丞相吴潜，明代学者诗人陈霆，清代宫廷画师沈铨，近代有神学家赵紫宸，中国电机之父钟兆琳先生，中国纺织先驱童润夫先生等。新市古镇是江南少有的保存较为完整的水乡古镇，古镇按三潭，九井，十八块，三十六弄，七十二桥格局建造，极富道教色彩，西河口河埠群，明清宅居群，错落其中。本地特有的传统节庆"蚕花庙会"和"羊肉黄酒节"更是堪称江南一绝。

（一）觉海禅寺

千年古刹"觉海禅寺"位于浙江省湖州市德清县素有"海派水乡、运河古镇"美誉的新市古镇。觉海禅寺始于唐宪宗元和十年（815），当时由新市人钟思染购得土地，报请湖州刺史薛戎同意建寺。不久寺毁，又有僧人彝昌鼎力重建。当时寺名叫作"大唐兴善寺"，寺院匾额采用的是唐燕公张说的字体，悬挂山门，其书直径三尺，书体壮益。

北宋时，由镇人太史章靖刻碑藏寺内之墨妙亭。当时兴善寺寺基非常广阔，东至菩萨桥，西邻永灵庙。但不幸于唐武宗时再毁，唐大中五年（851）又重建。到了宋朝的治平二年（1065）此庙宇才改名为"觉海寺"。当时的大雄宝殿为三开间，殿宇宏壮，后屡建屡毁，到清代中叶毁后再未重建。1995年觉海寺集资百万，于翌年底重建了大雄宝殿，此殿为仿唐式钢骨水泥结构，辅以部分木构件，结构精巧，造型独特，气势宏壮。

（二）南圣堂

在新市南栅日晖桥西堍，向南昌街南端前行，走过五猖司弄口，往南约三十米处，有一小木房，上挂一匾："南圣堂"，大门呈"大阳神"开放式结构，房屋面积不大，约二十平方米，内供有神像。

新市古镇的历史文化渊深博大，反映出它的文化根须来自多种国粹文化土壤，新市的道教文化尤其源远流长。自南北朝到民国时期，约为1500年，时间长河里，新市一直是江南道教的重要活动区，"南圣堂"是道教的祭神建筑，而且不只有"南圣堂"一座，更有"东圣堂、北圣堂、西圣堂、中圣堂"，总为五座，合称"五圣堂"。它们承载着当地百姓对"五方神圣"的祭祀，用于祈愿平安与农事丰收。如此全面的规制，在江南古镇中也很罕见，反映出新市道教文化的深厚。

据说，新市五座"圣堂"建筑始于清代，"东圣堂、南圣堂、西圣堂、北圣堂、中圣堂"五座建筑，均按当年镇栅之关的地方进行设立建造，"中圣堂"建筑则设立在新市镇地域的中心——"高家埭"旁。遗憾的是，这五座"圣堂"仅留下"南圣堂"一座，其余已在近50年时间内被人为破坏。

(三)陆仙楼

在江南古镇仙潭新市,有一座能够代表这个区域的历史文化发展的道观建筑,它雄伟兀然,建筑风格飞檐走翘,钩心斗角,与周边环境相比,显现尊贵的气势,这就是位于仙潭新市东栅谢家园的陆仙楼。该楼建于宋前,正中匾额"寂真观"三字原由北宋徽宗皇帝所书,明清二代曾修复,1972年被拆。该楼现重修迁至仙潭西河口处的陈家潭侧。

陆仙楼是为纪念南朝著名道教学者陆修静而建。陆修静(406—477),字元德,号简寂。吴兴东迁(今浙江吴兴东)人。平素喜游天下,遍访道书典籍。陆修静一生著作甚丰,有关斋戒仪范者尤多。在庐山神秘的"简寂观"中,陆修静采药炼丹,研修道教宗义,达七年。致力于道教经典的搜集、整理,加以分类,列为洞真、洞玄、洞律三部(所谓"洞"是通达、通透、深入、深远、洞察的意思)合称"三洞经书",并撰写了"三洞经书目录",这是最早的道藏书目著作。陆修静为道教经典的收集整理作出了巨大的贡献。

二、蚕乡南浔

地处杭嘉湖平原之北的湖州南浔镇,在明清时期就已是江南市镇群体中一个著名的水乡古镇。南浔地处江南水乡,有史以来构成以水路为中心、陆上交通为辅的便捷的交通网络,它既有利于与周围市镇城乡商品交换,也有利于促进市镇商品经济发展。运河是湖州至江苏水上航行的干流,古称荻塘河,又称东塘河。它从西向东,市河则从南到北穿过市区,形成一个十字形水系,交叉点是通津桥。因而通津桥一带就形成市中心。南浔水运繁忙,有轮船、航船、货轮与周围各市镇相通,东至上海、嘉兴,西至泗安、梅溪,南至杭州,北至盛泽、平望、苏州及各县,西北经长兴、句容至南京。其中被誉为"黄金水道"的湖申航道,堪称"东方的小莱茵河",为南浔河流的主干。

历史上南浔经济发展,是以蚕桑生产为基础的。南浔桑丝生产始于唐代,至南宋,南浔已"耕桑之富甲于浙右"。明清时期,"桑蚕之利,其盛于湖""家家门外桑荫绕,不患叶稀患地少""田中所入,与桑蚕各具半年之资""无尺地之不桑,无匹妇之不蚕"。以上记载,生动地描绘了当时南浔桑园种植经济的盛貌，也反映了南浔在湖州地区蚕桑生产中的重要地位，还体现了在南浔农业生产中举足轻重的位置。

（一）懿德堂与张石铭旧宅

懿德堂，即张石铭旧宅，为南浔"四象"之一张颂贤之孙张石铭所建。整座大宅有五落四进和中、西各式楼房244间，由典型的江南传统建筑和法国文艺复兴时期的欧式建筑组成，可谓中西合璧的经典之作，号称"江南第一宅"。

张石铭（1871—1928），名钧衡，字石铭，号适园主人，不仅是中国早期从事外贸的儒商巨富，还是近代著名收藏家。他的旧居风格独特，结构恢宏，工艺精湛，众多精美生动的木雕、砖雕、石雕以及从法国进口的玻璃雕（蓝晶刻花玻璃），堪称"四绝"。

张石铭旧宅的正厅，悬挂着清末状元张謇所书"懿德堂"堂匾。"懿"是对妇女的尊称，古代女子多德便曰"懿"，因张石铭幼年丧父，家中事务全由母亲操持，为表示对母亲的尊敬和孝心所以取了这个名字。正厅上有一副抱柱联，上联是"罗浮括仓神仙所宅"意指他家的房子很豪华富丽，像瑶池仙境一样；下联是"图书金石作述之林"，是说主人的爱好，藏书、金石、碑刻、书画等，无不涉猎。大厅砖雕门楼上刻"世德作求"，意在世世代代以德为求这是张氏望族的家训。

（二）小莲庄

小莲庄是至今唯一保存完整的南浔"五巨构"之一，因慕元代著名书画家赵孟頫所建湖州莲花庄而得其名，为晚清"四象"之首刘镛的私家花园，始建于1885年，后经刘家祖孙三代四十年经营，由刘承干于1924年建成，为全国重点文物保护单位。

外园的主体是一个占地十亩的荷花池，古称"驻瓢池"，俗称"鱼池泾"。若在夏季，雨有莲趣，风摇菡苕，珠圆玉润，婀娜多姿，依稀可见昔日的繁旋。荷池边的碑刻长廊，共有刻石45方，堪称文物与艺术兼备之珍品。碑刻长廊由《紫藤花馆藏帖》与《梅花仙馆藏真》两部分组成，前者为清代考据家、古文字学家严可钧按《史记》所纂"琅玡台刻石拓本"的铁线篆书全文，字迹大小悉依真迹；后者是江苏省黎里镇人、翰林院待诏徐达源（号山民）与袁枚、阮元等20余位文人学士往来的诗文、信函。

内园（后花园）的主体是一座太湖石叠成的假山，仿照唐代诗人杜牧《山行》"远上寒山石径斜，白云生处有人家，停车坐爱枫林晚，霜叶红于二月花"的诗意取景。刘氏家庙门前有御赐牌坊、照壁、石狮、旌旗，家庙为两庑制，共三进。第一、二进为门厅、过厅，过厅里摆放衔牌、矗灯等物。天井两侧有东西厢房，现辟为刘家望族的展室。正厅悬挂着清宣统皇帝所赐"承先睦族"九龙金匾，内设三坛，始祖居中，左为昭位，右为穆位，供奉刘家列祖列宗牌位。当代作家黄裳曾将其与《红楼梦》里的贾氏宗祠相提并论，足见刘氏家庙的规模在江南罕见。

（三）崇德堂与刘氏梯号

崇德堂，即刘氏梯号，是南浔"四象"之首刘镛三子梯青的居所，建成于清光绪三十四年（1908），是南浔古镇又一中西合璧建筑的典型杰作。

刘梯青，字渊叔，名安泩，梯青是他的号。生于清光绪二年（1876），曾在国子监接受过中式传统教育，同时又受"西风东渐"的影响。整座大宅由南、中、北三部分组成，因两幢西式楼房皆用红砖砌筑，故当地人俗称"红房子"。中部建筑以江南传统风格的厅、堂、楼、厢为主体，设计独特，高敞恢宏，纯粹展示了中国儒家文化的居住理念，别具一格，逐步由中式建筑往西式建筑过渡，南北建筑则融入了西欧罗马风格，其中北部欧式建筑更为壮观，从木质百叶窗到花岗石罗马柱，从欧式玻璃到法国进口的花纹地砖，无不体现出18世纪西欧的建筑风格，连室内的装饰和陈设也是如此，房间摆布欧式家具，壁炉边围着沙发，门窗上镶嵌彩色玻璃。而后园的网球场和钟楼更是江南厅堂建筑的绝唱。洋楼下还沉埋过一场不可忘怀的历史悲剧——清初第一文字狱"庄氏史案"。

（四）百间楼

百间楼依河立楼，骑楼式长廊顺河道蜿蜒逶迤，有石桥相连。各楼之间均有形式各异的封火山墙、河埠石阶、木柱廊檐，与映在河水中的倒影，构成了一幅江南枕水人家的画卷。

百间楼是江南至今保存最完整的沿河民居建筑群之一，相传为明代礼部尚书为女眷家仆而建的居屋。因一河两岸，有楼房百间，故得其名。百间楼那条河本是运河，通湖州、苏州和乌镇，原叫百间楼港，又称百间楼河。此地长板桥东侧有一小村，名叫洗粉兜。传说范蠡大夫带着西施等人渡钱塘江,路过南浔时,曾投宿在这个小村,西施曾用这河水洗掉脸上的脂粉,后来人们就把这小村取名"洗粉兜"。百间楼的沿河民居建筑群落很有特色,专家评说其特点是:"封火山墙高耸入云,券洞墙门层次分明,过街骑楼错落有致,河埠码头邻里亲近。"南浔有句俗语:"让了水面一尺地,占了上面一方天"。意指南浔人造百间楼,既体现了聪明才智,又体现了谦让精神。

(五) 尊德堂与张静江故居

尊德堂,即张静江故居,由张静江之父张宝善于清同治年间(1862—1874)所建。整体建筑为典型的晚清江南豪门大宅风格,四周建有高低起伏的封火山墙。若站在洪济桥上俯视,那灵动起伏的宅第屋顶天际线,可谓韵味独特,堪称南浔一绝。

张静江(1877—1950),名增澄,又名人杰,字静江,别号卧禅,南浔"四象"之一张氏后裔。清末在法国经商期间结识孙中山先生,加入同盟会,曾为辛亥革命作出了巨大贡献,孙中山称之为"革命圣人""中华第一奇人",曾题"丹心侠骨"四字相赠。

张静江故居花厅里有一幢中式小楼,走廊置欧式木栏,门窗设计为西方古典拱券形,采用进口彩色玻璃。据张氏后裔回忆,当时还有一幢三层洋楼,可惜早已荡然无存。张宅大门门额上刻陈立夫所书"张静江故居",黑色的大字镶嵌在水方砖上,没有任何修饰,简朴无华。

张静江故居正厅内,悬挂着清末状元张题写的"尊德堂"堂匾,中堂之画是近代著名书画家吴昌硕为张宝善六十大寿时所赠,对联为孙中山手书"满堂花醉三千客,一剑霜寒四十洲",抱柱联是清同治、光绪二帝之师翁同所书"世上几百年旧家无非积德,天下第一件好事还是读书。"这"积德"和"读书"四字,不仅是张氏的家训,也可以说覆盖了南浔乃至整个江南的商贾名流、文人学士的心智探索和理性嬗变之历程。二、三厅,现辟为张氏望族和张静江的展厅,陈列着很多有关张静江的资料、照片、书札、任命状和文物,以及"尊德堂"的家庭合影、生活照片、账本、寿礼簿、全福帖等等,差不多将影响中国近现代史进程的孙中山等风云人物都凝聚在这里,使人如有一种身临历史分界线的感觉。

（六）嘉业藏书楼

嘉业藏书楼由南浔"四象"之首刘铺的孙子刘承干于1920—1924年建成，是中国近代传统藏书楼兴建最晚、藏书最多、规模最大、结局最圆满的绝唱，全国重点文物保护单位。因清宣统皇帝溥仪所赐"钦若嘉业"九龙金匾而得名。总体设计为中西合璧的园林式布局，寓肃穆的书楼于幽雅的园林之中，乃藏书楼的建筑特色。最鼎盛时聚有藏书60万卷，18万册，其中不少为海内外秘籍和珍本。宋元刻、稿抄本及地方志的大量收藏是藏书楼的三大特色。刘承干不仅爱藏书，还雕版印书，广为流传。这些刻印的古籍中，有不少被清廷列为禁书。凡所刊刻之书，刘承干均有题跋。鲁迅先生曾称誉说："非傻公子如此公者，是不会刻的，所以他还不是毫无益处的人物。"

藏书楼正门建筑造型为典型的"西外中内"，朝外的东立面是欧式风格，朝内的西立面却是中式风格，上刻"苑围经籍"。藏书楼一进西侧诗萃室，曾放着一本刘安澜与刘承干合编的《国朝诗萃》。刘安澜29岁病故没有后代，他弟弟刘锦藻的儿子刘承干过继给他，所以这叔侄二人也可称父子关系。藏书楼一进东侧宋四史斋，吴昌硕篆刻，旧时珍藏镇库之宝——宋刻《史记》《汉书》《后汉书》《三国志》。

第二节　大运河上的嘉兴古城镇

大运河嘉兴段干道长约110千米，由北至南主要包括苏州塘、嘉兴环城河、杭州塘、崇长港、上塘河等河段。隋朝在原春秋和秦汉旧有运渠基础上，开江南运河，沟通南北水系，形成南北交通大动脉。嘉兴运河的历史至少可以追溯到2000多年前的春秋战国时期。从吴国凿百尺渎到秦始皇修陵水道，到汉武帝开河百里，嘉兴运河基本成形。隋大业六年（610），隋炀帝敕开江南河，江南运河从江苏吴江进入浙江境内，经王江泾到嘉兴、石门、崇德、长安，经上塘河到杭州施家桥。元代以后，运河经嘉兴、桐乡、大麻到余杭塘栖，走下塘河到杭州拱宸桥。嘉兴运河历经了发展、衰落、复兴的历史变迁，并且与嘉兴经济、社会和文化的兴衰息息相关。

一、孔道长安

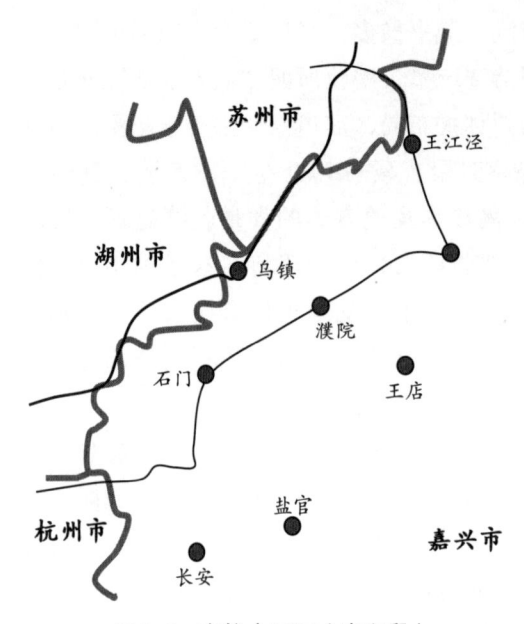

长安镇位于杭嘉湖平原南端，硖石镇西南24.8千米。由于镇区处于钱塘江滨江台地到水网低地的边缘地带，地形自西南向东北倾斜。通过镇区的古河道，称为"悬流"。唐贞观八年（634）筑义亭埭（今长安老坝），将绕镇而过的江南大运河拦成落差2米以上的上、下河，以提高长安镇到当时钱塘（今杭州）地区的上河水位。上河上通杭州和以远地区，东达盐官及海盐；下河直通石门镇与嘉兴段大运河连接。长安镇不但是浙西地区物资中转调运重地，也是海宁市西片的政治、经济、文化中心。

图4-2 京杭大运河（嘉兴段）

长安镇因水陆交通要地形成集市，又随水陆交通的发展而发展。战国时，吴王夫差应越王告灾而开百尺浦运粮济越，其浦纵贯镇区。秦始皇所治"陵水道"与其交于长安镇区。汉时利用原陵道基础设桑亭于长安镇区作为邮传之始。隋朝利用原有水道开江南大运河绕镇而过。唐朝设驿站于长安镇，上通临平驿，下通石门驿，东达盐官。由于长安至钱塘之间的运河水源日少、水位浅，使钱塘仓的漕运不畅，唐贞观八年（614）建义亭埭（今长安老坝），以提高长安到钱塘段运河水位。由于当时钱塘到北方物资运输只有这一条水道，运输繁忙，狭小的义亭埭不胜负担，乃在其两侧建长安古船闸——长安三闸。是时已经是"舟船辐辏、昼夜喧沓"，商业和米市开始形成。唐开元十一年（723）盐官令路宣远在此设长安市。北宋建隆初（961）置长安堰闸指挥，以负责堰（义亭埭）闸修筑和过船任务。熙宁元年（1068）增设堰闸监护使臣衔同县令，可以"会同令佐巡视修固堰闸以利启闭"，并兼管河道疏浚。同时，长安市改为长安镇。南宋初（1031）诗人范成大经过长安时看见当时过闸船只之多和繁忙景象，写下了《长安闸》一诗。诗云：

> 是间袤几许，舳舻敝川来。
> 篙尾乱若雨，樯干束如堆。

终两宋300余年，长安镇是临安到京口（今镇江）等地南来北往的主要孔道，所以陆有驿站，堰闸有专职文武官员负责。到元朝，专设水、陆两站（赤），陆路有马60匹，水站有舟60艘。后长安古船闸因缺水源而关闭，至正七年（1347）于筧上筑新坝以过大型船舶和竹、木等长大物资。清乾隆三十年（1765）福临在闰二月初五过长安时，其巨大的龙舟从新坝升到上河，乃留下《舣舟跋马度由拳》一诗云：

> 舣舟跋马度由拳，心喜观民缓着鞭。
> 更有阅塘予正务，遂循溪路易轻船。
> 夹溪万姓喜迎銮，桑柘盈郊入画看。
> 廿四桨过风帆驰，片时新坝到长安。

从明朝开始到清朝，长安镇是海宁漕运的起点，又是芜湖大米运销宁、绍地区路程最短、航道最宽而运价低廉的水运要道，所以长安米市成为浙西最大米市之一。"粮船米艘"连接到章婆堰以北，米市码头从王婆弄（今庄婆堰大桥南150米处）到石塘湾（今双闸路）连接不断。清嘉庆年间（1796—1805）长安已是号称"万家灯火"的大镇。咸丰末年（1861）因上河淤塞全镇毁于兵火而一度衰落。

（一）长安闸

嘉兴海宁长安镇，曾是商贾云集、万家灯火的运河大镇。镇上有相隔不远的3座闸桥，桥下就是闻名遐迩的长安闸遗址，被列入大运河世界遗产项目遗产点。它是江南运河上修建最早的船闸，也曾是古运河上最繁忙的船闸之一。如今虽然只留下些平淡无奇的宋代闸石，但我们仍能通过前人留下的诗词，体会当时长安航道的重要性和闸门的盛况。

北宋时，大运河是沟通杭州与都城汴梁之间的大动脉，长安镇是必经之地。宋室南渡后,建都临安,江南运河舟楫不绝,长安镇地位益加重要。南宋绍兴十四年(1144),诗人范成大从苏州乘船去往临安考试,为长安闸的壮观景象所震撼,写下脍炙人口的《长安闸》:

> 斗门贮净练,悬板淙惊雷。
> 黄沙古岸转,白屋飞檐开。
> 是间袤丈许,舳舻蔽川来。
> 千车拥孤隧,万马盘一坯。
> 篙尾乱若雨,樯竿束如堆。
> 摧摧势排轧,汹汹声喧豗。
> 逼仄复僵仄,谁肯少徘徊!
> 传呼津吏至,弊盖凌高埃。

诗中描绘的斗门即闸门,悬板即闸门板,因其间有隙缝,水冲泄而出,声若惊雷,状如白练。"篙尾乱若雨,樯竿束如堆"几句描绘了开闸过船时的紧张和忙碌,因为那时浙江仅有这一个船闸可通北方,故而千帆相拥,樯橹相连。

长安闸下的河道名为"上塘河",旧称"长河",起点在杭州大运河边施家桥处,流入嘉兴市海宁市境内,过长安镇至盐官汇入钱塘江。其实,今天的上塘河并不是大运河的主航道,元末上塘河因大旱一度干涸,抗元起义军领袖张士诚召集民众,从北新关开凿新运河到奉口东武林头,从此去往杭州的主水道绕开了上塘河,长安航道的重要性大大降低,长安闸也不复往日情景。

长安闸的建设,可以追溯到唐朝。由于浙北运河受地形影响,水位较浅,大型船舶难以通行,给漕粮运输造成很大障碍。而盛唐时的长安已是世界上规模最大的都市,对于江南的漕粮物资有着极大渴求。为了提高水位,唐贞观八年(634)在桑亭修筑名为"义亭"的土坝。后来此坝还是无法满足漕船需求,于是修筑长安闸,开启了这里的辉煌历史。

北宋经济发达,长安闸愈加繁忙。北宋熙宁元年(1068)对其进行了扩建,形成上、中、下三闸,航道水位差得到有效平衡,航行条件大为改善。格局为三闸两澳复式结构,澳相当于小水库,闸门关闭后,截住水流,引入澳中。水蓄满后,船只进入,可以解决上下通行问题。长安闸具备引潮行运、蓄积潮水、水资源循环利用等多重功能,这一技术的出现比欧洲大约早了300年。现今的葛洲坝、三峡大坝也是采用类似的原理解决通航问题的。

(二)虹桥

虹桥坐落在长安镇中街、西街相接处,呈东南—西北向跨上塘河。为单孔拱形石桥,结构较完好。正中通高6.7米,拱圈高5.5米,跨度10.5米,栏板齐全,望柱残缺。桥中栏板分刻"咸丰元年重建""虹桥"篆书铭文,两侧栏板则刻历史人物故事花纹浮雕。1989年,长安镇人民政府在桥旁建虹桥记略碑亭,为街市一景。建筑主体仍然存在,地处秀洲区王江泾镇一里街东南,但是破坏严重,而且被周围居民区包围,不甚明显。

虹桥始建于南宋建炎年间,咸淳《临安志》称为"长安桥"。明成化《杭州府志》载:"桥亘如虹,因名虹桥。"明代诗人胡奎赞其"绰约风姿,成为脍炙人口之作"。清道光二十八年(1848)桥圮,咸丰元年(1851),绅士许楣等捐资以原样重建,并于桥南埭建一引桥以利跋涉,俗名小虹桥,美其名曰"桥中桥"。

二、古邑盐官

盐官镇地处杭嘉湖平原南缘,濒临钱塘江,为世界著名观潮胜地。盐官设市镇,始于唐代。据咸淳《临安志》载:"在县西一百步,唐会昌三年(843)置,今废。"明末邑人谈迁《海昌外志》记载:"贞观四年(630)立盐官市于县西北。"苏东坡曾誉之为"古邑"的千年古城盐官,如今也是海宁市名胜古迹的集中地。钱江古海塘(鱼鳞石塘),始建于1700多年前,唐代开元九年(721)重筑,称捍海塘,又名太平塘。五代时吴越王钱镠在位期间,曾征发民工大规模修建海塘。此后历代均有修筑,宋代称"海宴塘"。唐代以前沿海只有土堤。金元之世,方用木桩石塘之法。直至清代康熙五十七年(1718),始动议修筑石塘,至清乾隆八年(1743)鱼鳞石塘修筑完工。鱼鳞石塘全部用整齐的长方形条石丁顺上迭,自下而上垒成。每块条石之间,用糯米浆靠砌,再用铁锔扣榫,层次如同鱼鳞,并加帮土墩护塘。乾隆帝南巡六次,曾四次亲临海宁观察塘工。钱江海塘是我国伟大建筑工程和科技文化遗产之一。它绵亘百余里,与长城、古运河并称为我国古代三项伟大工程。

（一）占鳌塔

占鳌塔（又名镇海塔），矗立于钱塘江畔，始建于明万历四十年（1612）。清康熙十五年（1676）重葺时改名镇海塔。"高十五丈，周九丈六尺"，六面七层，砖身木楼，飞檐垂铃，围廊翼栏，有石阶可达七级之巅，造型宏丽精巧，为浙江省沿海诸塔之最。1985年已修葺一新。"登临处，长天沆漭""蜃气浮空，霓光映彩""目荡复神摇"。占鳌塔砖身木楼，造型巧丽，是典型的中国式宝塔，在中国浙江沿海的古塔中是最为精致的。在中国古代的神话中，"鳌"是一条巨大的鱼，它有人类般的感情，但它的喜怒会引发海啸一类的灾难。而"塔"则是佛教神圣之物，传说可以降妖伏魔，于是人们建造了"占鳌塔"，祈求能够镇压住鳌鱼，使它不能再兴风作浪，危害人类。鳌鱼不动了，大海就安宁了，所以"占鳌塔"也称为"镇海塔"。它和海塘上的另一景观——镇海铁牛一样，是中国古代人民为追求美好生活而创造出来的事物。

（二）宰相府第街与陈阁老宅

宰相府第街是一条以宰相府第——陈阁老宅与乾隆帝密切关系为核心、蕴含深厚历史文化、再现江南千年古城风情的特色人文街区。街区有四大节点：城楼、吊桥、点将台、武库等构成城楼节点；廊桥、一笑楼、品茗小憩等构成茶楼节点；陈阁老宅、杨兵部宅和郑晓沧故居等构成人文节点；城隍庙及两侧传统商业建筑等构成邑庙节点。街区融名人故居、官僚豪宅、城隍古庙、传统商铺、民俗文化于一体，古风悠悠，风情独特。如果说没有海宁气势雄奇的大潮，很难有博大精深的王国维，那么没有宰相府第风情街上陈阁老式迷离传奇的熏陶，也就难产生瑰奇恣肆的金庸。

陈阁老宅，位于堰瓦坝，始建于明代晚期元龙曾祖（陈与相）时。陈元龙拜相后，改建扩大，把大门改为竹扉，增建了双清草堂和筠香馆。这座当年的宰相府第，现尚存正路的轿厅，东偏房的祠堂、寝楼、双清草堂的筠香馆，其他如爱日堂等主要建筑均已毁废。宅内尚有古罗汉松一株，至今已有400多年历史。

三、桑圩石门

石门镇地处桐乡县中部，又名石湾、玉湾、石门湾，清时曾名玉溪镇，位于京杭大运河畔。东接钱林乡、灵安镇，南与同福、羔羊两乡毗邻，西同八泉乡接壤，北和安兴乡、炉头镇相连。镇区主要街道分布在运河两岸。辖区农村地势低洼，河道密布，田地交错，高低悬殊，平原不平，具有"桑基圩田"之特有地貌。石门镇历代为浙北要冲之地。京杭大运河自南而来经镇寺弄口折向东，湾形似玉带，可通百吨货轮，上通闽、广，下达沪、苏，古为吴越孔道。唐初置水陆两驿于镇，谓石门驿，宋改行幄殿。时成为浙闽通衢，舟车驿骑，昼夜不绝，官舫贾舶皆泊于此，每到傍晚，沿河帆樯林立。境内河流纵横交织，四通八达。

石门镇历史文物胜景，大多只剩遗迹，而丰子恺故居经重建已焕然一新。丰子恺是现代中国著名漫画家、文学家、翻译家、美术音乐教育家。中华人民共和国成立后曾任中国美协常务理事、上海中国画院院长、上海美协主席等职。著有《护生画集》《子恺漫画全集》《缘缘堂随笔》等，译有《源氏物语》《猎人笔记》等。其故居缘缘堂在石门镇木场桥堍，始建于1933年春，丰子恺曾在此度过创作的黄金时代。民国二十六年（1937）十一月被日军焚毁。1984年在原址重建。1985年7月，被列为县级重点文物保护单位。重建后的缘缘堂前后庭院、房屋布局乃至种植的芭蕉、牵牛花等，悉按当年原貌。堂内陈列着丰氏生前遗物，部分著作和手稿、生平照片和赵朴初等名家字画。

（一）崇福禅寺

崇福禅寺俗称西寺，地处台州市中心，是全镇最热闹的地方。该禅寺始建于梁朝天监年间（502—519），当时称为常乐寺，宋朝祥符年间（1008—1016）改名为悟空寺，天禧年间（1017—1021）真宗皇帝特赐予寺额"崇福禅寺"，从此名声大振，远扬海内外。千百年来，崇福寺几经历史沧桑、人祸战乱，曾几经摧毁又多次复修，经受多番磨难而又得到重生。

作为浙北名寺之一，崇福禅寺鼎盛时僧房殿堂林立，东至太平弄，西至五桂芳弄，北至大操场，南至大街，甚至就连桐乡市崇福镇也因崇福禅寺而得名。寺内殿阁高大峥嵘，泥塑佛像栩栩如生，四周红墙围绕。寺外银杏森森，寺桥玲珑有致。金刚殿北的巨型黑色铁香鼎——高两米左右，口比蚕匾还要大，底座是一块约一米高的圆形硕大花岗石——常年香烟袅袅。大殿内香烛通明，香客络绎不断，一年四季热闹非凡。但凡有人往来镇上，必定要去崇福寺瞻仰观光。宋朝陆竣在《崇福寺田记》中写道："崇福寺，其大刹也……僧数且二百余。"原寺有三殿二塔，还有钟楼佛阁和五百尊大罗汉堂，僧房库房，配殿经藏，一应俱全。走进金刚殿，可以看见东西两旁塑有高大威武的四大金刚。左边石台上是手持琵琶的白色东方持国天王和手握宝剑的青色南方增长天王；右边大石台上是手中缠绕一蜃的红色西方广目天王和右手拿伞、左手持银鼠的绿色北方多目天王，面目吓人。殿中央朝南塑有金装弥勒佛，朝北塑有韦驮菩萨立像。佛像肃穆超脱，庄严凝重又富有人情味。

据史料记载，崇福寺内有"一楼二塔三阁四件宝"。"一楼"是指钟楼，建于元朝延祐七年（1320），在金刚殿东南。悬挂的巨大铜钟重万斤，声闻十里，现存放于杭州灵隐寺内，被称为"元钟"。"二塔"是山门通道旁的两个石经幢，俗称宝塔，建于唐朝乾符年间（874—879）。塔内藏有舍利珠、佛像和金银珠宝等物。"三阁"是指元量寿阁、罗汉堂阁和藏经阁，内有三圣尊像和五百大罗汉，还有许多雕塑、绘画、刺绣等古代艺术品。"四件宝"中的第一件是寺内留存的历代碑刻，有唐朝《无着禅师赞宁碑记》、南宋王厚之临本《兰亭序帖》石刻、陆竣《崇福寺田记》、蔡开《崇福寺藏记》和僧人妙宁的《崇福寺记》碑刻等。第二件宝是历代匾额，如元朝大书法家赵孟頫（1254—1322）书《敕赐崇福禅寺》，明朝严世藩（1513—1565）书题《祝延圣寿》等。第三件宝是寺内的一口水井。井水清澈，大旱不涸，居民受益匪浅，素有"冰清玉洁井"的美称。第四件宝是一口日本钟，形似古代编钟，长丈许，声音洪亮清越，是日本天台寺原物，后由国人重金购得，供于寺中。

值得一提的是，旧时走进寺门，便可看见金刚殿前东西两座古朴雄伟的宝塔。塔高12米，八角形七层实心砖结构。塔身上塑有造型各异的菩萨。塔顶常年有鸟雀盘绕飞翔，八哥、黄鹂、麻雀等鸣声不绝。据清光绪《石门县志》记载："东西列二塔，唐无着禅师造。"僧一峰《重建二塔记略》又云："语溪崇福，其来尚矣。寺前二塔，雄伟峻拔，足以壮一方，其有关于乡邦者甚矣！粤自吴越国王赐铜亭银盒，盒内藏舍利、宝贝等物于西塔上。"天启二年（1622）《重修二塔记略》云："西塔修时拆出乌斯藏渗金佛一尊，银盒一座，内有淡红色如梅豆大一颗，不识其物，银弥勒一尊，手执珠一串，放光石一块，珊瑚树一枝，金刚塔一座，血书《金刚经》一卷，西门杨秀才写。东塔修时拆出银龛一座，内银佛二尊，金刚塔一座，银盒一座，坚固子一颗，珠三颗，宝石三块，金花一朵，雄精一块，朱砂一块，重十两，玉梅花两朵，古铜炉一座。"

20世纪50年代中期，因塔身严重倾斜，危及附近民房，两塔的顶层各被拆去六、七两层，其余塔身在1966年被全部拆除。崇福寺几经磨难，保存至今的金刚殿已列为县级文物保护单位。近年来，经省市文物部门出资整修，相关古建筑得到了整治保护，重现了古朴典雅的面貌。

（二）崇德孔庙

崇德孔庙位于中国浙江省嘉兴桐乡市崇福镇（原崇德县城）中山公园内，为崇德县学文庙〔清康熙元年至民国三年（1662—1914）曾改名石门县〕，始建于北宋元丰八年（1085），原在运河西，南宋绍兴年间迁至运河东，元至正二十一年（1361）又迁至万岁桥东现址。历史上屡建屡毁，现存建筑大部分建于清同治年间。民国二十二年（1933）县长毛皋坤以孔庙及明代息几园遗址为基础辟建中山公园。文庙布局原前庙后学，清同治十一年（1872）知县余丽元新建明伦堂于大成殿东北，并将原明伦堂改为崇圣祠，遂成左学右庙格局。至清光绪时，中轴线上依次为泮池、棂星门、大成门、大成殿（前有东西庑）和崇圣祠，其后为桂山及魁星阁，东路依次为儒学门和明伦堂，西路为训导署（其后原教谕署已毁），今尚存泮池、清同治四年（1865）所建棂星门与大成殿以及清咸丰三年（1853）所建的文璧巽塔，近年重建大成门和东西庑。现状大成门面阔三间，歇山顶，大成殿面阔五间，歇山顶，其东西墙内分别嵌有明弘治八年（1495）《崇德县修建学庙记》和隆庆二年（1568）《重修崇德县儒学记》各一通。

（三）司马高桥

光绪五年《石门县志》卷二《建置志》这样记载："司马高桥，旧名南高桥，在皂林驿东。"明洪武间建，乾隆十四年邑人沈廷槐重建，同治甲子兵毁，光绪二年余令丽元请帑重建。

司马高桥位于桐乡市崇福镇镇东南，南北走向，跨京杭大运河故道，单孔石拱桥，是京杭大运河崇德故道上唯一保留下来的一座石拱桥。司马高桥旧名南高桥。明洪武间（1368—1398）建，清乾隆十四年（1749）邑人沈廷槐重建，同治三年（1864）毁。光绪二年（1876）知县余丽元重建。据《周礼》载：周时设置六官，以司马为夏官，掌军政和军赋，后用为兵部的别称。余丽元这次重建司马高桥动用了库银，得到兵部的支持，这便是桥名的由来。

司马高桥，桥长29.4米，宽3米，净跨9.7米，拱矢高5米左右。南北两头各有石阶28级，每一级阶石经过岁月的洗礼，无数人的踩踏，已磨得发亮了。桥拱券石以分节并列砌置形式，用花岗岩砌成，九节。两面均有桥额石，上刻楷书"司马高桥"四字。桥顶有望柱共四根，雕刻着两对憨态可掬的石狮。栏板共十二块，完好，高约两尺。桥上两面共有四根长系石，边上两对长系石下面有竖的联柱石，上刻桥联。东侧桥联为"碧浪驾舆梁，事隶夏官资共济；白栏依雉堞，情深秋水溯伊人。"西侧上联为"司马锡嘉名，谁继长卿高风标题有兆"（下联风化无法辨别）。望柱、栏板、探头均素面，无雕饰，用材硕大。千斤石雕刻精美，中间为旋涡纹。拱券下龙门石图案为浮雕双龙戏珠。

司马高桥保存基本完好，造型雄健，远望如长虹，河水倒映着古桥，古桥衬托着运河，一古，一故，总相宜。而在司马高桥周围，绿草丛生，使其多了一份生机。

（四）传贻书院

传贻书院是目前有据可查的桐乡境内最早的书院，其前身是辅广开办的传贻堂。辅广曾于绍熙五年（1194）至临安向朱熹问学，深得赞许。后朱熹被权贵排斥，理学被斥为伪学，就在朱熹备受冷落之际，辅广却变卖家产，奔赴福建侍奉恩师，其尊师重道之举令其师深受感动。辅广从朱熹处告归后，在崇德县城开办传贻堂，谓欲"传之先儒，贻之后世"，以其道德文章，倡率其徒，渊源师友，名重一时。嘉泰三年（1203），朱熹的另一位弟子黄榦亦到崇德为官，并在石门镇上创设了崇义书院。到了清代，桐乡的几个大镇均设有书院，崇德县城于乾隆年间创建了崇文书院，青镇于乾隆末年创办了分水书院，玉溪镇于咸丰年间开设了开文书院，屠甸镇于光绪年间成立了崇道书院。尽管太平天国运动之后这些书院大多被毁，地方读书人又能自觉地锐意恢复，其中尤以辞归故里的进士严辰最为热心。从同治年间起，严辰先后在青镇创建立志书院，在桐乡县城创办桐溪书院，在濮院镇倡建翔云书院，并亲自担任三座书院的山长和主讲。严辰是晚清时期自觉服务于乡邦文教建设成就最为突出的代表，受到当时和后世桐乡读书人的推崇。

南宋嘉泰年间（1200—1204），辅广回归乡里，在崇德县城创办传贻堂，以"躬行实践，挽回颓风"为办学宗旨，讲授先儒理学，影响很大，深受当地百姓和知名人士尊崇，学者尊称为传贻先生。晚年便定居在崇德县城，卒后赠朝奉郎。传贻堂取"传之先儒以贻后学"之义，堂内供奉其师朱考亭（朱熹）画像，以先生的著作、论述作为教学内容，向学生讲解、传授。他想通过学校教育，将先儒经学，一代一代传下去。辅广故世后，传贻堂的教育没有停止，历朝都有修缮，咸淳五年（1269），改为传贻书院，增"书味""书传"二斋，元末毁于兵。明嘉靖间，县令张守约重建，清康熙十一年，县令杜森牵头重建未完工而卒，后任县令邝世培续修竣工。光绪年间，知县林孝恂把传贻书院改为石门县学堂。

四、巨镇濮院

濮院镇明清时曾因产销"濮绸"闻名于世，成为江南五大名镇之一。今日镇区既保留着水乡古镇风貌，又具有现代型的城镇建设，随着经济的发展，交通的改善，全镇已展现新的面貌。濮院镇位于今桐乡市东部偏北，东邻嘉兴，南跨杭申公路连接长水河，北枕京杭大运河，四周为濮院乡和嘉兴市郊区洪合乡所环抱。地势平坦，肆廛街道组合成正方形，有棋盘街之称。河道纵横成十字港，房屋傍河而筑，街道依河延伸，有平桥、拱桥21座相衔接，其中有12座历经数朝，仍完好无损。

濮院镇古为槜李墟。北宋时已形成幽僻草市，习称"幽湖""梅泾""濮川"。沈廷瑞《东畬杂记》说："镇西夹岸多梧桐，后周时凤凰尝集其上，因名梧桐乡。至宋高宗南渡，曲阜濮凤以驸马都尉扈驾临安，过此借宿谓凤凰非梧桐不栖，遂卜居于此。"濮凤六世孙濮斗南援立理宗有功，擢升吏部侍郎，诏赐第曰："濮院"，是为镇得名之始。元大德十一年（1307）濮氏构屋开街，召民贸易，四方商贾云集，无羁泊之苦，故又名永乐市。"其后，机业日盛，客至益多，昔日聚落，遂以成镇。"明清时由三县共管，桐乡居大半，秀水次之，嘉兴所属仅一隅。民国时，秀水并入嘉兴，濮院以庙桥河、北市河为界，东与北部属嘉兴县，西与南部属桐乡县。

相传濮氏宋时有八宅，散布四郊。正宅前建大石坊题曰"濮院"（清末石柱尚在），院内有南北更楼、百亩园、洗碗池、宝券楼、吉蔼堂、百客楼。元皇庆间（1312—1313），濮氏又在梅泾两岸种梅成林，花开如雪，人称"小罗浮"。元泰定间（1324—1328），濮氏子孙濮铣，筑庭园于庄泾之南。园址东至庄泾浜，北至西池头，南接翔云观和香海寺，约有数百亩之地，园中亭台楼阁雕梁画栋一应俱全，荷花池就有五处之多。现存沈鱼池、西池头、花园弄就是该园留下的遗迹。濮院古寺观众多，建筑雄峻瑰丽，穷极土木之巧，如香海寺，寺前临水为头山门，门内有寺街，香花桥，过桥为二山门有天王殿、大雄宝殿，东西两边为钟鼓楼，殿后千佛阁高数丈，为全镇殿阁之冠，后有大悲阁，阁上有庄亲王题"花台止水"匾额，还有三堂七房等。濮院古迹流传下来的还有语儿亭、檇李亭、范蠡坞、洗足滩、胭脂汇、元帅坊、集桂坊、西子妆楼、古梧桐林，等等。有文人名士宋濂、释行弥、沈机、朱盛时、张其等为濮院景观写下了许多诗词，尤以宋濂的《濮川八景诗》最为有名。濮院曾建有永福寺、报恩寺、香海寺、福寿寺。现在当年的庭院寺观，高瓴雕梁已不复存在，唯从部分残留的遗址和市河、石桥中还可以依稀窥见古镇当年风貌。香海寺遗址，在庙桥港北，历经沧桑，几度兴废，寺宇尽毁，现为桐乡第三中学校址，尚保留两株姐妹银杏，相传是宋代濮凤手植，迄今850余年。两树遥遥相峙，郁郁葱葱，数里外可见。翔云观为元代道观。本名玄明观，坐落在庙桥河畔，为县级文物保护单位。现仅存山门，仍极壮观，系坐北朝南砖石结构，用叠涩法出檐，檐口由沟头滴水承以砖刻浮雕斗拱，下有各式透雕花窗装饰，中间正门，刻有"翔云高眺"，为乾隆进士、左都御史、督浙江河南学政窦光鼐所书；两边为马蹄形门框，东额镌"春和"，西额镌"秋爽"。墙脚为青石须弥座，浮雕各种图案，极为精致。山门前一对花岗石巨狮，现在保存在桐乡三中校园内。语儿桥俗称女儿桥，跨梅泾河，为单孔石拱桥，整座桥为花岗岩石块筑成。桥顶两旁有石椅，可供人坐憩。

（一）语儿桥

语儿桥，又称囡儿桥、女儿桥，坐落在南河头，单孔石拱桥。桐乡市级文保单位。囡儿是女儿的桐乡土话，濮院叫女儿是叫姑娘。语儿桥，宋德祐（1275—1276）濮镇重建，清嘉庆二年（1797年）重修。有关语儿桥是如何得名的，传说多多，有说是濮氏嫁女河东，特筑桥以利往来，故称囡儿桥；有说春秋时吴王夫差督兵拒越（濮院古代是吴越分界地）时，溪人有生子能语者，而吴兵适胜，遂命为语儿乡，左有语儿亭，勾践入吴，夫人道产女儿于亭，故称女儿亭，亭榜桥称女儿桥。语儿桥在所有的石桥中时间最久远，故事也最多，可以说是濮院古镇的定格。但印象最深，或者说感觉最好的是，桥堍的茶馆店。语儿桥东西向，桥东是镇郊，茶馆店在桥西堍，倚桥临水，茶客们一早来到茶馆店泡上一壶茶，谈天说地，农民顺便卖点鸡蛋、蔬菜之类的土产，换壶茶钿，所以茶馆店生意日日兴隆。

（二）香海寺

濮院的寺、观、庙、堂、院、庵，最早始建于宋代，大多建于元、明、清三代，多数为濮家所创制。根据新编《濮院镇志》列表记载，历代可以稽考的计有85座之多，其中镇域内就有44座。对于一个小小的江南古镇来说，已经是一个惊人的数字了，由此可知，咸丰十年（1860）以前的濮院，俨然一个梵呗声声的佛国。其中，最主要的当推香海寺与翔云观。

香海寺，本名福善寺，根据明代杨述写的《重修福善寺碑记》，相传寺左右有两庵，一崇福庵，东溟浩上人居之，一积善庵，月庭生上人居之，两位上人都是智性融通、识趣超卓的人物，也都为濮鉴所敬重。寺成之日，濮鉴延之上座，力促两庵合二为一，命名为"福善寺"。明永乐癸巳（1413）僧原体重修，丁酉（1417）建天王殿，庚子（1420）建大悲殿。正统己未（1439）成千佛阁，隆万间僧文渊重建。清康熙三年（1664）增建大悲阁，十七年（1678）僧鹤峰重修正殿，六十一年（1722）敕赐香海寺额。临水为头山门、香花桥，右为韦天殿，过桥为二山门、天王殿、大雄宝殿。当年的右梁上，标明了濮鉴一力盖造佛殿时间的文字："至大二年岁次乙酉良月辛未吉辰建造。"至大二年，即1309年。

旧传香海寺的铜钟重1300斤，明宣德丙午铸，钟铸成的那一天，因为太重了，谁也没有办法悬挂到高达四寻的钟楼上，正当工匠们束手无策的时候，来了一位老者，工匠依照他的方法，才将大钟挂了上去。铜钟悬挂完毕，老者告知他们，这一昼夜里，万万不能敲钟，但和尚们心急，急于试音，"咣"的一声，铜钟的声音传开了，此时，老者正好步行至陡门桥，听到钟声，就不再往前走了，说："钟声到此为止了。"果然，运河南岸能听到寺钟的声音，北岸就听不到了。香海寺的铜钟，自从悬挂上去的那一天开始，它的声音，成了方圆20里内居民的作息时间，直到它灰飞烟灭的那一刻。

香海寺毁于咸丰十年（1860）的七月和十月，濮院成为太平军与清军及地方团练交战的战场。战争使古寺全毁，原本祈福积德的香火之地，一变而成为杀场。沈梓的《避寇日记》写到咸丰十年的二月廿八日，"……早饭后，团练局及乡人缉获贼匪四名，其一在居家湾剃头，落去竹牌一张，乡人噪而逐之，贼以一小青布包投市肆屋上。寻擒拿余二名，皆于市肆拿获，搜其身皆匿放火具，琐碎似饭球，着木则火发。其一系本镇乞丐，受贼番饼二枚，为乡导者，遂并杀于香海寺天王殿丹樨中。是地遂为杀场。"救人与杀人，不过一转眼之间，且同为兹土。

（三）翔云观

翔云观，本名玄明观，元濮鉴分宅之左偏建造，基凡九亩三分，初止山门及真武殿。元统乙亥（1335），鉴子允中（即濮乐闲）又建三清阁，高数丈，可眺远，覆盖皆五色琉璃瓦。观后有翔云石。杨维桢匾其山门曰"翔云胜景"。明景泰万历崇祯间屡修葺，清康熙二十九年程士枢修三清阁，其三清宝阁、三元宝殿两额仍董文敏（董其昌，1555—1636，字玄宰，号香光，别号思白）书，清避高宗讳，遂改称翔云观。此后，屡有修葺。

明清两代，濮院的庙会，是在翔云观为首发地的，如佑圣会，第一日，必在翔云观。即使在"长毛"扰镇的前夕，观里的香火也一反寻常地旺盛。

（咸丰十年二月）初五日　是日东岳大帝抬至翔云观圣帝殿，有庙役金聋子者，执香稽首，颖皆起青紫块。次日关帝亦抬至翔云观，香火甚盛。（《避寇日记》卷一）

翔云观毁于咸丰十年但清末经过几次修复后的道观，竟奇迹般保存下来，成为人民公社的粮库。"文革"中，翔云观的正殿、轩辕、神农、城隍各殿、太乙古井、炼丹台、倒垂的古柏等翔云观旧物，全遭毁坏，只剩山门一座，单薄地矗立在庙桥河北面。观前比较有特色的一对花岗石狮子被安置在今人民公园门口，城隍殿大门两旁的一对竹叶石门当，在今桐乡三中校园。

（四）栖凤桥

栖凤桥，是濮院镇上的一座古桥，相传是南宋濮院始祖濮凤所建，在清道光二十二年（1842）由唐赐等募资重建，该桥为三孔石梁桥，东西向，横跨在西市河和北市河的交汇处，桥长19.8米，宽2.18米，跨度12.3米，18级台阶。如今，它已弥足珍贵地作为浙江省文物保护单位被保护起来了。不仅如此，它还有一些美丽的传说至今在濮院流传。

相传在900多年前，南宋驸马郎濮凤跟随皇帝到南方来，皇帝在临安（即杭州）建了都，而心境淡泊的濮凤却在濮院住了下来，因为当时的濮院，有大片大片的梧桐林。凤凰是要栖息在梧桐树上的，这正暗合了濮凤的心意。濮凤到濮院后，先在由妙智进入镇区的西河头造了一座石拱桥，取名为"梧桐桥"（后来叫"箍桶桥"），寓意梧桐为凤凰所栖；又在梅泾河上造了一座石桥，取名为"迎凤桥"，意为迎接他的到来；后来又在西市河上造了一座，取名为"鸣凤桥"，寓意为"鸾凤和鸣"；最后，在西市河与北市河的交汇处，造了一座较大的石梁桥（因为那里的河面较宽），名字叫作"栖凤桥"，意思就是凤凰要在这里栖息了，他也就在这里定居了。该桥甚为壮观，两旁石柱壁上有对联，南面镌"彩认磷彬人语千家储竹实，声闻节是溪流一径福桐荫"，北面镌"桥跨西河红枝标题栖凤古，坊联北里碧油逸映晓江青"，也算是歌功颂德一番。濮凤毕竟是皇家的女婿，又是钦定的著作郎，四书五经读得多了，个人的修养十分到位，他奉行的是勤劳致富的信条，教人们种桑养蚕，缫丝织绸。他还比较喜欢绿化，鼓励大家多多种树，自己身体力行，在现三中校园的地方种下了两棵银杏树。如今，这两棵几人合抱的银杏树依然枝繁叶茂，生机勃勃，象征着濮驸马为人的高风亮节。在他的倡导下，濮院人种树的兴趣越来越高，人们在南市河的两旁种植了好多好多的梅树。冬春之际，两岸的蜡梅、红梅竞相开放，幽香阵阵，芬芳怡人，大有人称"梅妻鹤子"的诗人林通诗句"疏影横斜水清浅，暗香浮动月黄昏"的意境。正因此，后来濮院人就把南市河叫作"梅泾"，连镇名也曾有一段时间叫"梅泾"。看来，"濮凤这粒帝王之家的种子，长在了濮院的平常人家，濮院注定要不同凡响"。

五、千年乌镇

乌镇位于今桐乡市北部，西邻湖州市，北界江苏省吴江县，东、南与县内民合、新生、民兴、炉头等乡镇毗连，东北接近嘉兴市郊。历史上曾是两省（浙江、江苏）三府（嘉兴、湖州、苏州）七县（桐乡、石门、秀水、乌程、归安、吴江、震泽）错壤之地。镇区由东、南、西、北四条沿河大街（俗称四栅）呈"十"字形交叉构成。四正皆实，均系市廛；两隅俱虚，颇多隙地。交叉处为中心闹市，街后由辖区农村环抱，镇区街市皆依河道。依水成街，沿街建屋，藉桥相连。河、桥、街、屋融为一体，河埠、水阁密布两岸，具有浓厚的江南水乡特色。现今街市格调依旧，大片清代建筑犹在，比较完整地保留着"小桥、流水、人家"的景观，常受中外来客的赞赏。

乌镇历史悠久，据东部潭家湾古文化遗址发掘考证，早在6000多年以前这里已有先民繁衍生息。唐开元二十九年（741）已有乌墩寨地名。乌镇之名，首见于唐咸通十三年（872）朱洪《索靖明王庙碑》文中。相传乌镇古称乌墩，以其地脉坟起高于四野称为"墩"，而"乌"则源于自然地貌，"世谛流布，相承踵耳"。茅盾在他的回忆录《我走过的道路》中说："何以称为'乌'，传说不一，比较可靠的是越国诸子分封于此，有号'乌余氏'者，故称'乌'，后世因之"。民国《乌青镇志》载："镇周属吴，吴成兵备越，名乌戍。秦置会稽郡，裂车溪（今市河）之间，西属乌程（县名，湖州市的一部分），东属由拳（县名，今嘉兴市的一部分）。乌青始析"，秦汉以后两镇之分合变化复杂。乌镇由乌墩、乌戍演变而成；青墩、青戍、青镇皆与"乌"相对而来。乌、青两镇仅隔一水，名虽分二，实则一体，故又有乌青镇之称。

乌镇地当水陆之会，四方来水，争流竞秀，纵横交织，四通八达，向为浙北水运枢纽。通西之水凡十有一道，东去之水尚存七道，港汊小河密如蛛网。南经白马塘、金牛塘与古运河贯连，北顺紫云塘跟太湖相通，西溯苕、霅二溪达于湖州，东循澜溪塘进入嘉兴。民国初已有小火轮通航，现有菱申、苏杭、嘉湖等航线经过。

乌镇颇多名胜古迹，宋人定有乌镇八景：古山云树、童云黄、雪水风帆、双溪皓月、两镇苍烟、南郊春色、西林爽气、仙桥野笛、佛寺晨钟。至明宣德间（1426—1435）有九老根据景物的变迁而改定为光明莲社、芙蓉旧浦、车溪祖关、上智鼋潭、昭明书馆、绿野遗庄、双溪浸月、二塔凌云等八景。明万历和清顺治间又各有八景，所定景物各异。几经沧桑，现存者寥寥。据民国《乌青镇志》载，乌镇古迹尚有青戍、西林、昭明书馆、寿圣塔、简斋读书阁、百花庄、桃花寨、乌墩寨、上智潭、密印寺古井等10处，今也无可寻觅。

（一）叙昌酱园

清咸丰九年（1859），镇人陶叙昌创立了以自己名字为号的叙昌酱园，此为乌镇有历史记载以来的最早的酱园。叙昌酱园前店后坊，自产自销。创立之初，主要经营豆瓣酱、酱油、酱菜等。所产酱品行销嘉、湖等地区。咸丰十一年至同治三年间（1861—1864），太平军与清军鏖战于乌镇，刚创建不久的叙昌酱园毁于战火。陶叙昌心力交瘁，撇下两个尚未成年的儿子撒手西归。同治九年（1870），时年21岁的长子陶顺洲及18岁的次子陶云山又在原作坊址恢复祖业，产品商标取名"双桃"（陶）牌，寓意陶家兄弟合作。两兄弟苦心经营，勤俭治店，不几年营业红火，立复旧观。叙昌酱园至第三代时发展到了鼎盛，民国八年（1919）顺洲之子陶衡夫买下西栅费公昌酱园开业，时称"西复昌"，云山之长子志诚，三子侃如至北栅烧酒行，称"北复昌"，次子清澄留守总部老坊店。这一时期，镇上又陆续成立了沈利昌、黄万丰、德泰等多家酱园，但无论是产销量，还是品质，陶家在乌镇同行中都是首屈一指的。1938年，日军进犯乌镇，大肆放火抢劫，陶家损失惨重，卖去部分田产后惨淡经营度日。时衡夫之子17岁的陶家振中学毕业后进入"西复昌"拜师学徒。他是后来陶家酱园第四代继承人。解放后，陶家作坊经历了"私私大联营""公私合营"及"地方国营"等一系列社会变革，在经济浪潮的冲击下一路艰辛走来，但其原有的风格与品质却始终如一。

（二）亦昌冶坊

由于西栅地域位置的独特和优越，因此，早在明代嘉靖年间，就有许多外地商户来到乌镇开张营业，当时有一位湖州的铁匠沈济，带着一身熟练的冶炼技术来乌镇开坊经营，这也是乌镇冶业的开始，在当时它是浙西北唯一的一家，所以生意特别兴旺。在明清时期，依靠京杭大运河的通达，坐落在乌镇西栅的这个有460多年历史的亦昌冶坊，就被朝廷定为专门冶炼进贡朝廷"膳具"的"官家冶坊"。这口铸于同治五年（1866）的天下第一锅，据说当时正是沈氏家族冶炼业的鼎盛时期，而且是成为朝廷贡锅称号100周年的庆典时，沈家人为了展示自家冶炼技术和经济实力，就冶炼了这口"天下第一锅"。

（三）灵水居

灵水居，其名恰是乌镇人杰水灵的写照。这片明媚秀丽、淡雅朴素的园林原是明崇祯初年进士唐泷的私园，后因战乱被毁，现园是2003年原址复建的。面对西市河壮观的大门的两侧刻有清诗人凌蒙的佳句："名园曲折水通流，水源来自雪溪头，清晖旁映洞壑净，碧影倒浸楼台浮。转眼风波人事改，昔年光景今安在，尚有西轩舞袖峰，元立斜阳青磊磊。"阅过此诗，看罢此园，不知诗人所指"尚有西轩舞袖峰，元立斜阳青磊磊"是何景致，百年沧桑，除了这片故土，已经人非物非，此水居非彼水居了。

现代的灵水居，园内坐落有茅盾纪念馆及陵墓、王会晤纪念馆、孔另境纪念馆等，这些乌镇文化名人赋予灵水居以新的灵气。

（四）昭明书院

昭明书院为半回廊二层硬山式古建筑群。得名于曾在乌镇筑馆读书的南朝梁昭明太子萧统。萧统编辑整理的《文选》是我国第一本诗歌散文选集，是古代读书人案头必备的文学读本，影响深远。

书院坐北朝南，半回廊二层硬山式古建筑群。主楼为图书馆，收藏有文化、社会科学、艺术、休闲旅游等方面的图书和杂志可供阅览，并设有电子阅览室、讲堂、书画、教室等。中为校文台，为著述编校之处。前方庭园中有四眼水池，四周古木参天，浓荫匝地。正门入口有明朝万历年间（1573—1620）建立的一座石牌坊，高3.75米，面宽3.8米，上题"六朝遗胜"，龙凤板上为刑科给事中里人沈士茂题写的"梁昭明太子同沈尚书读书处"字样，"文革"时被有心人涂上石灰故得以幸存。

（五）瘟都元帅庙

"瘟都元帅庙"是乌镇又一地方神庙。庙很小，庙前有个瘟元帅井，庙里供奉着瘟元帅像，庙上题"瘟都元帅"，左右对联"护乡民爱心齐日月，避瘟疫壮举感天庭"。

传说瘟元帅生前是个姓张的秀才，为人热心，急公好义。有一年江南大旱、河水干涸，人们汲井水饮用，水贵如油。一日，那书生发现有恶鬼向井中投毒，于是就守在这口井旁，不让老百姓取水，许多不明真相的老百姓责骂和殴打他，在万般无奈之下，张秀才纵身入井。当百姓把已经溺水身亡的秀才打捞上来时，发现他脸色铁青，齿裂眼突，是身中剧毒的症状，方知他是为了一方百姓的平安而献身的英雄，于是就追奉他为"瘟元帅"，为他塑像，希望他在天有灵驱赶瘟鬼，继续为地方造福。

(六) 肇庆堂银楼

肇庆堂银楼（厅上厅）是乌镇独一无二的古建厅堂。有三开间五进深，砖石木结构，乌镇人都喜欢称其为"厅上厅"。因为这个厅上有一楼厅，而这个楼厅的楼层面，并非像其他厅楼那样用木板铺就，而是清一色的方砖和长条石铺成，所有的立柱下面全部是用础石支撑，廊下的石条，长3米足有数吨重，人站在这用砖和石铺就的楼上，丝毫没有震动感，"厅上厅"的美名由此而来。

(七) 乌将军庙

乌将军庙是乌镇典型的地方神庙。唐宪宗年间，乌镇有个英勇的将军，姓乌名赞。时值浙江刺史李琦举兵叛乱，乌将军率兵讨伐。武艺高强，英勇善战的乌赞，打得叛军节节败退，乌将军乘胜追击，虽然平定了李琦的叛乱，自己却被李琦设下陷阱暗害。人们为了纪念这位爱国护民的将军，将小镇用乌赞的谐音命名为乌镇，并在镇上建造了一座乌将军庙，乌将军从此成为保佑当地百姓的地方神。

现在修复重建的乌将军庙，占地3600平方米，分前后殿，两侧有耳房偏殿，园中有假山清池。正殿正中供奉的就是家喻户晓的乌将军，身后是将军的书童，而两边则分别是火神和水神。

(八) 白莲寺塔和吴中石舫

白莲塔寺，建于北宋崇宁年间（1102—1106），原来的正殿建在高二米多的平台上，非常雄伟。塔高七级十六丈，元朝末年毁于战争。明代嘉靖、万历、崇祯年间三次重修，清代更是多次毁坏、重修重建。乾隆以后，寺院逐渐败落，白莲塔也逐渐倾斜，到同治七年（1868）轰然倒塌，存世达760余年。光绪年间，有多位僧人经过辛苦的募捐，终于建成山门、前殿、后殿和僧寮等。民国后期，又曾有军官一度将白莲寺改为了戏院。2005年，白莲塔在西栅大运河畔环河岛原样易地复建。现在的白莲塔高有七级，塔高51.75米，为乌镇最高建筑，塔下有八角形的升莲广场，广场中有放生池。

白莲塔东侧河岸边有一条有着神话传说的石舫，被称为"吴中石舫"。相传梁武帝时，玉皇大帝派四仙乘烧香船到江南寻访人间仙境建行宫，途经西栅水域见风光旖旎、秀色怡人，其中三仙登岸张望，不料船身如释重负，船家脱口而说："三位客官犹如石菩萨"。谁知此言泄露了"天机"，三位客官行至西栅放生桥南变成三尊石佛，而载仙之舟也变成石舫泊于西栅水域。有诗曰："天谴神舟下凡尘，西宝塔下抛缆绳，三仙落地成佛像，空余扁舟守孤城"。

（九）宏源泰染坊

"宏源泰"染坊始创于宋元时期。说起这"宏源泰"染坊其实还有一个故事，相传明末清初时，地处江浙之交的乌镇西栅民间商贸十分兴旺，因此这里的印染业也已经很风靡，我们现在所看到的整个作坊大院，当时曾经是王家、吴家和宋家三户人家的后院，而且都是开设家庭染坊的，但是到了第二代传人的手里，大家都想把对方吞并独占河边的码头，因此，就在这个大院的东大门前，同时挂有3块匾额，由于在生意上互相不正当的竞争，3家的生意每况愈下，因此在清朝康熙年间，一户姓盛的江苏富商，一口气吞并这3家染坊，取名为"宏源泰"染坊，并为了不影响当地河里的水质，从作坊里开挖了一条小河，把染坊的废水引入外河，并在河上建了一座以自己姓氏为名的石平桥——盛家桥。

晒布场竖立着密密麻麻的高杆架和阶梯式晒布架，规模相当的庞大。据传在唐宋时期，达官贵族、富商大户们的穿着打扮已经是十分艳丽，但是乌镇的普通老百姓，只能是穿着自己织的白色土布，于是，当地老百姓纷纷从茶叶、桑树皮、乌桕树叶、板蓝根、凤仙花等草木原料中榨取染料，用于印染和点缀自己穿的服饰，有一次，一名刚刚下田归家的农妇，把沾满了泥点子的围裙，浸泡在准备印染蓝色头巾的板蓝根渍水中，谁知待晾干后，那些泥点子一脱落，蓝布上竟出现许多不规则、但是十分显眼和精致的小白花点，这就是最早的蓝印花布。后来，当地老百姓纷纷用石灰、黄豆粉调制糨糊状，涂在上面压有手工花板的窗帘、桌布、蚊帐、头巾、服饰等土布上，进行多次引染，再除去灰浆露出土布的本色，形成了乌镇独有的特产——蓝印花布。

由于这个染坊和染料不同于我国其他地区的扎染、蜡染和化工印染，所采用的染料都是纯草本材料，因此在当地也叫作草木本色染坊，而这种产品俗称"石灰拷蓝布"，用现代人的话来说，这蓝印花布就是纯棉或者纯生态的材料。

中国的蓝印花布世界闻名，乌镇则是蓝印花布的原产地之一。宏源泰染坊始创于宋元年间，原址在南栅，清光绪迁址于此，系蓝印花布制作基地，也是蓝印花布制品集散中心。

蓝印花布，俗称"石灰拷花布""拷花蓝布"，是我国传统的民间工艺精品，已有上千年的印染历史，传说由一名叫葛洪的农夫为爱妻所创，以其价廉物美，一直流行于民间。其原料土布、染料均来自乡村，工艺出自民间，图案充满浓郁的乡土气息，题材不外乎花卉草木，都是农舍旁、田埂边常见的，亲切、自然、清新，加之秀气典雅的蓝白二色，具有鲜明的民间和民族特色，在民间工艺美术中一枝独秀。以前，江南一带农村家家户户都使用蓝印花布，窗帘、头巾、围裙、包袱、被子、台布等都可用它来做。染坊西侧的蓝印花布收藏馆中就展出了许多蓝印花布制品。

至今蓝印花布的印染还遵循着祖辈留下的工艺，从纹样设计、花稿刻制、涂花版、拷花、染色、晒干等，以其纯天然、无污染的特色受到越来越多人的追爱。在宏源泰染坊，可以看到这些工序的全过程演示。

六、簪缨王店

王店镇名，始于五代后晋天福年间。天福二年（937），嘉兴镇遏使王逵（后官至工部尚书）居此，植梅百亩，聚货交易，始称王店，"后簪缨相继，日渐殷庶，遂成巨镇"（清光绪《梅里志》）。至明中叶，这里"镇民之居，夹河成聚，为里者三"，成为嘉兴四镇之一。

王店自唐至清，镇东为大彭乡，西为嘉会乡，镇跨两乡之间。"宣统初元，自治之议起，乃划各庄以属之，名曰王店镇区"（《梅里备志》）。辛亥革命后，建制为王店镇。

（一）曝书亭

曝书亭系省重点文物保护单位，为清康熙丙子年（1696）著名诗人、学者朱彝尊所建。园内现有潜采堂、醧舫斋、曝书亭、六峰阁、娱老轩等建筑。原有芋陂、荷池、落帆步、绣鸭滩、钓船坊等12景，历经变迁，有些已圮废。曝书亭历时近300年，清朝、民国三修其亭，1955年后，又重修三次，基本保持建筑原状。该园现占地6500平方米，堂、舫、亭、阁、轩，古雅别致，荷池、曲桥、假山、花坛，相映成趣。正厅潜采堂，为朱彝尊读书、著作之所，原藏有朱氏用物端砚、《曝书亭》全景画卷及亲书条幅，还有书籍、文物。厅中挂有"研经博物"横匾，本为康熙所书，已佚，后由前西泠印社社长张宗祥重书。墙上刻有竹垞先生画像，右侧醖舫斋，楣额为清初书法家郑簠所写。醖舫斋三面临水，传为朱氏约好友饮酒吟诗之所。曝书亭在荷池南侧，呈正方形，面积为47平方米，原置石桌石凳。四周所立青石亭柱，均镶有碑碣，概述此亭重修经过。西北两柱上，刻有杜甫诗、汪楫书、阮元摹的楹联：会须上番看成竹，何处老翁来赋诗。"曝书亭"亭额，系清初学者严绳孙所书。亭东数步有一假山，六峰亭翼然立于山头，为全园制高点，此亭亭额亦系张宗祥所书，建亭缘由，亦概记亭上。曝书亭质朴淡雅的艺术风格，疏密有致的结构布局，对研究清代园林建筑颇有价值。

七、闻川王江泾

王江泾镇地处长三角一体化发展协调区，生态环境优美、湿地经济发达，素有"中国青鱼之乡""中国田藕之乡"的美称。自古以来，当地崇文重商，民风淳朴，文化底蕴深厚，历史人文荟萃，是一座有着千年建镇史的江南历史名镇。春秋时，境内为吴越接壤之地，属吴国管辖。吴国为防越国进攻，在境内筑有射襄城（今王江泾集镇）、主城（今双桥主城浜）、墓城（今虹北村），又有携李池（今雁荡位置），为吴国造舰处。

宋时闻人氏家族迁至王江泾闻湖逐水而居，因此古时别称闻川，为明清时期嘉兴府秀水县四大镇之一。这里，历史为经，文物遍布；这里，文化为纬，景点众多；这里，因桑蚕文化享誉全球，以水乡风貌著称于世。运河、古桥、湖荡、湿地、荷田构成了典型的江南水乡风景画。

王江泾镇是京杭大运河流经浙江的第一站，自北向南贯穿全镇，全长18.9千米。千百年来，古老的运河默默流淌着的不只是悠悠之水，更是一种诗情与画意。

（一）一里街

街宽2.5米（局部1米），全长500余米，故名一里街，曾是明清时期江南重要的丝绸交易和商贸集市，现为省级历史文化街区。江南的丝绸从这里经京杭大运河运至世界各地，其中本地出产的"红纱小布"闻名海内外。明末清初史学家谈迁在《北游录》称王江泾镇出产的纺织品"衣被天下"。一里街几经战火，损毁严重，仅部分建筑尚存。

（二）长虹桥

长虹桥是浙北平原最大的古石拱桥，也是大运河上罕见的巨型三孔实腹石拱桥，帆影、农船、路人、驳岸，映衬着桥身的挺拔宏伟。往昔天气晴朗时，登桥远眺，北面吴江盛泽、南面嘉兴北门隐隐可见。有诗称赞：

> 虹影卧澄波，登高供远瞻。
> 南浮越水白，北接吴山绿。

长虹桥桥身如驼峰高耸，两侧设大块长条石护栏，端部置抱鼓石。护栏石砌成靠背式，可供行人小憩或观景。桥顶为方形平台，正中刻着精美的佛教吉祥图案。东西两端各有57级石级。桥南北两侧中孔拱券旁各设石对联一副，文字已无法辨认；两边孔旁各设石对联两副，多为劝世、祝福内容。桥下两侧还分别塑有两尊造型奇特的神兽，据当地老人介绍，这是东海龙王的九太子，用来镇水护桥。长虹桥的建造，充分体现了我国古代桥梁施工水平的高超。浙北平原处于软土地带，长虹桥横跨两侧软土地基，历经数百年巍然耸立，是中国水利工程史上的珍品。为了减少土基承受的压力，除了桥身采用薄墩薄拱结构减轻自重外，还采用了变桥幅构造，即桥宽从桥顶至两端桥堍逐渐加宽，由此增加桥梁结构的稳定性，相应地增强了地基承载力。长虹桥的另一个建筑亮点是其拱券形式颇有特色。通常拱券都是采用半圆形，少数为圆弧形，此桥拱券采用马蹄形，即圆拱的圆心夹角大于180度。这样的造型大多分布于浙江绍兴等地，现存极少。

长虹桥已有400年历史，始建于明万历三十九年（1611）。明代嘉兴名士李日华在万历四十三年（1615）四月八日的日记中记载："太守名国仕……又建桥于泾上，民德之，因立祠于桥左。"历经风雨沧桑后，清康熙五年（1686）地方政府对长虹桥重建。百余年后，桥身倾颓，清嘉庆十七年（1812），平民唐荣义发起再建。清咸丰十年（1860），太平军与清兵在王江泾激战，长虹桥两侧桥栏部分损毁。清光绪六年（1880），富商唐佩金出资对其进行修复。桥西堍原有一古寺，名为"一宿庵"。相传古代有一高僧云游四方，在此住过一夜。清人宋景和有诗云："祇园半亩访烟霞，一宿高僧今在耶。独树婆娑八百载，忽飞清影落谁家？"这便是当年的真实写照。寺庙后来被改成城隍庙，再后来被毁。近年来，在原寺基础上建成规模宏大的"长虹古寺",香火旺盛。长虹桥历来为过往文人名士所赞美,由此留下不少诗篇。清末文人周昌祚的《重九登长虹桥》详细描绘了长虹桥地理的殊胜和江南水乡的富足优美:

> 近地登临亦复佳,界分江浙动吟怀。
> 南瞻秀驿飞鸿远,北望吴山薄雾埋。
> 桑落酒香人共醉,水天秋老镜新揩。
> 疏钟几处闻萧寺,踏月归来露湿鞋。

乾隆皇帝六下江南,往返都经过嘉兴,长虹桥就是接驾桥,当时隆重的盛况可想而知。咸丰年间某位民间画家所作的《虹桥画舫图》生动地描绘了当时万民迎驾的场景:运河里停满各色各样的船只,有官船、民船、漕船等;一艘挂着龙幡的巨船正穿桥而过;岸边人山人海,还有人趴在树上瞭望;路边店铺林立,茶棚、小吃摊、戏班等生意兴隆,好不热闹,一派与民同乐的盛世景象。此画堪称"江南的《清明上河图》"。[①]

(三)长虹寺

长虹桥西塊的长虹寺,古称一宿庵,相传唐朝高僧法钦自金陵来往径山,住此一宿。又传乾隆皇帝下江南时曾在此住过一夜,于是声名远扬,盛极一时。一宿庵旁夹河上曾建有"射襄桥",乾隆皇帝还曾留下御诗《嘉兴道中杂咏十首》之一:

> 射襄桥下水长流,勾践夫差两并休。
> 惟有王泾一弯月,入波影尚学吴钩。

(四)刘王庙

为纪念治蝗名将刘承忠而建。相传元朝末年,江、浙一带蝗虫泛滥成灾,官属江淮指挥使的将军刘承忠揭皇榜,率军队赶赴灾区,与百姓一起夜以继日扑灭蝗虫,后因劳累过度,不幸溺死于莲泗荡中。百姓感其恩德,为

[①] 《京杭大运河光影实录》编委会. 京杭大运河光影实录·浙江卷[M]. 北京:北京出版集团公司,北京美术摄影出版社,2019:75—82.

其塑像尊称为"刘王爷",建庙于莲泗荡北岸。它是浙江省首个民间信仰活动场所,也是国家级非遗——江南唯一原生态水上庙会网船会的发源地。

刘王庙始建年代不详,庙于清咸丰三年(1853)和民国八年(1919)曾两次大修。该庙至1949年初为前后两殿,建筑面积约有450平方米,主殿高12米,内有刘猛将等17尊塑像。前殿通向后殿的两边各有走廊,中间是串堂,庙内天井放有高约5米的大香炉,后殿正中上方挂有"普佑上天王"匾额。该庙原称刘猛将庙,清同治皇帝加封刘猛将为"普佑上天王"后,始称刘王庙,刘王庙也因此而声名鹊起,各地民众便纷至沓来烧香祭拜,祈求人寿年丰。香客遍布浙北、苏南、上海等地。每年清明前后和农历八月十四的两次庙会期间,数以万计的各种渔船、商船、运输船汇集于连四荡,船只停靠从汲水桥直至王江泾,延伸十余里,将整个莲泗荡挤得严严实实,只剩下一条窄窄的船道,形成江南特有的水上庙会。每逢"刘王出会",更是热闹非凡。出会队伍中,扮戏文、调龙、舞狮、打腰鼓、扎肉提香、扮罪人等无奇不有。

第三节　大运河上的杭州古城镇

京杭大运河杭州段起自余杭县博陆镇东0.5千米处,至杭州三堡船闸止,长49.21千米,河宽30~100米。水源丰富,水势平缓,常年通航。杭州段运河的走向和终点在历史上曾有过几次变迁。宋代以前,运河不过塘栖,而走上塘河即从长安镇过闸向西南,经临平,过东新关至杭州。其终点先在柳浦,过埭通钱塘江,为保持此河水位,唐始筑长安闸,白居易守杭时称官河,水源取自西湖和临平湖。《宋史·河渠志》称"湖西运河,自临安北郭务至镇江"。即终点在今江涨桥南,经城内茆山,盐桥河过浙江或龙山闸可与江通。南宋时,又有走下塘的城外运河,通湖、苏、常、秀、润诸州。

图4-3　京杭大运河(杭州段)

原有两条：一条自北新关至东迁，却已断流不通；另一条即奉口河入苕溪，浚治后通漕运。此路为杭州运河改道奠定了基础。《杭州府志》载："元末张士诚以旧河狭，自塘栖南五林港开浚至江涨桥，因名新开运河，亦名北关河。"新运河受苕溪之水，沿河又有三里洋、十二里洋等，水深水源均比上塘河优越，河广二十余丈，遂成大河。自此运河改道经塘栖镇至崇德与原河合。从明初开始大运河在杭州的终点则在德胜坝的北面。清末至民国时，北新桥至江涨桥河道淤浅，来往杭州的船只，进城货物必须经过塘驳转运，经解放后疏浚方复贯通。①

要津塘栖

塘栖镇，地处杭嘉湖平原南端、今杭州市北部，是杭州市的水上门户，与湖州市德清县交界，是沟通苏、沪、嘉、湖的水路要津。塘栖一带早在宋代就有村落，市镇则因元末运河疏浚改道而兴盛，明清时期社会经济发展，至今仍是浙西地区经济最为富庶的市镇之一。

塘栖之名最早见于北宋，南宋时有塘栖寺。苏轼《木兰花令·次马中玉韵》：

> 知君仙骨无寒暑，千载相逢犹旦暮。
> 故将别语恼佳人，要看梨花枝上雨。
> 落花已逐回风去，花本无心莺自诉。
> 明朝归路下塘西，不见莺啼花落处。

塘栖得名于"负塘而栖"，元人胡玄敬在《栖溪风土记》中说："国初开设运河，大筑塘岸，居民初集，负塘而栖，因名塘栖。"

宋代已有塘栖寺，且与杭州之间客船往来，塘栖的兴起与江南水网有着密切联系。《唐楼志略》"梵刹"部分收录了宋代诗人释永颐的诗：

> 塘栖寺前溪水流，客帆来往旧杭州。
> 津亭树老无人记，得见几回白头僧。

---

① 杭州市交通志编审委员会.杭州交通志[M].北京：中华书局，2003:400-401.

（一）广济桥

广济桥始建年代不详，已无从考证，据说桥建成于唐代宝历年间。到了明朝弘治年间，桥塌，百姓来往均靠摆渡，每逢风高浪急，总有人落水遇难。此时，宁波义士陈守清挺身而出，筹资建桥。因所需资金甚巨，故陈守清便搭乘便船至京城，以铁链束缚自身向来往官民募捐。此事惊动了官府，太后、太子纷纷助金赐银，朝廷命官也纷纷解囊，历时九年，终于建成了这座七拱长桥，时为元年1498年。

广济桥是塘栖历史悠久的古建筑，可以说是塘栖的地标。一名通济桥，又名碧天桥，俗称长桥。横跨运河之上。明弘治二年（1489）建。为典型的石拱桥，全长83米，上下共169个台阶。明嘉靖九年（1530）桥裂，里人吕一素捐金修葺，用木石填南北各一孔，故今日所见为五孔桥。通济桥为今天大运河上最古的石拱桥，桥上旧有《昭恩碑记》，上盖石亭。此桥历经500余年至今仍在使用，1989年被列为浙江省重点文物保护单位。

广济桥的募建人是宁波鄞县人陈守清。据载：守清为宁波鄞县人，佣工栖上。塘栖跨塘旧有大桥称通济桥，后倾圮，南北往来之通途遂断绝。其时塘栖或过往之人，过河则以舟渡。唯因河面过宽，遇上疾风骤雨，或因水发流急、舟覆溺毙者，岁有多次。一日，守清过其地，天晚雨骤，目见其险，私盟于心，立念修桥，遂断发走四方募财重建。然欲建此桥，以工程巨大，所费甚多、资金募化，久而不成。又曾击柝里中，莫有响应。但守清修桥之初衷不改，乃附运粮漕船北上，自捆扎铁索于北京棋盘街中募化。时太监麦秀见而奇之，入语宫中。太皇太后周氏闻讯捐助白银四百二十两，太子朱厚照（后继孝宗位，年号正德）尚东青宫（东宫）亦赐银三十两，并无量寿佛一轴，上钤太子宫御宝。消息传出，自宰辅以下无不捐银乐助，复令麦秀驰驿赍银以助建桥。不逾年，桥建成。并用余资造广济庵、余桥、圆满桥、北圣院。广济桥也是2014年运河申遗成功的一个亮点。今故将该桥的建筑与重建的几道碑文录于后，以存文献[①]

（二）水北街

水北街在运河之北。旧时以广济长桥北堍为界，东为水北街，西为北圣

[①] 顾志兴. 运河文化名镇塘栖[M]. 杭州：杭州出版社，2015:26-30.

堂街。水北街面临运河，旧有纤道。塘栖成市建镇，时在明代。王同《唐栖志》卷四所言："新开河浚，碧天桥成。会垣驰驿，唐栖首程。居民担负，商贾经营。两岸列肆，百货充盈。蜂屯蚁聚，对宇望衡。"生动地说明了塘栖的发展。

水北大街，原为官塘驿道，又是纤道所在，所以往来行人如织。塘栖的建筑有一特点，有过街檐之建，临河有美人靠（米床），这在水南的西石塘和东石塘是典型代表。而水北大街则因是纤道、塘路所在，所以不可能有过街檐、美人靠之设。水北街自明清以来有明水利通判厅（添设府署）、清乾隆御碑亭及明吕氏绵庆堂、一本堂、十间楼、喜声馆诸庭园建筑，历史文化底蕴深厚，清末民国时逐渐衰落。[①]

（三）水利通判厅

明嘉靖三十五年（1556），浙江督抚都御史胡宗宪、巡按御史周斯盛呈请朝廷同意设水利通判厅主管捕缉盗匪。五年后，移水利通判守塘栖。其时塘栖已成为杭州附近一大镇，距杭州仅50里，为杭州至嘉、湖、苏、常的首程。而其时塘栖已颇繁荣，所谓"两岸列肆，百货充盈"。但塘栖之西的五林港（今俗称武林头）却是"水派歧分，盗贼出没，往往昏夜行劫，过者患焉"。于是在塘栖增设府通判一员，主管治水利，主缉盗。水利通判厅是杭州府的派出机构，其址初在祈堂庵之东。

明隆庆三年（1569），第三任通判罗星考虑到衙署"在墟墓丛薄向，与居民悬隔"，不利办事，遂移置西半里许，其职能不变。

（四）乾隆御碑

清乾隆十六年（1751），乾隆皇帝南巡至杭。查江苏、浙江、安徽三省缴纳皇粮赋税情况，苏、皖两省积欠额巨，而独浙省未曾拖欠。为表彰浙江省，故免地丁钱粮银30万两，并立御碑予以表彰。此碑立于今塘栖镇水北街原清杭州府水利通判厅。塘栖的乾隆御碑是目前我国现存最大的御碑，镌有二龙抢珠图案，碑文如下[②]：

钦奉上谕：朕巡幸江浙，问俗省方，广沛恩膏，聿昭庆典。更念东南贡

---

① 顾志兴.运河文化名镇塘栖[M].杭州：杭州出版社，2015:34-35.
② 顾志兴.运河文化名镇塘栖[M].杭州：杭州出版社，2015:36-37.

赋，甲于他省，其历年积欠钱粮，虽屡准地方大吏所请，分别缓带，以纾民力，而每年新旧并征，小民终未免拮据。朕宵旰勤劳，如伤在抱。兹当翠华亲莅，倍深轸切。用普均沾之泽，以慰望幸之忱。著将乾隆元年至乾隆十三年，江苏积欠地丁二百二十八万余两，安徽积欠地丁三十万五千余两，悉行豁免，俾吏无挂误，民鲜追呼，共享升平之福。夫任土作贡，岁有常经，自应年清年款。江苏积欠乃至二百二十余万之多，催科不力，有司实不能辞其咎。而疲玩成习，岂民间风俗之浇漓，尚有未尽革欤。朕以初次南巡，故特加恩格外，嗣后该地方官务宜谆切劝谕，加意整顿。其中小民，亦当瀚除旧习，勉效输将，勿谓旷典，可希冀屡邀而维正之，供任其逋负也。其浙江一省，虽额赋略少于江苏，而积年以来，并无积欠，岂犬牙交错之地，不齐乃至是欤。此具见浙省官民敬事急公之义，而江苏官民所宜怀惭而效法者也。朕甚嘉焉。着将本年应征地丁钱粮，竭免三十万两，以示鼓励。各该督抚，其仰体朕惠爱黎元之意，严饬所属，实力奉行，使闾阎咸沾实惠。倘有不肖官吏，以还作欠，希图侵蚀，察出即行纠参，从重治罪并将此通行晓谕知之。钦此。乾隆十六年正月初二日。

（五）西石塘

清代称大塘街，一名西石塘，位在运河之南，房舍沿河而建，街面临运河，商肆集中，十分繁华。有过街檐，临河设置美人靠（米床），路在过街檐下，街上终日行人熙熙攘攘，无日晒雨淋之苦，晴天不需草帽，雨时不用撑伞，此等建筑，他地亦有，唯不能与塘栖相比。清人王有诗云：

摩肩杂沓互追踪，曲直长廊路路通。
绝好出门无碍雨，不须笠履学坡翁。

写的就是塘栖的过街檐。关于过街檐，王同在《唐栖志》卷四中说：临运河，屋跨通衢。商农泉货，云集咫尺。雨旸风雪，屏隔户外。虽肩贩力夫，亦不知有风霜暴雪之苦，他处市廛，无佳于此者。[①]

---

① 顾志兴. 运河文化名镇塘栖[M]. 杭州：杭州出版社，2015:38-39.

后　记

　　本书从策划到成稿历经数年，走读京杭大运河是作者长期以来的志愿和向往。近年来，作者借参加学术会议和学术交流之机，曾对杭州、嘉兴、苏州、无锡、常州、镇江、扬州、徐州、天津等地的古城古镇做了学术考察。同时，为了获得翔实的资料，作者特意对湖州、淮安、宿迁、济宁、聊城、德州、沧州等地的古城古镇进行了专门的调研考察。古城古镇是时代留存下来的物质文化遗产，向现代人类讲述着那些古老的故事。本书在撰写过程中也阅读了大量的文史资料，但随着大运河国家文化公园建设的不断推进，运河两岸的古城古镇在不断进行规划和修缮，本书难以全面地展现运河古城古镇的最新面貌，这是本书的不足之处。

　　诚然，本书是对京杭大运河历史文化资源中古城古镇较为系统地调研和梳理，也希望能对大运河国家文化公园建设略尽绵薄之力。

2022年3月于印苑